U0957396

民法典判解研究与适用丛书

# 民法典·人格权
# 判解研究与适用

首届全国审判业务专家
何 志◎著

中国法制出版社
CHINA LEGAL PUBLISHING HOUSE

图书在版编目 (CIP) 数据

民法典 · 人格权判解研究与适用 / 何志著 . — 北京：中国法制出版社，2024.3

（民法典判解研究与适用丛书）

ISBN 978-7-5216-4178-3

Ⅰ . ①民…　Ⅱ . ①何…　Ⅲ . ①人格 – 权利 – 法律解释 – 中国 ②人格 – 权利 – 法律适用 – 中国　Ⅳ . ① D923.15

中国国家版本馆 CIP 数据核字（2024）第 032706 号

责任编辑：周琼妮（zqn–zqn@126.com）　封面设计：杨泽江

民法典 · 人格权判解研究与适用

MINFADIAN · RENGEQUAN PANJIE YANJIU YU SHIYONG

著者 / 何　志

经销 / 新华书店

印刷 / 三河市国英印务有限公司

开本 / 710 毫米 ×1000 毫米　16 开　印张 / 19.5　字数 / 309 千

版次 / 2024 年 3 月第 1 版　2024 年 3 月第 1 次印刷

中国法制出版社出版

书号 ISBN 978-7-5216-4178-3　定价：78.00 元

北京市西城区西便门西里甲 16 号西便门办公区

邮政编码：100053　传真：010-63141600

**网址：http://www.zgfzs.com**　**编辑部电话：010-63141807**

**市场营销部电话：010-63141612**　**印务部电话：010-63141606**

（如有印装质量问题，请与本社印务部联系。）

# 何志简介

**何志，** 河南淅川人，首届全国审判业务专家，河南省十大中青年法学家，河南省南阳高新技术产业开发区人民法院分党组书记、院长。从事民商事审判工作30余年，致力于民商事审判理论和实务的研究与传播，先后发表文章150余篇，获奖30余篇，其中，《顾此不能失彼：裁判与民意的博弈与衡平》荣获全国法院系统第二十四届学术讨论会一等奖。致力于民商法学理论和实务的研究与传播，先后出版了《民法典判解研究与适用丛书》（一套8本）、《物权法判解研究与适用》（荣获中国法学会民法学研究会2006年度优秀科研成果奖）、《最高人民法院合同法司法解释精释精解》、《婚姻案件审理要点精释》等30余部法学专著，担任《民商事纠纷裁判依据新释新解丛书》（一套8本）、《民商事司法解释精释精解丛书》（一套13本、再版7本）的总主编。

# 总　序

首届全国审判业务专家、河南省十大中青年法学家、河南南阳高新技术开发区人民法院分党组书记、院长何志同志的力作——《民法典判解研究与适用丛书》即将付梓之际，托我为之作序，欣然应允。

认识何志同志 20 余年了。

何志同志业精于勤。他长期在法院审判一线工作，积累了丰富的审判实践经验，并善于从司法实践中发现法律问题，提出立法、司法建议，形成司法智慧。在 2009 年最高人民法院评选首届全国审判业务专家时，他在全国法院系统推举的 160 余名候选人中脱颖而出，成功入选 45 名首届全国审判业务专家之一，是难能可贵的，足见其审判理论的深厚，这也是对他的审判业务能力、理论研究能力的最高“奖赏”。

何志同志行成于思。他并非法学科班出身，而是自学成才的“土专家”。三十年如一日，笔耕不辍，对民法表现出极大的兴趣，对民法通则、合同法、物权法、担保法、侵权责任法、婚姻家庭法等进行了深入研究，并出版了不少专著。其中，《物权法判解研究与适用》（人民法院出版社 2004 年版）荣获中国法学会民法学研究会 2006 年度优秀科研成果奖（青年学术成果奖）；《顾此不能失彼：裁判与民意的博弈与衡平》荣获全国法院系统第二十四届学术讨论会一等奖，他也因此被评为《判解研究》“十周年庆典三名杰出作者”之一。这些荣誉表明何志同志的理论研究成果得到了学界的肯定和赞誉。

何志同志传道解惑。他被西南政法大学民商法学院、南阳师范学院法学院等聘为兼职教授，长期在河南法院系统、律师系统、金融系统、部分高校讲授民商法理论与实务，听课人数累计超过 30 万人次。他还作为全国“双千计划”首批入选者，挂职于河南科技大学法学院。因而在社会上人们称其为老师、教授，在法院同事们称其为学者、专家。

法律是治国之重器，良法是善治之前提。《中华人民共和国民法典》被誉为“社会生活的百科全书”，以保护民事权利为出发点和落脚点，切实回应人民的法治需求，更好地满足人民日益增长的美好生活需要，是新时代切实保障人民合法权益的法典。

《民法典判解研究与适用丛书》以民法典为主线，以单个编章为载体，分为《民法典 · 总则判解研究与适用》《民法典 · 物权判解研究与适用》《民法典 · 合同通则判解研究与适用》《民法典 · 典型合同判解研究与适用》《民法典 · 人格权判解研究与适用》《民法典 · 婚姻家庭判解研究与适用》《民法典 · 继承判解研究与适用》《民法典 · 侵权责任判解研究与适用》。丛书采用他擅长的判解研究方法（从案例入手—提出问题—理论阐释—简要评析），博百家理论之精华，集司法实践之案例，以案说法，以法释案，做到了研究实务问题而不乏深入的理论分析，探讨理论问题而不脱离具体的司法实践，从而使民法典判解研究与适用紧密结合，具有很强的理论性、实践性、指导性和可读性。相信本套丛书的出版，对学术界深入研究民法典具有重要的参考价值；对实务界适用民法典具有重要的借鉴意义；对社会大众学习民法典具有重要的指导作用。

民法典的研习，是为了使民法典更好地贯彻实施，但愿何志同志百尺竿头，更进一步，为繁荣我国的民法学研究做出更大的贡献。

尊其嘱，是为序。

中国人民大学党委常委、副校长

中国法学会民法学研究会副会长

# 前　言

《民法典》是新中国成立以来第一部以“法典”命名的法律，是新时代中国特色社会主义法治建设的重大成果，具有里程碑的意义。

《民法典》编纂过程中，是否单独设立人格权编，存在较大争议。立法机构认为，人格权是民事主体对其特定的人格利益享有的权利，关系到每个人的人格尊严，是民事主体最基本、最重要的权利。保护人格权、维护人格尊严，是我国法治建设的重要任务，近年来加强人格权保护的呼声和期待较多。为了贯彻落实党的十九大和十九届二中全会关于“保护人民人身权、财产权、人格权”的精神，落实宪法关于“公民的人格尊严不受侵犯”的要求，坚持以人民为中心，回应社会关切，顺应人民群众对人格权保护的迫切需要，满足人民日益增长的对人格权保护的需要，为司法实践提供较为明确的裁判依据，实现民法典的体系化，综合考虑各方面意见，在现行有关法律法规和司法解释的基础上，总结我国现有人格权保护的实践经验，在《民法典》中增加人格权编是较为妥当、可取的。①

《民法典》人格权编的规定，主要是从民事法律规范的角度规定自然人和其他民事主体人格权的内容、边界和保护方式，不涉及公民政治、社会等方面的权利。人格权编分为六章，共计 51 个条文，主要内容包括：人格权的

---

① 参见黄薇主编:《中华人民共和国民法典解读·人格权编》，中国法制出版社 2020 年版，第 3—4 页。

一般规定；生命权、身体权和健康权；姓名权和名称权；肖像权；名誉权和荣誉权；隐私权和个人信息保护。

《民法典 · 人格权判解研究与适用》，依据《民法典》人格权编的规定，融百家之长，以司法实践和现实生活中的具体案例为依托，采用判解研究的方法（从案例入手—提出问题—理论阐释—简要评析），全面、系统地阐述了抽象的《民法典》人格权编理论，以案说法，以法释案，力求研究实务问题而不乏深入的理论分析，探讨理论问题而不脱离司法的具体实践，从而做到人格权判解研究与适用紧密结合，力争做到为审判实践和现实生活服务。

《民法典 · 人格权判解研究与适用》作为笔者《民法典判解研究与适用丛书》中的一部，该丛书总序承蒙由中国人民大学党委常委、副校长、中国法学会民法学研究会副会长兼秘书长、中国法学会民法典编纂项目领导小组成员、秘书长王轶老师作序，笔者表示最衷心的感谢！拙著的出版发行，得到了中国法制出版社周琼妮女士的大力支持与辛勤付出，笔者表示最诚挚的谢意！

# 本书主要法律文件名称及缩略语对照表

| 缩略语 | 全　　称 |
|---|---|
| 《宪法》 | 《中华人民共和国宪法》 |
| 《立法法》 | 《中华人民共和国立法法》 |
| 《民法典》 | 《中华人民共和国民法典》 |
| 《民法总则》 | 《中华人民共和国民法总则》 |
| 《民法通则》 | 《中华人民共和国民法通则》 |
| 《合同法》 | 《中华人民共和国合同法》 |
| 《物权法》 | 《中华人民共和国物权法》 |
| 《侵权责任法》 | 《中华人民共和国侵权责任法》 |
| 《婚姻法》 | 《中华人民共和国婚姻法》 |
| 《妇女权益保障法》 | 《中华人民共和国妇女权益保障法》 |
| 《商标法》 | 《中华人民共和国商标法》 |
| 《著作权法》 | 《中华人民共和国著作权法》 |
| 《个人信息保护法》 | 《中华人民共和国个人信息保护法》 |
| 《英雄烈士保护法》 | 《中华人民共和国英雄烈士保护法》 |
| 《治安管理处罚法》 | 《中华人民共和国治安管理处罚法》 |
| 《反不正当竞争法》 | 《中华人民共和国反不正当竞争法》 |

续表

| 缩略语 | 全　　称 |
|---|---|
| 《网络安全法》 | 《中华人民共和国网络安全法》 |
| 《民事诉讼法》 | 《中华人民共和国民事诉讼法》 |
| 《刑法》 | 《中华人民共和国刑法》 |
| 《刑事诉讼法》 | 《中华人民共和国刑事诉讼法》 |
| 《民法通则意见》 | 《最高人民法院关于贯彻执行〈中华人民共和国民法通则〉若干问题的意见（试行）》 |
| 《民事诉讼法解释》 | 《最高人民法院关于适用〈中华人民共和国民事诉讼法〉的解释》 |
| 《民法典时间效力规定》 | 《最高人民法院关于适用〈中华人民共和国民法典〉时间效力的若干规定》 |
| 《名誉权解答》 | 《最高人民法院关于审理名誉权案件若干问题的解答》 |
| 《名誉权解释》 | 《最高人民法院关于审理名誉权案件若干问题的解释》 |
| 《精神损害赔偿解释》 | 《最高人民法院关于确定民事侵权精神损害赔偿责任若干问题的解释》 |

# 目录
CONTENTS

## 附录

# 第一章

# 一般规定

## 本章概要

人格权是民事主体对其特定的人格利益享有的权利，关系到每个人的人格尊严，是民事主体最基本的权利。[①] 人格权独立成编，是《民法典》编纂的最大亮点之一，是我国保护人格权法律制度不断发展演进的结果。

《民法典》第四编人格权编第一章“一般规定”是人格权的一般性规则：一是明确人格权的定义：人格权是民事主体享有的生命权、身体权、健康权、姓名权、名称权、肖像权、名誉权、荣誉权、隐私权等权利。除前面列举的人格权外，自然人享有基于人身自由、人格尊严产生的其他人格权益。二是规定民事主体的人格权受法律保护，人格权不得放弃、

---

① 王晨：《关于〈中华人民共和国民法典（草案）〉的说明》——2020 年 5 月 22 日在第十三届全国人民代表大会第三次会议上。

转让或者继承。民事主体可以将自己的姓名、名称、肖像等许可他人使用，但是依照法律规定或者根据其性质不得许可的除外。三是规定了对死者人格利益的保护：死者的姓名、肖像、名誉、荣誉、隐私、遗体等受到侵害的，其配偶、子女、父母有权依法请求行为人承担民事责任。死者没有配偶、子女且父母已经死亡的，其他近亲属有权依法请求行为人承担民事责任。四是明确规定了人格权受到侵害后的救济方式：人格权受到侵害的，受害人有权依照本法和其他法律的规定请求行为人承担民事责任。受害人的停止侵害、排除妨碍、消除危险、消除影响、恢复名誉、赔礼道歉请求权，不适用诉讼时效的规定。认定行为人承担侵害除生命权、身体权和健康权外的人格权的民事责任，应当考虑行为人和受害人的职业、影响范围、过错程度，以及行为的目的、方式、后果等因素。五是规定了精神损害赔偿请求权聚合。因当事人一方的违约行为，损害对方人格权并造成严重精神损害，受损害方选择请求其承担违约责任的，不影响受损害方请求精神损害赔偿。六是明确了人格权行为禁令。民事主体有证据证明行为人正在实施或者即将实施侵害其人格权的违法行为，不及时制止将使其合法权益受到难以弥补的损害的，有权依法向人民法院申请采取责令行为人停止有关行为的措施。

# 第一节　人格权概说

## 一、问题的提出

《民法典》编纂的最大亮点之一是将人格权独立成编，列举了自然人享有的生命权、身体权、健康权、姓名权、名称权、肖像权、名誉权、荣誉权、隐私权和个人信息保护等一系列具体人格权益，并兜底规定了自然人享有基于人身自由、人格尊严产生的其他人格权益，即所谓的“一般人格权”。“列举＋兜底”的条文表述方式体现了人格权保护的全面性、开放性、包容性。①

在研究人格权概说之前，先看两则案例：

### 案例1：“迁怒”他人致己损害，其健康权能否保护②

2021年3月23日中午，刘某因未能在已取消的公交站台等候到公交车而心生不满，后刘某找到准确站台搭乘上公交车。在公交车行驶途中，刘某为泄愤，辱骂他人，并与公交车驾驶员发生口角。其间，史某规劝刘某不能与公交车驾驶员争吵，影响安全驾驶，刘某非但不听劝阻，反而再次与史某产生口角争执。两人在某公交车站广场处下车后，刘某故意拉住史某不让其离开，史某挣脱刘某，刘某在纠缠拉扯过程中倒地受伤，引发本案纠纷。

生效裁判认为，刘某恣意妨碍公交车安全运行的行为，理应受到谴责，史某劝阻行为系理性的正当、正义行为，应当得到肯定，而刘某下车后继续

---

① 最高人民法院民法典贯彻实施工作领导小组主编:《中华人民共和国民法典人格权编理解与适用》，人民法院出版社2020年版，第7页。

② 最高人民法院2023年3月1日发布的《第三批人民法院大力弘扬社会主义核心价值观典型民事案例》。

故意纠缠拉扯史某，从而引发本案纠纷，系不当之举。后刘某在纠缠拉扯过程中受伤，依据事发当时公安机关的调查，刘某伤势系意外造成，史某不存在违法行为。故判决驳回刘某的全部诉讼请求。

### 案例2："性骚扰"致人损害，精神和物质能否"双赔偿"[①]

王某与傅某系同事关系。傅某为追求王某，不断拨打王某电话，频繁向王某发送骚扰短信，内容低俗、语言污秽。王某不堪其扰，将此事告知单位。在单位要求下，傅某两次写下保证书，保证不再骚扰王某。但此后傅某仍然通过电话、短信继续骚扰王某。2020年5月26日，王某以傅某骚扰、恐吓为由报警。2020年6月8日，某市公安局某分局确认傅某于2019年7月至2020年5月15日期间，违反法律规定，多次以发送骚扰短信、拨打骚扰电话的方式干扰他人正常生活，决定给予傅某行政拘留7日并处罚款200元。因傅某频繁骚扰，王某被医院确诊患有抑郁发作，伴精神病性症状。王某认为，傅某的行为给其造成了严重的精神损害，向人民法院起诉请求判令傅某向其书面赔礼道歉，并赔偿其精神损害赔偿金50000元和医疗费等其他财产损失共计228300元。

生效裁判认为，《妇女权益保障法》明确规定，禁止对妇女实施性骚扰。任何人不得以身体、语言、动作、文字或者图像等方式，违背妇女意愿对妇女实施性骚扰。傅某通过电话、短信等方式对王某频繁实施性骚扰，侵害了王某的人格权，并对王某造成了极大的精神负担和身体伤害，其行为背离了社会主义核心价值观的基本要求，应当依法承担相应的法律责任。故判令傅某赔偿王某精神损害抚慰金30000元及医疗费等61804.2元，并向王某书面赔礼道歉。

上述案例，均涉及人格权方面的问题。试问：如何理解人格权的法律意义与法律特征？人身权如何分类？《民法典》人格权编的调整范围如何？

---

① 最高人民法院2023年3月1日发布的《第三批人民法院大力弘扬社会主义核心价值观典型民事案例》。

## 二、人格权的法律意义

人格，从法律层面上有两种含义：一是，人格是一种抽象与平等的法律地位，是权利取得的资格。或者说，人格就是作为民事主体必备条件的民事权利能力。二是，从人格权客体角度来看，人格是一种应受法律保护的利益。比较法上，各国民法均承认健康、自由、尊严等人格利益。[①] 因此说，人格是民事主体享有民事权利、承担民事义务的法律资格。[②]

人格权，是由法律确认或赋予民事主体享有的具有人格属性、以人格利益为客体的人身权利。[③]1986 年的《民法通则》第二条明确规定了人身关系作为民法的调整对象，把人格权作为一种重要的民事权利予以规定。《民法典》坚持以人民为中心，顺应人民群众对人格权保护的迫切需要，在现行有关法律法规和司法解释的基础上，单独设立人格权编，对人格权的一般规定以及各种具体人格权作了较为详细的规定，为人格权保护奠定和提供充分的规范基础。[④] 其实，人格与人格权有着严格的区分：人格是指主体资格，一般是与民事权利能力相对应；人格权是民事主体所享有的民事权利。《民法典》总则编对民事主体（自然人、法人、非法人组织）规定了民事权利能力，解决的是民事主体资格，第五章“民事权利”规定了人格权，明确作为一项基本的民事权利加以规定，严格区分了人格与人格权。

人格权是民事主体对其特定的人格利益享有的权利，关系到人格自由与尊严，是民事主体最基本、最重要的权利，是自然人行使其他一切权利的前提和基础。人格权是人身权的重要组成部分，而人身权包括人格权和身份权。

---

① 参见王利明、程啸、朱虎：《中华人民共和国民法典人格权编释义》，中国法制出版社 2020 年版，第 5—6 页。

② 黄薇主编：《中华人民共和国民法典解读 · 人格权编》，中国法制出版社 2020 年版，第 8 页。

③ 最高人民法院民法典贯彻实施工作领导小组主编：《中华人民共和国民法典人格权编理解与适用》，人民法院出版社 2020 年版，第 13 页。

④ 参见黄薇主编：《中华人民共和国民法典人格权编释义》，法律出版社 2020 年版，第 1 页。

人格权的客体是人格利益，保护的是人之所以为人的人格，而不是亲属之间的身份地位和利益。人格权的内容包括积极权能和消极权能。人格权的积极权能，主要是指法律赋予民事主体所具体享有的对其人格利益进行自主决定和利用的权能。人格权的消极权能，主要是指人格权主体所享有的禁止他人对自己的人格权进行非法干预或侵害的权利。

## 三、人格权的法律特征

人格权与物权、债权等有着显著的区别，有其自身的法律特征：

1. 人格权与民事主体的人身不可分离。自然人的人格权是基于出生的法律事实而取得的，“始于出生，终于死亡”。法人的人格权因其依法成立而取得，因其依法终止而消灭。因此，人身权与民事主体的存亡是密不可分的。

2. 人格权是特定民事主体所固有的权利。人格权的存在与享有人格权的民事主体的意志无关，无论民事主体个人是否意识到自己人格权的存在，人格权都是客观存在的，一旦受到了侵害，都会得到法律的平等保护。同时，人格权非依法律的特殊规定不能被剥夺，也不能被放弃。如司法实践中常见的“协议断绝父子关系”，儿子以没有父子关系为由拒不履行赡养义务。那么，该协议是违法的，亲情关系岂能一纸协议了之？儿子的赡养义务是法定的，岂能放弃？

同时，人格权是民事主体的专属权利，任何民事主体都不能将人格权让与他人[①]，尤其是自然人。当然，人格权的某些特定内容是可以转让的，如肖像权本身不能转让，但可以将肖像使用权部分地转让给他人使用。

3. 人格权是非物权性权利，不以直接的物权关系为其内容。在《物权法》颁布实施之前，一般将物权称为财产权。《民法典》第一百一十五条规定，物包括不动产和动产。法律规定权利作为物权客体的，依照其规定。物权是权利人依法对特定的物享有直接支配和排他的权利，包括所有权、用益物权和担保物权。作为人格权，是以特定民事主体的人格利益和身份利益为客体，所体现的主要是一种精神利益，而非物权利益。

---

① 《民法典》第九百九十二条规定：“人格权不得放弃、转让或者继承。”

当然，人格权是一种没有直接财产内容的民事权利，并不是说人格权中就不包含任何的财产利益。如肖像权体现的基本利益是精神利益，具有财产利益是肖像权的一项重要内容。这种财产利益来源于肖像的视觉艺术品的美学价值，而这种美学价值在商品经济社会中恰恰可以转化为财产上的利益。但这种财产利益不是直接的，而是肖像权精神利益转化、派生的利益。①

4. 人格权具有可支配性，是一种绝对权。人格权是人身权利主体享有直接支配人身利益并排除他人非法干涉的权利。② 同时，人格权实现并不需要他人积极行为的协助，而只需要他人不对其行使进行干涉和侵害。因此，人格权的支配性和绝对性具有一致性。

## 四、人身权的分类

人身权是由人格权和身份权两个系列的民事权利共同构成的。依据权利赖以产生的社会关系的不同及客体的不同，可将人身权分为：以人格利益为客体的人身权，即称为人格权；以身份利益为客体的人身权，即称为身份权。

### （一）人格权

依据权利客体的性质不同，可把人格权分为物质性人格权和精神性人格权。

物质性人格权。即指自然人对与物质性的人格要素有关的利益所依法享有的不可转让的支配权，具体包括生命权、身体权、健康权。由此可见，物质性人格权仅仅是自然人才能依法享有的。

精神性人格权。即指民事主体对与其精神性的人格要素有关的利益所依法享有的不可转让的支配权，具体包括姓名权、名称权、肖像权、名誉权、荣誉权、隐私权、贞操权、婚姻自主权等。

人格权是民事主体所固有的，以维护主体独立人格所必备的生命健康、人格尊严、人身自由以及姓名、肖像、名誉、隐私等各种权利。人格权是民

---

① 杨立新：《人身权法论》（第三版），人民法院出版社 2006 年版，第 58 页。

② 《民法典》第九百九十一条规定："民事主体的人格权受法律保护，任何组织或者个人不得侵害。"

事主体与生俱来的固有权利，因此它具有自然属性。同时，法律为了保护人格权，又作了明确规定，具有法律属性。人格权的自然属性表现在特定民事主体人格权的取得无须具备行为能力，或为一定的法律行为。它始终与特定的民事主体相伴而客观存在，且不以其意志为转移。人格权的法律属性表现在人格权作为一种私权，自然要受到民法的调整。但同时，它还受到其他部门法的调整和规范。如，梁某某诉广东某经济发展有限公司、广州市越秀区某酒楼人格权纠纷案中，法院认为，就业平等权不仅属于劳动者的劳动权利范畴，亦属劳动者作为自然人的人格权范畴。招聘广告并未明确不招女性，对于并非不适宜女性从事的工作岗位，用人单位无正当理由仅因劳动者的性别而作出不合理的区别、限制以及排斥行为，构成就业性别歧视，侵犯了劳动者的平等就业权。[①]

### （二）身份权

所谓身份权，是指民事主体基于其特定的身份关系而产生并由其专属享有的，以身份利益为客体的，为维护该种身份关系所必备的权利。

身份权依据其与亲属法的关系为标准，将其分为亲属法上的身份权和亲属法外的身份权。前者包括亲权、配偶权、亲属权，这些权利只能由自然人享有。后者主要是指荣誉权[②]，也包括知识产权中的身份权等。

---

① 详见《最高人民法院公报》2021年第1期（总第291期）。

② 对于荣誉权的定义又可分为人格权说、身份权说以及人格权和身份权的双重属性说等。其中，人格权说认为，荣誉权的性质是人格权而非身份权，在《民法通则》实施之初，多数学者持此观点，例如梁慧星教授所著的《中国民法经济法诸问题》（中国法制出版社1999年版）一书中，就认为当时中国人身权制度中不包括身份权，因此荣誉权就是人格权；身份权说认为荣誉权的性质是身份权而不是人格权，如江平教授主编的《民法学》中将荣誉权定义为荣誉公民、荣誉法人享有的荣誉的权利，属身份权，是荣誉权人相对于不特定人的权利，属绝对权；双重属性说认为荣誉权兼有身份权和人格权两种属性，但身份权是其基本属性，只是在某种意义上反映社会对某一民事主体的评价，具有人格方面的因素。最高人民法院认为，本次《民法典》在立法上将荣誉权放在人格权编显然认可其人格权的属性，同时，人格权也具有身份权的相关特征。为此，荣誉权从性质上看，应当属于人身权中的人格权。参见最高人民法院民法典贯彻实施工作领导小组主编：《中华人民共和国民法典人格权编理解与适用》，人民法院出版社2020年版，第329—330页。

### （三）人格权与身份权的异同

人格权与身份权的相同之处：一是两者都是专属权。两者只能由民事主体专属享有，不能让与，不能抛弃，不能继承。二是两者都是支配权。两者都体现着权利人的人身利益，这些人身利益应当由权利人直接支配。三是两者都不是财产性权利。虽身份权中包含着很多带有明显的财产因素的具体权利，但这种权利是由身份关系上的精神利益转化而来的，因而身份权主要体现的还是一种精神利益。

人格权与身份权的不同之处：一是两者的法律作用不同。人格权的目的在于维护民事主体所必须享有的那些人之所以成为人的权利，从而保证其实际的法律人格；而身份权的目的在于维护民事主体在特定的亲属或其他社会关系中所应有的地位，以及因此而产生的权利义务关系。因此，人格权对人有着更为根本的意义，身份权以人格权的存在为其前提，和人格权相比处于相对次要地位。二是身份权与人格权相比并非民事主体固有的权利。人格权是人固有的权利；而身份权的取得是基于一定的法律行为或事实取得，且所有的身份权均可因一定的行为或事实而丧失或消灭。三是人格权和身份权的客体不同。通说认为，人格权的客体是人格利益，表现为人之所以成为人的资格。身份权的客体不是人格利益而是身份利益。身份权是一个抽象的权利，表现为各个不同的具体身份权。身份利益具有多元性，而且身份权虽然本质上是权利，但以义务为中心，权利人在道德和伦理驱使下自愿或非自愿地受制于相对人的利益，因而权利之中包含着义务。[①]

## 五、人格权编的调整范围

民法所调整的民事关系，根据权利义务所涉及的内容不同，可以分为民事主体之间的财产关系和人身关系。人身关系是民事主体之间基于人格和身份形成的民事法律关系。根据《民法典》第九百八十九条的规定，人格权编调整的是因人格权的享有和保护产生的民事关系。因此说，人格权编调整的是人身关系，即因人格权的享有和保护而产生的民事关系。人格权编并不调

---

① 王利明主编：《人格权法新论》，吉林出版社1994年版，第209页。

整身份关系，而身份关系由婚姻家庭编所调整。

《民法典》第一百零九条、第一百一十条、第一百一十一条对人格权进行了一般性的规定，其他各编尤其是侵权责任编也涉及对人格权的保护。但是，人格权编与侵权责任编的功能和定位不同。人格权编主要规定了人格权的类型、权利内容、权利边界、与其他价值之间的协调、行为人的义务和特殊保护方式等规则，侵权责任编主要着眼于对人格权的事后救济。侵权责任构成的前提离不开所侵犯权利的具体类型、具体内容以及行为人违反的具体义务，这都需要建立在人格权编的确认、内容、利用和保护等具体规范之上。而侵权责任编由于受其功能所限，无法容纳这些具体规范。人格权编将涉及人格权的具体内容集中予以细化规定，有利于维护个人的尊严和价值，有助于使民事主体明确认识到自身所享有的人格权，使其能够主动地行使并保护自身的人格权，同时也能够充分尊重他人的人格权，为形成和谐稳定的社会秩序和弘扬社会主义核心价值观奠定基础。侵权责任编对侵害民事权利的一般救济规则已作了较为详细的规定，人格权编只规定了保护人格权的特殊救济方式。因此说，人格权编与侵权责任编既各有分工，又能够相互衔接，共同实现对人格权的保护。①

根据《民法典》第九百八十九条的规定，作为一种民事关系，人格关系因为两种渊源而产生：②

一是因为“人格权的享有”而产生的民事关系。所谓因为“人格权的享有”而产生的民事关系，是指一旦权利主体享有某种人格权，他们即凭借自己所享有的此种人格权与世界上除了自己之外的所有其他人即世人、世界上的任何第三人之间建立了法律关系，其中的权利主体享有要求义务主体尊重其人格权、不侵犯其人格权的权利，而义务主体即世人、第三人则对权利主体承担尊重、不侵犯其人格权的义务。

二是因为“人格权的保护”而产生的民事关系。所谓因为“人格权的保护”而产生的民事关系，是指一旦他人享有某种人格权，则他人享有的该种

---

① 黄薇主编:《中华人民共和国民法典解读 · 人格权编》，中国法制出版社 2020 年版，第 8—9 页。

② 陈甦、谢鸿飞主编:《民法典评注：人格权编》，中国法制出版社 2020 年版，第 4—5 页。

人格权就会受到侵权责任法或者合同法的保护，在行为人侵犯他人享有的人格权时，或者在行为人违反对他人承担的合同义务时，他人就有权向法院起诉，要求法官责令行为人对其承担侵权责任或者违约责任，此时，他人与行为人之间即因为“人格权的保护”而产生了民事关系，该种民事关系实际上就是一种侵权责任关系或者违约责任关系。

值得注意的是，人格权编的规定是将《宪法》规定的人格尊严在民事领域予以具体化，围绕民事主体所享有的生命权、身体权、健康权、姓名权、名称权、肖像权、名誉权、荣誉权、隐私权等人格权益，以及产生的民事法律关系作出规定，可以更好地体现宪法精神，有助于宪法和民法之间交互影响和双向互动关系的良性发展。同时，人格权编的规定并不包含宪法所规定的公民的所有基本权利，主要是公民所享有的关于人格的民事权利，是从民事法律规范的角度规定自然人和其他民事主体人格权的内容、边界和保护方向，不涉及公民政治、社会等方面的基本权利。[①]

在司法实践中，需要注意的是自然人因婚姻家庭关系等产生的身份权利的保护问题。一是首先应当适用《民法典》总则编、婚姻家庭编和其他法律的相关规定。二是没有特别规定的，《民法典》人格权编的有关规定可以被参照适用，有助于通过人格权保护的规定补充、完善身份权利的保护。如《民法典》第九百九十五条规定，停止侵害、排除妨碍、消除危险、消除影响、恢复名誉、赔礼道歉请求权，不适用诉讼时效的规定。如果侵害身份权利有必要消除影响的，可以参照适用该条规定，消除影响的请求权不适用诉讼时效的规定。因侵害身份权利而承担消除影响、恢复名誉、赔礼道歉的民事责任的，可以参照《民法典》第一千条[②]的规定。三是能够参照适用于身份权利保护的只能是人格权编保护的有关规定，且人格权编保护的规定是被参照适用于而非直接适用于身份权利的保护。人格权的保护不是以保护身份权利

---

① 参见黄薇主编:《中华人民共和国民法典解读·人格权编》，中国法制出版社2020年版，第10页。

② 《民法典》第一千条规定:“行为人因侵害人格权承担消除影响、恢复名誉、赔礼道歉等民事责任的，应当与行为的具体方式和造成的影响范围相当。行为人拒不承担前款规定的民事责任的，人民法院可以采取在报刊、网络等媒体上发布公告或者公布生效裁判文书等方式执行，产生的费用由行为人负担。”

为出发点，而是以保护个人的人身自由和人格尊严为基本价值追求，与身份权利以保护婚姻和家庭共同体的价值追求不同。参照适用人格权编保护的规定，原则上仅具有保护身份权利的功能，使得身份权利免受他人的侵害。①

## 六、对案例1、案例2的简要评析

1. 对案例1的简要评析

刘某因在已经取消的公交车站点没有等候到公交车而心里恼火，后走到准确站点乘坐公交车。上车后与公交车驾驶员、史某接连发生口角，后为泄愤跟随史某下车，纠缠拉扯史某不让其离开，其行为既不理性，也不正当。

刘某在纠缠拉扯过程中倒地受伤，史某并没有侵害刘某的主观过错，刘某的损害与史某没有因果关系，不具备侵权责任中过错责任的构成要件，史某不应当承担侵权责任。

史某为了公共安全，好意劝阻刘某影响公交车安全驾驶的行为，具有合理性、正当性，主观上不存在过错。史某好意劝阻的行为应当得到肯定。本案对于倡导文明出行、鼓励好意劝阻、维护公共安全具有积极意义，弘扬了文明、法治的社会主义核心价值观。②

2. 对案例2的简要评析

根据《民法典》第一千零一十条第一款"违背他人意愿，以言语、文字、图像、肢体行为等方式对他人实施性骚扰的，受害人有权依法请求行为人承担民事责任"的规定，傅某通过言语、文字等方式对王某实施性骚扰，在其主观上存在故意的过错，客观上实施了侵权行为，造成了王某身体上、心理上的损害，该损害与傅某的侵权行为之间存在因果关系。因此说，傅某应当对王某承担侵权责任。在本案中，王某请求傅某承担医疗费用等财产损失和精神损失，法院根据具体的案件情况判决支持了王某精神损失和医疗费等部分财产损失。

同时，根据《民法典》第一千零一十条第二款"机关、企业、学校等单

---

① 参见黄薇主编：《中华人民共和国民法典解读·人格权编》，中国法制出版社2020年版，第58—59页。

② 最高人民法院2023年3月1日发布的《第三批人民法院大力弘扬社会主义核心价值观典型民事案例》。

位应当采取合理的预防、受理投诉、调查处置等措施，防止和制止利用职权、从属关系等实施性骚扰”的规定，王某、傅某所在的单位已经尽到了相应的义务，让傅某两次写下不再骚扰的保证书。公安机关对傅某进行了行政处罚。应该说，相应的部门尽到了法定义务，采取了一定措施。

本案明确指出性骚扰行为系对他人人格权的侵犯，严重背离了社会主义核心价值观的要求，侵权人应当依法承担赔礼道歉、赔偿精神损失等民事责任。本案判决不仅保护了受害人的合法权益，而且弘扬了文明、法治的社会主义核心价值观，有利于发挥司法裁判对社会行为的规范、引导作用，营造和谐的社会环境。①

## 第二节　具体人格权与一般人格权

### 一、问题的提出

《民法典》第九百九十条第一款规定:“人格权是民事主体享有的生命权、身体权、健康权、姓名权、名称权、肖像权、名誉权、荣誉权、隐私权等权利。”第二款规定:“除前款规定的人格权外，自然人享有基于人身自由、人格尊严产生的其他人格权益。”该条第一款规定了具体人格权，第二款规定了一般人格权。

在研究具体人格权与一般人格权之前，先看两则案例:

#### 案例 3: 用人单位在其用工未治愈时“甩锅”，是否侵害具体人格权②

罗某 2 就职于某环卫公司，从事环卫工作。2015 年 6 月 29 日，罗某 2 因突发脑出血入住荆州某医院治疗。2015 年 10 月 13 日，某环卫公司以病

---

① 最高人民法院 2023 年 3 月 1 日发布的《第三批人民法院大力弘扬社会主义核心价值观典型民事案例》。

② 最高人民法院 2023 年 8 月 2 日发布的《人民法院抓实公正与效率践行社会主义核心价值观典型案例》。

情较为稳定为由，为罗某2办理了出院手续，出院诊断为：脑出血、左侧肌体偏瘫。2015年10月13日至15日，荆州市某救助管理站护送罗某2返乡，接收单位为四川省某救助站。该站接收罗某2后即安排罗某2入住岳池某医院治疗，入院诊断为：1.脑梗死后遗症期；2.急性支气管炎。2016年10月1日，罗某2因脑出血、中枢性呼吸衰竭死亡。某司法鉴定中心出具了鉴定意见，认为罗某2再次突发脑出血是导致其死亡的主要因素，尚未治疗痊愈，长途遣送回乡的做法与导致其治疗迁延、病情加重也有一定的因果关系。罗某2之子罗某1起诉称，其父在工作时受伤入院治疗，某环卫公司在尚未治疗痊愈时就将其遣送回乡的行为构成侵权，应当承担赔偿责任。

生效裁判认为，被告某环卫公司在罗某2的病情尚未治愈、未查清罗某2亲属的情况下，将行动不便的罗某2护送返乡的行为是对劳动者健康权不尊重的行为。该行为虽未直接导致损害结果的发生，但导致了治疗延误、病情加重，应当按其过错承担相应的侵权赔偿责任。遂判决被告某环卫公司承担相应侵权赔偿责任。

## 案例4：推销电话骚扰客户，生活安宁可否保护①

2011年7月，原告孙某燕在被告某通信公司某市分公司处入网，办理了电话卡。2020年6月至12月，孙某燕持续收到营销人员以某通信公司某市分公司工作人员名义拨打的推销电话，以“搞活动”“回馈老客户”“赠送”“升级”等为由数次向孙某燕推销套餐升级业务。其间，原告孙某燕两次拨打该通信公司客服电话进行投诉，该通信公司客服在投诉回访中表示会将原告的手机号加入“营销免打扰”，以后尽量避免再向原告推销。后原告孙某燕又接到了被告的推销电话，经拨打该通信公司客服电话反映沟通未得到回复，遂通过工业和信息化部政务平台“电信用户申诉受理平台”进行申诉。该平台回复“在处理过程中，因调解不成，故视为办结，建议依照国家有关法律规定就申诉事项向仲裁机构申请仲裁或者向人民法院提起诉讼”。原告孙某燕遂向人民法院提起诉讼，请求被告承担侵权责任。

---

① 最高人民法院2023年1月12日发布《人民法院贯彻实施民法典典型案例（第二批）》。

生效裁判认为，自然人的私人生活安宁不受侵扰和破坏。本案中，孙某燕与某通信公司某市分公司之间的电信服务合同依法成立生效。某通信公司某市分公司应当在服务期内为孙某燕提供合同约定的电信服务。孙某燕提交的证据能够证明某通信公司某市分公司擅自多次向孙某燕进行电话推销，侵扰了孙某燕的私人生活安宁，构成了对孙某燕隐私权的侵犯。故判决被告某通信公司某市分公司未经原告孙某燕的同意不得向其移动通信号码拨打营销电话，并赔偿原告孙某燕交通费用 782 元、精神损害抚慰金 3000 元。

上述案例，案例 3 涉及具体人格权，案例 4 涉及一般人格权。试问：如何理解具体人格权与一般人格权？

## 二、具体人格权

《民法典》第九百九十条第一款列举的具体人格权，包括自然人的人格权、法人和非法人组织的人格权。从自然人的角度，按照权利客体的不同和法律保护方法的不同，划分为物质性的人格权和精神性的人格权两类。物质性的人格权包括生命权、身体权、健康权，是对自然人的物质表现形式所体现的人格利益设定的权利；精神性的人格权包括姓名权、名称权、肖像权、名誉权、荣誉权、隐私权等权利。揭示人格权划分的不同原理和法律保护方法，对于指导司法实践正确适用法律，具有重要价值和方法论意义。[①]

生命权，是指自然人享有的以生命安全和生命尊严为内容的权利。《民法典》第一千零二条规定，自然人享有生命权。自然人的生命安全和生命尊严受法律保护。任何组织或者个人不得侵害他人的生命权。因此说，生命权的实质和价值，体现为“生命安全维护权”。[②]

身体权，是指自然人享有的以身体完整和行动自由为内容的权利。《民法典》第一千零三条规定，自然人享有身体权。自然人的身体完整和行动自由受法律保护。任何组织或者个人不得侵害他人的身体权。因此说，立法采

① 参见最高人民法院民法典贯彻实施工作领导小组主编：《中华人民共和国民法典人格权编理解与适用》，人民法院出版社 2020 年版，第 26 页。

② 参见温世扬：《我国民法典草案的完善研究》，载《政治与法律》2019 年第 3 期。

用了“维护身体完整说”，而未直接揭示身体权包含“支配”权能，反映了身体权的消极防御权本质。[①]

姓名权，是指自然人享有的依法决定、使用、变更或者许可他人使用自己姓名的权利。《民法典》第一千零一十二条规定，自然人享有姓名权，有权依法决定、使用、变更或者许可他人使用自己的姓名，但是不得违背公序良俗。

名称权，是指法人和非法人组织享有的依法决定、使用、变更、转让或者许可他人使用自己名称的权利。《民法典》第一千零一十三条规定，法人、非法人组织享有名称权，有权依法决定、使用、变更、转让或者许可他人使用自己的名称。

肖像权，是指自然人享有的依法制作、使用、公开或者许可他人使用自己肖像的权利。《民法典》第一千零一十八条规定，自然人享有肖像权，有权依法制作、使用、公开或者许可他人使用自己的肖像。肖像是通过影像、雕塑、绘画等方式在一定载体上所反映的特定自然人可以被识别的外部形象。

名誉权，是指自然人、法人和非法人组织就其品德、声望、才能、信用等所获得的社会评价，所享有的保有和维护的权利。《民法典》第一千零二十四条规定，民事主体享有名誉权。任何组织或者个人不得以侮辱、诽谤等方式侵害他人的名誉权。名誉是对民事主体的品德、声望、才能、信用等的社会评价。

荣誉权，是指自然人、法人和非法人组织对其获得的荣誉及其利益所享有的保持、自主决定的权利。《民法典》第一千零三十一条规定，民事主体享有荣誉权。任何组织或者个人不得非法剥夺他人的荣誉称号，不得诋毁、贬损他人的荣誉。获得的荣誉称号应当记载而没有记载的，民事主体可以请求记载；获得的荣誉称号记载错误的，民事主体可以请求更正。

值得注意的是，法人和非法人组织不能享有生命权、身体权、健康权等专属于自然人的权利；对自然人的人格权保护具有充分的伦理价值，而法人和非法人组织享有一定范围的人格权，更多是基于现实的法律技术的需要，更多涉及财产利益，或者间接地保护组织背后的自然人。人格权最为

---

① 最高人民法院民法典贯彻实施工作领导小组主编：《中华人民共和国民法典人格权编理解与适用》，人民法院出版社2020年版，第26页。

重要的目的是维护自然人的人身自由和人格尊严，是以自然人的人格权为规范的重心。[①]

婚姻自主权能否纳入人格权保护？婚姻自主权是指自然人享有的结婚、离婚自由不受他人干涉的权利。《民法典》第一百一十条明确将婚姻自主权列为人格权的一种，虽《民法典》第九百九十条第一款未将婚姻自主权列入其中，但可以理解该条款“等”中包含了婚姻自主权。当然，婚姻自主权的保护，主要适用《民法典》婚姻家庭编和总则编的规定。基于此，《民法典》第一千零一条规定，对自然人因婚姻家庭关系等产生的身份权利的保护，适用本法第一编、第五编和其他法律的相关规定；没有规定的，可以根据其性质参照适用本编人格权保护的有关规定。

## 三、一般人格权

一般人格权，是相对于具体人格权来说的，即指法律采用高度概括的方式而赋予自然人享有的具有权利集合性特点的人格权，是适应新型人格利益保护而产生的兜底保护条款。[②] 一般人格权是自然人平等享有的基本权利，而无论其性别、年龄、种族、籍贯、身份、职业地位、文化程度。《民法典》第一百零九条[③]、第九百九十条第二款将自然人的一般人格权概括为人身自由、人格尊严。对于未被明确规定的具体人格权类型，第九百九十条第二款统一使用为“其他人格权益”，为基于人身自由、人格尊严产生的其他各项人格权益的确认与保护预留空间。

一般人格权的法律特征表现在[④]：一是权利主体的普遍性。一般人格权作为一种总括性的权利，可以被所有的民事主体平等地享有。二是权利客体的高度概括性。一般人格权的客体是一般人格利益，而不是具体人格利益。一般人格利益是高度概括和抽象的人格利益。三是权利内容的广泛性。一般人格权的内容不仅包括全部具体人格权，还包括具体人格权所不包含的内容，

---

① 黄薇主编：《中华人民共和国民法典解读·人格权编》，中国法制出版社 2020 年版，第 15 页。

② 王泽鉴：《民法总则》，中国政法大学出版社 2001 年版，第 126 页。

③ 《民法典》第一百零九条规定：“自然人的人身自由、人格尊严受法律保护。”

④ 参见何志：《侵权责任判解研究与适用》，人民法院出版社 2009 年版，第 218 页。

是具体人格权内容的集合。①

通说认为，一般人格权的内容包括人格独立、人格自由和人格尊严。一般人格权的这三项基本内容，也是一般人格权客体的三大法益，可以概括人格权的所有内容。②

1. 人格独立。人格独立的实质内容，是民事主体对人格独立享有，表现为民事主体在人格上一律平等，在法律面前，任何民事主体都享有平等的主体资格，享有独立人格，不受他人的支配、干涉和控制。人格独立表明人人都有平等的权利，人人都有保护个人人格的权利，人人都有捍卫个人独立性的权利。它包括：民事主体的人格不受他人支配，民事主体的人格不受他人干涉，民事主体的人格不受他人控制。

2. 人格自由。一般人格权中的人格自由，是私法上的抽象自由，既不是公法上的自由，也不是私法上的具体自由权。它不是泛指主体的行为自由和意志自由，也不是指财产自由、契约自由，而是经过高度概括、高度抽象的人格不受约束、不受控制的状态。它既是指人格的自由地位，也是指人格的

---

① 最高人民法院 2022 年 4 月 11 日发布的《民法典颁布后人格权司法保护典型民事案例》：原告石某连系已故石某信夫妇养女和唯一继承人，被告石某荷系石某信堂侄。石家岭社区曾于 2009 年对村民坟墓进行过搬迁，当时所立石某信夫妇墓碑上刻有石某连名字。2020 年夏，石家岭居委会进行迁坟过程中，除进行经济补偿外，新立墓碑由社区提供并按照各家上报的名单镌刻姓名。石某荷在向居委会上报名单时未列入石某连，导致新立墓碑未刻石某连名字。石某连起诉请求判令石某荷在石某信夫妇墓碑上镌刻石某连姓名，返还墓地搬迁款，赔偿精神损失。

一审山东省济南市钢城区人民法院经审理认为，根据《民法典》第九百九十条的规定，除法律规定的具体人格权外，自然人还享有基于人身自由，人格尊严产生的其他权益。逝者墓碑上镌刻亲人的名字是中国传统文化中后人对亲人追思情感的体现，对后人有着重大的精神寄托。养子女在过世父母墓碑上镌刻自己的姓名，符合公序良俗和传统习惯，且以此彰显与逝者的特殊身份关系，获得名誉、声望等社会评价，故墓碑刻名关系到子女的人格尊严，相应权益应受法律保护。原有墓碑上镌刻有养女石某连的姓名，石某荷在重新立碑时故意遗漏石某连的刻名，侵害了石某连的人格权益，应承担民事责任。一审判令石某荷按民间传统风俗习惯在石某信夫妇墓碑上镌刻石某连姓名、石某荷返还石某连墓地拆迁款 3736 元。二审济南市中级人民法院维持原判。

养子女在过世的养父母墓碑上刻名的权益关涉人格尊严和人格平等，符合孝道传统和公序良俗，本案将此种人格权益纳入一般人格权予以保护，回应了社会发展所产生的新型人格权。

② 参见杨立新：《人身权法论》（第三版），人民法院出版社 2006 年版，第 358—363 页。

自由权利，是权利主体自主参加社会活动、享有权利、行使权利的基本前提和基础。权利主体丧失人格自由，就无法行使任何权利，不能从事任何社会活动。正如罗马法所言，自由人在行为受到阻碍或被人拘束的时候，他的具体自由权受到了限制，但他仍享有人格自由，不丧失自由人的身份，因而他仍可依其自由的人格而寻求司法保护，救济其具体自由权的损害。如果公民、法人丧失人格自由，则其只能沦为他人的财产，成为物的具体形式，而不再称其为人。这种情况，在一定意义上说明了人格自由与人身自由的关系，具有借鉴意义和启发意义。在今天的法律中，人格自由仍具有这种法律上的意义，它是公民、法人享有一切具体自由权的基础和根源。作为一般人格权内容的人格自由，包括保持人格的自由和发展人格的自由。

3. 人格尊严。人格尊严，是指自然人基于自己所处的社会环境、工作生活环境，以及基于地位、声望、名誉、声誉等各种因素而形成的人格价值以及得到社会、他人尊重的品性。人格尊严是具有伦理性、道德性品格的权利，是自然人自尊和获得他人尊重的统一，是对个人价值和外在形象主客观评价的结合。换言之，所谓人格尊严，即把人真正当成“人”。因此，无论公民职业、职务、政治立场、宗教信仰、文化程度、财产状况、民族、种族、性别有何差别，其人格尊严是相同的，绝无高低贵贱之分。①

人格尊严在性质上，与人格独立、人格自由并不相同。人格独立是人的客观地位，人格自由是人的主观状态，而人格尊严则是一种主观认识与客观评价的结合。

（1）人格尊严是一种人的观念，是公民、法人对自身价值的认识。这种认识基于自己的社会地位和自身价值，它来源于自身的本质属性，并表现为自己的观念认识。因而，人格尊严具有主观的因素。

（2）人格尊严具有客观的因素。这种客观的因素是他人、社会对特定主体作为人的尊重。这种客观因素是一种对人的价值的评价，但与名誉这种社会评价不同，是对人的最起码的做人的资格的评价，评价的内容不是褒贬，而是对人的最起码的尊重，是把人真正作为一个人所应具有的尊重。因而无论人的各种属性、状态有何不同，但其尊严的评价无任何不同之处。

---

① 梁慧星：《中国民法经济法诸问题》，法律出版社1991年版，第73页。

（3）人格尊严是人的主观认识和客观评价的结合。它既包括自我认识的主观因素，也包括社会和他人评价的客观评价和尊重，这两种因素结合在一起，才构成完善的人格尊严。

人格尊严是一般人格权客体即一般人格利益的基础。“人的尊严是宪法体系的核心。”[①] 很多国家的宪法均以相当重要的地位规定这一内容，并在民事法中规定其为一般人格权的主要内容。我国从 1982 年《宪法》到基本法、单行法，都强调人格尊严受法律保护，构建了以人格尊严为核心的一般人格权体系。人格尊严是一种宣誓性、包容性权利，一些其他人格权均可属于该项权利，比如，名誉权、荣誉权、隐私权等，侵害这些权利的行为实质上就是侵害人格尊严。维护人格尊严是包括民法典在内的法律制度的重要目标。《民法典》全面保护人格权，就是保护人民生活得更有尊严。

人格尊严作为一般人格权体系的核心，它决定了一般人格权所具有的三项基本功能。在法律适用中，应当依据人格尊严解释各项具体人格权，创造新的具体人格权，以及补充不被具体人格权所涵盖的一般人格利益。如在实务上和理论上所争论的侵害肖像权的营利目的是否为必要构成要件，只要弄清人格尊严是各项具体人格权的基础，则必然得出营利目的不是侵害肖像权责任构成的必要条件，就不会舍本逐末，硬去强调侵害肖像权的构成必须具备营利目的要件，使对肖像权的法律保护走上歧途。

值得注意的是，一般人格权适用的前提：一是被侵犯的人格权益没有法律的明确规定，并且无法纳入具体列举的人格权的保护范围。换言之，当法律有明确规定的，应当首先适用法律的明确规定。当法律没有明确规定，但可以适用具体列举的人格权予以保护的，则应当适用具体的规定。只有在法律没有明确规定，并且无法纳入具体列举的人格权保护范围的，才应当适用一般人格权的规定。二是被侵犯的人格权益是基于人身自由、人格尊严产生的，是需要法律保护的。关于个人信息保护，虽然人格权编并未明确将其作为一种权利，但总则编和人格权编对个人信息保护作出了明确规定，此时应当首先适用这些明确规定。

---

① 王泽鉴:《人格权、慰抚金和法院造法》，载《法令月刊》第 44 卷第 12 期。

## 四、对案例 3、案例 4 的简要评析

1. 对案例 3 的简要评析

在本案中，涉及劳动者的具体人格权中的健康权、生命权问题。在医院没有对伤者治愈的情况下，用人单位某环卫公司以病情稳定为由让伤者出院。后伤者诱发相关疾病死亡，与前期病情未治愈存在一定的因果关系，用人单位存在一定的过错，应当承担侵权责任。

劳动关系和谐是社会和谐的重要基础，事关广大职工和企业的切身利益以及经济社会发展大势。劳动者应当在用人单位的管理下认真工作、辛勤劳动，用人单位应当依法保障劳动者的权益，尤其是对于劳动者的生命权、健康权等人格权利，用人单位应当给予充分的尊重和保护。本案中，用人单位无视劳动者的身体健康状况，将其从重症监护室接出，并以不符合实际的理由申请救助，将劳动者长途遣返，是对劳动者健康权的不尊重。本案的审理兼顾了法理与人情，向被用人单位“甩包袱”的患病劳动者传递出最真诚的司法温暖。案件引导用人单位需充分尊重患病劳动者的健康权，为患病劳动者办理出院时，应当遵医嘱并及时通知住院劳动者的家属。本案裁判结果蕴含着社会主义核心价值观“以人为本”的理念，对构建劳动者爱岗敬业、用人单位诚信守法的和谐劳动关系具有积极的示范作用。①

2. 对案例 4 的简要评析

在本案中，侵害人格权的类型属于典型的侵害一般人格权。《民法典》在总则编和人格权编对隐私权和个人信息保护作出专门规定，丰富和完善了隐私权和个人信息保护的规则。特别是第一千零三十三条第（一）项对群众反映强烈的以电话、短信、即时通信工具、电子邮件等方式侵扰他人私人生活安宁的行为进行了严格规制，回应了社会关切。

本案中，原告孙某燕使用被告某通信公司某市分公司提供的移动通信号码，并向其支付费用，故原、被告之间存在电信服务合同关系。某通信公司某市分公司在孙某燕多次明确表示不接受电话推销业务后，仍继续向孙某

---

① 最高人民法院 2023 年 8 月 2 日发布的《人民法院抓实公正与效率践行社会主义核心价值观典型案例》。

燕进行电话推销，其行为构成对孙某燕隐私权的侵犯。本案虽系依据《民法总则》作出裁判，但也充分体现了《民法典》第一千零三十二条、第一千零三十三条第（一）项的规定精神，其裁判结果不仅维护了当事人的隐私权，更对当前群众反映强烈的问题作出了回应，亮明了司法态度。[①]

## 第三节 人格权保护原则

### 一、问题的提出

人格权主体享有禁止他人对自己的人格权进行非法干预或侵害的权利。人格权作为一种对世权，可以对抗任何不特定人的非法干预，当其受到非法干预或侵害时，人格权主体有权依法主张加害人承担停止侵害、排除妨碍、消除影响、恢复名誉、赔礼道歉、赔偿损失等侵权责任。《民法典》人格权编第一章“一般规定”规定了人格权保护原则，除权利人之外的任何人都负有不得妨害权利人行使权利的义务。[②] 义务人因为违反义务而妨碍权利人行使权利的，权利人有权请求法院排除妨害，并要求义务人承担责任。

在研究人格权保护原则之前，先看两则案例：

#### 案例 5：死者子女是否能请求侵权人“赔礼道歉”[③]

楚甲系楚某某之女。4 月 5 日，楚某某因突发昏迷倒地呕吐住院治疗。次日，医院下达病危通知书，根据患者病情仍需住院治疗，但楚甲因经济问题要求出院，医院遂准许出院。根据出院记录记载，出院情况患者

① 最高人民法院 2023 年 1 月 12 日发布的《人民法院贯彻实施民法典典型案例（第二批）》。

② 《民法典》第九百九十一条规定：“民事主体的人格权受法律保护，任何组织或者个人不得侵害。”

③ 参见重庆市第四中级人民法院（2022）渝 04 民终 1449 号民事判决书。

呈昏迷状态，无恶心、呕吐，留置尿管畅通，出院医嘱为院外继续治疗。医院重症监护室外人不能进入。楚甲在重症监护室门口接其父亲楚某某出院。由于重症监护室的护士力气小，故请了冉某等人帮忙将病人从重症监护室抬出门转运至交接间。4 月 13 日，楚某某因病过世，5 月 10 日注销户口。

生效裁判认为：一是医院是否应向楚甲赔礼道歉。《民法典》第九百九十二条规定："人格权不得放弃、转让或者继承。"第九百九十五条规定："人格权受到侵害的，受害人有权依照本法和其他法律的规定请求行为人承担民事责任。"根据前述规定，人格权具有人身专属性，且结合本案事实，即使冉某等人在帮忙转运中有抬人时摔倒的事实，造成对楚某某人格权的侵害，赔礼道歉的请求权也应当属于楚某某专属享有，且"赔礼道歉"属于不具有财产内容的人格权侵权责任承担形式，更不能发生继承和转让，故楚甲主张赔礼道歉的诉讼请求不予支持。二是医院是否应当赔偿楚甲支付的医疗费 50000 元。根据病历记载，医院在行开颅手术之前已经向楚甲进行书面告知，并征得了同意及签署意见后才进行。对此，楚甲未对医院的医疗行为进行医疗过错鉴定，亦未提交其他证据佐证医院存在医疗过错，应自行承担举证不能的不利后果，故对该请求不予支持。三是医院是否应当支付楚甲精神损害抚慰金。医院未实施直接的侵害行为，故对楚甲主张医院赔付其精神损害抚慰金的诉讼请求不予支持。综上，驳回原告楚甲的全部诉讼请求。

## 案例 6：未经许可能否使用"公众人物"的肖像[①]

被告就有偿使用原告肖像和签名的事实，提供了 2020 年 9 月 10 日与某公司签订的《影视版权使用许可合同》，该合同主要约定该公司向被告提供《攀登者（主演：吴某）》的剧照，宣传物料。被告可合理利用剧照结合自身产品与该影视联动宣传。被告合理合规使用，使用期为 1 年。被告有权复制公司提供的剧照和宣传物料，可用于不侵犯公司艺人利益的各个方面，不可造成艺人对某产品代言性质标语的假象，只能结合电影海报和宣传物料与

① 参见北京市西城区人民法院（2021）京 0102 民初 36737 号民事判决书。

产品联动宣传之唯一目的。合同约定服务费为26万元，被告于9月14日向该公司支付26万元费用。对此，原告称从未授权该公司对外推广影视产品。被告亦不能证明该公司获得原告本人或其经纪人相应授权。

生效裁判认为，虽然被告与某公司签订协议的时间为2020年9月，但本案争议主要事实发生在2021年之后，因此应适用民法典的相应规定。法律规定，民事主体可以将自己的姓名、名称、肖像等许可他人使用，但是依照法律规定或者根据其性质不得许可的除外。任何组织或者个人不得以丑化、污损，或者利用信息技术手段伪造等方式侵害他人的肖像权。未经肖像权人同意，不得制作、使用、公开肖像权人的肖像，但是法律另有规定的除外。未经肖像权人同意，肖像作品权利人不得以发表、复制、发行、出租、展览等方式使用或者公开肖像权人的肖像。被告使用来源不明的《攀登者》的剧照并进行再编辑加工，将其白酒产品与剧照海报拼合，会误导一般人群认为该白酒企业与原告本人或其参演作品具有合作关系。其次，被告在糖酒会、特产店和文化园区内使用印有原告肖像的购物单、展板照片（礼服照），并非《攀登者》剧照，更易误导消费者，且该幅肖像使用和流通范围更大。被告为树立企业形象、扩大产品宣传，未经肖像权人许可使用其肖像和姓名的行为，违反了法律的有关规定，应依法承担赔偿责任。据此判决：一、本判决生效后即日起，被告停止生产，并回收印有原告肖像及姓名的产品包装，断开被告在其微信公众号、官方网站、京东旗舰店含有原告肖像和姓名的链接。二、本判决生效后即日起，被告拆除带有原告肖像和姓名的广告牌。三、本判决生效后十五日内，被告在其官方网站和微信公众号刊登致歉声明，致歉声明的时间不少于15日。如被告不主动刊登致歉声明，本院会将判决书全文在全国性报刊上刊登，费用由被告负担。四、本判决生效后十五日内，被告赔偿原告经济损失200000元，维权合理开支10000元。

上述案例，均涉及人格权的保护问题。试问：如何理解适用民事主体人格权不受侵害原则？人格权不得放弃、转让或者继承原则？人格权标识许可使用原则？

## 二、民事主体人格权不受侵害原则

民事权利及其他合法权益受法律保护是民法的基本精神，是民事立法的出发点和落脚点。[①]《民法典》第九百九十一条明确规定，民事主体的人格权受法律保护，任何组织或者个人不得侵害。如，邓某某诉某速递公司、某劳务公司一般人格权纠纷案中生效裁判认为，戴某作为某速递公司酒仙桥营投部主任，在招录人员上显然能够代表某速递公司。邓某某在某速递公司面试后，戴某已经代表某速递公司表明其有意愿聘用邓某某，虽然聘用形式是直接聘用还是劳务派遣在 2014 年 9 月 28 日的谈话中并未明确，但能够肯定的是某速递公司给予邓某某获得在某速递公司担任快递员的机会。在邓某某未能如期签约的情形下，戴某告知邓某某联系李某，且李某在电话中亦表明邓某某的应聘资料在其处，故法院认定李某能够代表某速递公司。某速递公司在答辩意见中所援引的相关规定并不能证明快递员属于国家规定的不适合妇女的工种或者岗位。对于邓某某询问丧失应聘机会是否因其为女性时，李某作了肯定的答复，能够证明某速递公司拒绝聘用邓某某的原因在于其为女性，侵犯了邓某某平等就业的权利。某速递公司对其侵权行为给邓某某造成的合理损失应予以赔偿。某速递公司对邓某某实施了就业歧视，给邓某某造成了一定的精神损害，故法院结合某速递公司在此过程中的过错程度及给邓某某造成的损害后果酌情支持邓某某精神损害抚慰金 2000 元。[②]对实施就业性别歧视的单位通过判决使其承担民事责任，不仅是对全体劳动者的保护，有利于营造平等、和谐的就业环境，更是对企图实施就业性别歧视的单位予以威慑，让平等就业的法律法规落到实处，起到规范、引导的良好作用。

人格权是一种绝对权，是民事主体依法享有、支配其人格利益并排除他人侵害的、以维护和实现人格尊严为目的的权利。人格权保护的两种模式：

---

① 黄薇主编：《中华人民共和国民法典解读·人格权编》，中国法制出版社 2020 年版，第 19 页。

② 最高人民法院 2016 年 8 月 23 日发布的《最高人民法院关于弘扬社会主义核心价值观典型案例》。

一是消极保护模式。即并不在法律上详细规定人格权的具体类型，而主要通过侵权法规则对人格权提供救济。例如，《法国民法典》第1382条对侵权责任的一般条款作出了规定，侵权法的一般条款可以适用于对人格权的侵害。《德国民法典》除在总则部分规定了姓名权外（第12条），主要通过侵权规则对其他人格利益提供保护，还严格限制侵害人格权益的财产损害赔偿责任（第253条）。二是积极确权模式。即通过立法正面确认民事主体人格权的具体类型，以实现对人格权的保护。如《瑞士民法典》在第1编第1章第1节对人格权作出了规定（第27条）。《法国民法典》虽然在传统上通过消极保护模式保护人格权，但该法典在1970年修订时，新增了第9条关于隐私保护的条款，该条规定："每个人有私生活得到尊重的权利。"实际上也从正面确权的角度强化了对隐私的保护。[①]

比较法上的人格权保护：适用侵权法规则。从比较法的立法经验来看，在18世纪至19世纪，由于人格权还没有形成一种独立的权利，其主要受到侵权法的保护。虽然一些大陆法系国家和地区的民法典在侵权法中对生命、名誉、姓名等人格权作出了规定，但在保护方式上都采纳了消极保护模式，且是通过列举的方式明确侵权法所保护的权益范围。《德国民法典》仅在第12条从正面规定了姓名权，其他人格利益主要是通过侵权规则进行保护，如该法典第823条第1款规定了对生命、身体、健康和自由等几种人格权益的保护。而且《德国民法典》对侵害人格权益的财产损害赔偿责任作出了严格限制，即只有在严重侵害人格权益以及没有其他救济方式时才能适用。我国台湾地区"民法"第一百九十五条第（一）项亦规定："不法侵害他人之身体、健康、名誉、自由、信用、隐私、贞操，或不法侵害其他人格法益而情节重大者，被害人虽非财产上之损害，亦得请求赔偿相当之金额，其名誉被侵害者，并得请求恢复名誉之适当处分。"该条除列举具体类型外，亦规定"其他人格法益"，以适应社会变迁与人格权保护之需要。

我国《民法典》保护模式：人格权编权利确认与侵权责任编归责条款相结合。《民法典》总则编中的第一百二十条规定了侵权请求权，即"民事权益受到侵害的，被侵权人有权请求侵权人承担侵权责任"。《民法典》人格权

---

① 王利明：《人格权：从消极保护到积极确权》，载《甘肃社会科学》2018年第1期。

编中的第九百九十五条中规定了人格权请求权，即“人格权受到侵害的，受害人有权依照本法和其他法律的规定请求行为人承担民事责任”，并明确停止侵害、排除妨碍、消除危险、恢复名誉、赔礼道歉的请求权不受诉讼时效限制。《民法典》侵权责任编调整因侵害民事权益产生的民事关系，包括侵害人格权。侵权责任编规定的归责原则、连带责任以及侵权责任编第二章“损害赔偿”的有关规定，特别是精神损害赔偿的条款，均构成人格权保护的归责依据。《民法典》第一百七十九条规定的责任方式也适用于人格权保护。因此，必须将人格权规则与侵权法规则进行有效衔接。人格权编与侵权责任编相互配合、相得益彰。①

民事主体按照自己的意愿依法保护和行使人格权，不受干涉。这并非意味着民事主体的人格权可以毫无限制，是绝对自由的。对人格权的限制，或者是基于法律的明确规定，或者是基于其他价值在合理范围内予以限制，不得随意为之。因此，民事主体保护和行使人格权时，应当履行法律规定的和当事人约定的义务，并且不得滥用和损害国家利益、社会公共利益或者他人合法权益。②

## 三、人格权不得放弃、转让或者继承原则

人格权只能为特定的权利人所享有，与权利主体不可分离。人格权始终与权利主体相伴随，权利主体产生以后就享有生命权、身体权、健康权、姓名权等人格权，权利主体消灭则人格权也不复存在。因此说，人格权具有人身专属性，是人格权与财产权的重要区别。所谓人身专属性，是指人格权只能为特定的权利人所享有，与权利主体不可分离。③财产权通常具有非人身属性，可以与权利主体相分离。对此，《民法典》第九百九十二条规定，人格权不得放弃、转让或者继承。人格权具有专属性，其具体表现为：

---

① 参见最高人民法院民法典贯彻实施领导小组主编：《中华人民共和国民法典人格权编理解与适用》，人民法院出版社 2020 年版，第 37—38 页。

② 黄薇主编：《中华人民共和国民法典解读 · 人格权编》，中国法制出版社 2020 年版，第 20 页。

③ 王利明、程啸、朱虎：《中华人民共和国民法典人格权编释义》，中国法制出版社 2020 年版，第 53 页。

1. 人格权不得放弃。作为专属于权利人享有的权利，人格权始终由权利人享有，禁止权利主体放弃。如果人格权被一般性地、概括地放弃，必然导致人格缺损，甚至会威胁到人的主体地位，走向对自由的自我否定。[①] 例如，许多国家的法律明确规定自由不得随意放弃，放弃自由的约定无效、生命不得放弃（不得自杀）等。如果人格权被放弃，则人格必然受损，且放弃人格利益的行为也是违背公序良俗的。禁止人格权放弃也是私权自由处分原则的例外。[②] 但是，按照《民法典》第九百九十三条、[③] 第一千零六条 [④]、第一千零八条第一款 [⑤] 的规定，意味着在特定情况下部分人格利益是可以放弃的。由于第一千零六条、第一千零八条中被放弃的人格利益与人的生命健康紧密联系，因此，放弃时要遵循严格条件，比如，书面形式同意、风险告知、审查批准等。

2. 人格权不得转让。基于人格权是民事主体自身固有的权利，不能脱离权利主体单独存在，属于专属性权利，除非法律有明确规定，否则不能转让。自然人一旦出生，法人、非法人组织一旦成立，他们就享有人格权。对自然人而言，人格权并不需要有独立意志的个人是否意识到实际享有，而是客观存在的。自然人不论在其年龄、智力、社会地位等方面存在何种区别，不论是否实际参与各种法律关系，都平等地享有人格权。法律无非是对人格权进行确认而已，目的是提供保护和损害救济。人格权不得转让，并不意味着个

① 张翔：《民法人格权规范的宪法意蕴》，载《法制与社会发展》2020 年第 4 期。

② 参见最高人民法院民法典贯彻实施工作领导小组主编：《中华人民共和国民法典人格权编理解与适用》，人民法院出版社 2020 年版，第 46 页。

③ 《民法典》第九百九十三条规定："民事主体可以将自己的姓名、名称、肖像等许可他人使用，但是依照法律规定或者根据其性质不得许可的除外。"

④ 《民法典》第一千零六条规定："完全民事行为能力人有权依法自主决定无偿捐献其人体细胞、人体组织、人体器官、遗体。任何组织或者个人不得强迫、欺骗、利诱其捐献。完全民事行为能力人依据前款规定同意捐献的，应当采用书面形式，也可以订立遗嘱。自然人生前未表示不同意捐献的，该自然人死亡后，其配偶、成年子女、父母可以共同决定捐献，决定捐献应当采用书面形式。"

⑤ 《民法典》第一千零八条第一款规定："为研制新药、医疗器械或者发展新的预防和治疗方法，需要进行临床试验的，应当依法经相关主管部门批准并经伦理委员会审查同意，向受试者或者受试者的监护人告知试验目的、用途和可能产生的风险等详细情况，并经其书面同意。"

别具体人格权益不能许可他人使用。《民法典》第九百九十三条规定，民事主体可以将自己的姓名、名称、肖像等许可他人使用，但是依照法律规定或者根据其性质不得许可的除外。人格权仍然属于权利主体，被许可使用的也仅仅是自己的姓名、名称和肖像等特定的人格要素或者人格标识，而非人格权的整体转让。随着商业实践的发展，人格权的财产利益逐渐受到重视，这使得人格权益出现商业化利用的现象。

3. 人格权不得继承。《民法典》第一千一百二十二条规定："遗产是自然人死亡时遗留的个人合法财产。依照法律规定或者根据其性质不得继承的遗产，不得继承。"据此，能够继承的只能是个人的合法财产，而不是人格权。人格权作为专属于特定主体的权利，因权利人死亡而消灭。人格利益并不是对人的身体的利益，而是特定自然人的人身和行为自由、安全以及精神自由等利益。无论是生物形态的利益还是社会形态的利益，大多体现为一定的精神利益，尤其是名誉、肖像、隐私、自由等利益，都是行为与精神活动的自由和完整的利益，且以人的精神活动为核心而构成，每个自然人个体的情感、精神因素又是完全不一样的。因此，体现精神利益、精神特征的人格权无法发生继承问题。[①] 根据《民法典》第九百九十四条的规定，死者的姓名、肖像、名誉、荣誉、隐私、遗体等受到侵害的，其配偶、子女、父母有权依法请求行为人承担民事责任。该条规定的是死者人格利益的保护，并非人格权的继承。

## 四、人格标识许可使用原则

人格权本质上是非财产权，但随着经济社会发展、科学技术进步以及大众传媒、广告行业的发达，这一理念逐步被打破。19 世纪末 20 世纪初，一些名人的姓名和肖像已经被广泛应用于香水、雪茄、药品等商品广告中。现代广告业的发展，使得个人的肖像、姓名等人格权中的经济价值进一步凸显。自然人的姓名、肖像、个人信息等人格利益授权使用现象日益普遍，人格权中的经济价值日益凸显，比较法上已经普遍承认人格权包含精神和财产双重

---

① 最高人民法院民法典贯彻实施工作领导小组主编：《中华人民共和国民法典人格权编理解与适用》，人民法院出版社 2020 年版，第 49 页。

利益。[①]

其他国家和地区对人格权中经济价值保护的方式主要有两种模式：一是德国法上的一元论模式，该种模式在人格权的体系内解决人格权中经济价值的保护问题。德国法视域中，人格权最初被认定为一种纯粹精神性权利，不包含物质利益，但是在判例和学说的推动下，学术界与实务界逐步达成共识，最终德国法院判决认为，人格权中所包含的经济价值可能是个人努力的结果，法律既保护人格权中的精神利益，也保护其经济价值，未经许可将他人人格权进行商业化利用的行为，既侵害了精神利益，又侵害了个人财产利益，从而在德国法上形成了对人格权财产利益的肯定。二是美国法上的二元论模式，即通过创设独立的公开权实现人格权中经济价值的法律保护。在这种模式中，通过隐私权实现个人精神利益的保护，通过独立的公开权实现对个人姓名、肖像等人格标识中经济价值的保护。在美国法上，公开权（Public rights），又称形象权，是指公民对自己的姓名、肖像、角色、声音、姿态以及图像、卡通人物形象等因素所享有的进行商业利用和保护的权利。在我国台湾地区，人格权具有财产性质，可以让与或授权他人使用的观点，也获得了学者的肯定。[②]

《民法典》第九百九十三条规定，民事主体可以将自己的姓名、名称、肖像等许可他人使用，但是依照法律规定或者根据其性质不得许可的除外。该条的立法理由：一是有利于回应社会发展需要。姓名、名称、肖像、声音等的许可使用问题凸显，各种许可使用的现象层出不穷，法律应当对此予以回应。二是有利于对人格尊严的保护。精神利益和财产利益并非不可协调，两者无法分开而紧密联系在一起，保护和许可使用也并非截然对立的两个层面。人格尊严也包括对特定的人格标识等通过自己的意志自主许可他人使用，他人不得未经权利人许可而使用，这本身就是保护人格尊严的重要方式。承认此种财产利益，对此进行保护本身是对人格尊严的尊重，使得对人格权

① 王泽鉴：《人格权法：法释义学、比较法、案例研究》，北京大学出版社2013年版，第302页。

② 最高人民法院民法典贯彻实施工作领导小组主编：《中华人民共和国民法典人格权编理解与适用》，人民法院出版社2020年版，第53页。

的保护不仅仅限于消极的防御，这是对发展人格的努力和劳动的尊重，有利于遏制侵害他人人格权益的行为，体现权利人的自决，从而更好地保护人格尊严。三是有利于对许可使用进行规制，更有利于维护人格尊严。四是体现了比较法上的共识。五是对我国司法实践的总结，有助于司法适用的统一。[①]

根据《民法典》第九百九十三条的规定，“民事主体可以将自己的姓名、名称、肖像等许可他人使用”，是许可他人在商品、商标或者服务等上使用，并不包括他人正当使用别人的姓名等情形，姓名本身就是让他人使用的，否则无法发挥区别于他人的目的。[②]同时，许可他人使用，既包括一次性使用，也包括重复性使用；既包括无偿使用，也包括有偿使用。当然，许可他人使用是一种民事法律行为，应当适用《民法典》总则编关于民事法律行为的一般性规定，即许可他人使用不得违反法律、行政法规的强制性规定，不违背公序良俗，否则，许可他人使用的民事法律行为系无效行为。

根据《民法典》第九百九十三条的规定，“但是依照法律规定或者根据其性质不得许可的除外”。不得许可使用包括两种情形：一是法律禁止的许可行为。如《广告法》第二十一条第（二）项规定，农药、兽药、饲料和饲料添加剂广告不得含有利用科研单位、学术机构、技术推广机构、行业协会或者专业人士、用户的名义或形象作推荐、证明。二是权利本身不适宜对外许可。实践中，有一些手模、脚模等行业，权利人将自己的手、足等其他身体器官的形象对外许可使用，这些权益本身也基于人身而产生，在权利性质上，理应归属于人格权的范畴，手、足的形象，作为权利可以对外许可使用。但是人身体的其他器官的形象，基于公序良俗和法律强制性规定的要求，不宜对外进行商业化使用的，应在禁止范围之列。当然，基于特定科研价值或其他合理理由使用一些特殊权利的，不在此之列。此外，人的基因信息等个人信息的授权使用，也应该严格遵守有关制度规范，不宜随意对外许可使用。[③]

---

① 参见黄薇主编：《中华人民共和国民法典解读·人格权编》，中国法制出版社2020年版，第22—23页。

② 黄薇主编：《中华人民共和国民法典解读·人格权编》，中国法制出版社2020年版，第23页。

③ 最高人民法院民法典贯彻实施工作领导小组主编：《中华人民共和国民法典人格权编理解与适用》，人民法院出版社2020年版，第58页。

特别值得注意的是，在民事主体未经许可的情形下，法律规定他人亦可以合理使用。对此，《民法典》第九百九十九条规定，为公共利益实施新闻报道、舆论监督等行为的，可以合理使用民事主体的姓名、名称、肖像、个人信息等；使用不合理侵害民事主体人格权的，应当依法承担民事责任。

## 五、人格权行为禁令

对侵害人格权的一些行为，如果无法及时制止，为权利提供必要的救济，尤其是当前的网络时代，其损害后果很可能不可逆转，甚至造成难以弥补的损害。在侵害知识产权的情形中，知识产权方面的法律明确规定了知识产权人符合法定条件的，可以在起诉前向人民法院申请采取责令停止有关行为的措施。《民事诉讼法》第一百零三条规定了伴随诉讼程序的行为保全，第一百零四条规定了诉前保全。《反家庭暴力法》规定了行为保全之外的“人身安全保护令”。基于此，《民法典》借鉴国外的经验，吸收了我国立法的经验和司法实践的经验，确立了人格权行为禁令。该法第九百九十七条规定：“民事主体有证据证明行为人正在实施或者即将实施侵害其人格权的违法行为，不及时制止将使其合法权益受到难以弥补的损害的，有权依法向人民法院申请采取责令行为人停止有关行为的措施。”

侵害人格权，权利人可以向人民法院申请人格权行为禁令。该禁令适用范围为：一是禁令适用于情况紧急的情形。禁令一般适用于现实、紧迫的不法侵害行为，因为停止侵害制度的救济措施需要经过责任认定程序才能由法院作出，在人格权遭受现实紧迫侵害的情形下，仅通过停止侵害制度无法为权利人提供及时有效的救济。具体来说，如果不及时采取禁令措施，放任侵权行为继续进行，会造成损害的进一步扩大，甚至导致权利人遭受经济损害以外的其他损害。二是禁令适用于正在实施或具有侵害之虞的行为。该条规定强调禁令必须针对“行为人正在实施或者即将实施侵害其人格权的违法行为”，具体而言包括如下两种情形：（1）行为人正在实施侵害他人人格权的行为。（2）行为人可能实施侵害他人人格权的行为。所谓有侵害人格权之虞，是指未来有可能发生侵害人格权的危险，且发生的盖然性较高。此种侵害之虞通常需要用社会一般人的观点来判断，但针对不同的侵害行为，也应该有不同的判断标准。三是禁令的适用不考虑行为人的主观状态。禁令的实体法依据是人格权请求权，受害人申请禁令并不要求行为人的行为具有不法性，也不要求行为人具有过错，只要有证据证明行为人的行为可能对自身的人格权造成现实的危险或威胁即可。禁令不同于停止侵害请求权，虽然两者的目的都是停止正在实施的侵害行为，不同的是禁令的适用不需要证明损害已经发生，只需要证明满足申请禁令的要件即可请求。不同于侵权请求权的另一点在于，请求法院颁发禁令也不需要证明被申请人具有主观过错。四是禁令是一种临时性救济措施。禁令是受害人针对侵权人实施的侵权行为，申请法院责令被申请人停止一定行为的紧急措施，其通常被认为是一种临时性的措施。法院作出终局判决后，禁令自动失效，依据最终判决决定当事人权利义务关系。[①]

人格权行为禁令适用的法律效果是，权利人有权依法向人民法院申请采取责令行为人停止有关行为的措施。这需要权利人依法申请，人民法院依照法律规定作出处理。同时，人民法院采取的措施应当符合比例原则，根据所要追求的合法目的，其所采取的措施是合理的。

## 六、认定行为人承担侵权责任应当进行利益衡量

人格权保护的价值并非在所有情形中，总是一般性地、抽象地高于其他价值，而必须在个案和具体情形中对所有这些价值进行综合衡量。《民法典》第九百九十八条规定："认定行为人承担侵害除生命权、身体权和健康权外的人格权的民事责任，应当考虑行为人和受害人的职业、影响范围、过错程度，以及行为的目的、方式、后果等因素。"从本条规定来看，对侵害不同类型的人格权的行为区分了不同的民事责任认定方式，也就是说，对生命权、身体权、健康权等以生命、健康为客体，具有最强人身专属性的物质性人格权，实行最严格的保护，对于生命权、身体权、健康权之外的其他人格权利的保护层级稍有不同。

物质性人格权与民事主体的生命、身体、健康利益密切相关，具有最强的人身专属性，是人格权乃至所有民事权利中居于最重要位阶的权利。物质性人格权是享有其他民事权利的前提和基础，脱离生命和身体这一载

---

① 参见最高人民法院民法典贯彻实施工作领导小组主编：《中华人民共和国民法典人格权编理解与适用》，人民法院出版社 2020 年版，第 89—90 页。

体，任何权利都无法单独存在。保护物质性人格权是保障人权最基本的要求，所以对物质性人格权的保护往往放在最重要的位置。依据《民法典》第九百九十八条的规定，在认定侵害生命权、健康权等物质性人格权以外的人格权的民事责任时，应当考虑行为人和受害人的职业、影响范围、过错程度，以及行为的目的、方式、后果等因素，而侵害生命权、身体权、健康权等物质性人格权的民事责任认定不需要考虑以上因素。

根据《民法典》第九百九十八条的规定，认定侵害物质性人格权以外的人格权的民事责任需要考虑的因素主要包括如下几种：

一是行为人和受害人职业。对于行为人来说，认定其应当承担的侵害人格权的民事责任，重点在于确定侵害行为的影响范围。不同的侵害后果意味着侵权的严重程度不同，因而也意味着应承担的侵权责任的大小存在差异。例如，由于行为人自身职业与社会身份的特殊性，可能因此导致特定人格权侵权的影响后果较大，此时行为人的职业直接决定侵害的影响范围和大小。从受害者角度来说，认定侵害人格权的民事责任时考虑受害者职业主要是针对公众人物的人格权保护。公众人物包括公职人员、明星、科学家、知名学者等因特殊才能、成就、经历或其他特殊原因在社会上具有一定知名度的人。一方面，公众人物有较大的社会影响力，其肖像、姓名等有一定的商业利用价值，擅自以商业目的使用公众人物的姓名、肖像，构成对姓名权、肖像权的侵害。司法实践中的难题是，对侵害公众人物的人格权造成的损失，受害人往往难以举证，导致赔偿数额难以确定。

二是影响范围。确定影响范围是认定人格权侵权责任的重点问题，因为不同严重程度的侵权行为导致的后果不同，因而承担的侵权责任也存在程度上的差异。侵害人格权的影响范围通常与行为人的侵权行为方式有很大关联。特别是互联网时代，利用网络侵害他人人格权造成的影响范围往往会更大，在责任认定上显然不能与现实社会中的侵权行为等同视之，应当根据传播范围、受众数量、影响力大小等不同来区分认定，进而确定不同的责任承担方式。

如，赵某芝与上海琪某贸易有限公司、上海诺某丝化妆品有限公司侵害姓名权纠纷、肖像权纠纷案中，生效裁判认为，原告作为影视明星，其姓名和形象在中国大陆具有较高知名度，加之原告良好的外形和在公众中所产生的良好声誉，使用其姓名和形象对相关产品进行宣传可提升该产品的影响力和可信度，对该产品的生产商或销售商亦可带来实际的利益。因此，原告的姓名和肖像具有一定的商业价值，对其姓名权和肖像权造成侵害，侵权人应当赔偿一定的经济损失。对于该数额的确定，法院认为，结合琪某公司在网站上使用原告姓名和肖像的时间长短、对原告造成的影响范围、其行为的过错程度等综合因素，酌情确定被告琪某公司应赔偿原告损失 25 万元，诺某丝公司承担连带责任。[①]

三是过错程度。确定侵害物质性人格权以外人格权的民事责任，应当考虑行为人的主观过错。主观过错一般是指行为人对侵权行为或损害后果的发生，主观上具备可谴责性。过错一般包括故意和过失。故意，是指行为人能够预见自己的行为可能造成的后果，仍然实施该行为，追求或放任结果的发生。过失，是指行为人应当预见行为可能造成的后果，因自己的原因没有预见到，或者已经预见到但轻信能够避免，而导致结果发生。过失进一步可以划分为一般过失和重大过失。从比较法上来看，确定侵害人格权的民事责任，各国也普遍注意考量行为人的主观过错程度。例如，公众人物与普通人虽然都享有隐私权，隐私都受到保护，但是法律对公众人物和普通人的隐私保护是存在差异的，认定公众人物的隐私权是否受到侵害以及确定民事责任时，需要考虑行为人主观有无过错以及过错程度，在隐私权与言论自由之间作出平衡。

四是行为目的。行为的目的也是认定侵害人格权民事责任时应当考虑的因素。行为人的目的通常也与行为人的主观过错紧密相关。例如，需要考虑行为人利用他人的人格权是为了保护正当的舆论监督、新闻报道等公共利益，还是为了个人的娱乐、消遣，抑或是为了行使监督权进行正当检举控告，还是为了泄私愤、图报复。此外，行为人是为了商业目的还是非商业目的，都是应当考虑的因素。

五是行为方式。行为的方式是认定侵害人格权民事责任应当考虑的另一因素。行为人的侵权行为方式通常决定了侵害的影响范围，成为责任认定时

---

① 最高人民法院 2014 年 10 月 10 日发布的《最高人民法院公布 8 起利用信息网络侵害人身权益典型案例》。

不可忽略的因素。例如，侵害名誉权纠纷，行为人通过口头或者书面形式实施某种行为，所造成的损害后果是不同的，一般口头形式具有明确的受众，影响范围较小，而书面形式的可信度更高、通过传播产生的影响范围可能更大。此外，在书面形式的侵权中，是新闻报道还是文学创作，是自己创作还是转载侵权等方式也各不相同，这都会对侵害人格权民事责任的认定产生影响。行为人当面实施或通过网络实施侵害行为，造成的影响范围不同，应当承担的民事责任也有差别。

六是行为后果。行为的后果也是认定侵害人格权民事责任的重要考量因素。人格权的人身专属性决定了任何侵害人格权的行为，所造成的损害后果均不相同。侵害不同类型的人格权也会造成不同的损害后果，例如，可能仅仅造成财产损失，可能导致受害人的名誉受损、社会评价降低，可能造成受害人隐私泄露、无法挽回，可能造成严重精神损害，可能仅造成有限范围内的影响，也可能造成全社会或更大范围的影响等。以上都是确定侵害人格权民事责任需要考虑的因素。①

## 七、对案例 5、案例 6 的简要评析

1. 对案例 5 的简要评析

在本案中，死者楚某某的继承人原告楚甲是否有权请求医院赔礼道歉。《民法典》第九百九十二条规定："人格权不得放弃、转让或者继承。"第九百九十五条规定："人格权受到侵害的，受害人有权依照本法和其他法律的规定请求行为人承担民事责任。受害人的停止侵害、排除妨碍、消除危险、消除影响、恢复名誉、赔礼道歉请求权，不适用诉讼时效的规定。"人格权具有人身专属性。作为民事责任承担方式的赔礼道歉较其他责任承担方式特殊，具有人身性、专属性，具有明确的实施对象，即人格权的享有者。就本案而言，没有证据证明医院转运的行为造成了对楚某某人格权的侵害，应当向楚某某赔礼道歉。同时，赔礼道歉具有人身性、专属性，不能继承和转让，鉴于楚某某已经去世，其人格权利主体消灭，死者"无语"，何来请求。因

---

① 参见最高人民法院民法典贯彻实施工作领导小组主编：《中华人民共和国民法典人格权编理解与适用》，人民法院出版社 2020 年版，第 102—105 页。

此对死者楚某某的继承人楚甲主张赔礼道歉的请求不予支持。

同时，“看病付钱”是天经地义的事情。本案中的原告无端请求医院赔偿 50000 元的医疗费，属于滥用诉权。如果医院在治疗过程中存在过错，则需要根据其过错程度承担相应的民事赔偿责任。在没有直接证据证明医院存在过错的情形下，一般需要通过医疗损害过错责任鉴定判定医院是否存在过错。当然，包括原告请求医院承担精神损害赔偿，亦没有任何证据支持，只能承担败诉的后果。

2. 对案例 6 的简要评析

根据《民法典》第九百九十三条“民事主体可以将自己的姓名、名称、肖像等许可他人使用，但是依照法律规定或者根据其性质不得许可的除外”的规定，被告未经原告同意，擅自使用原告的姓名、肖像，属于主观上存在过错，实施侵权行为，给原告造成了一定的损害，且该损害与被告的侵权行为之间存在因果关系。因此说，原告要求被告停止生产、召回所有带有原告姓名和肖像的产品包装的诉讼请求，符合法律规定，应当予以支持。

同时，原告要求被告删除其微信公众号、官方网站、京东旗舰店上有关原告姓名和肖像的链接，拆除带有原告肖像和姓名的广告牌的诉讼请求，符合法律规定，亦应予以支持。

原告要求判令被告在其网站和微信公众号显著位置以及全国公开发行媒体上向原告赔礼道歉的诉讼请求，法院考虑因被告侵权行为的范围较小，基本是针对特定采购和消费群体，且酒品的销量有限，因此赔礼道歉的声明在其网站和微信公众号刊发为限，如被告拒不履行发布赔礼道歉之责任，法院将依法把判决全文刊于相关媒体，费用由被告负担。

原告要求被告因侵权行为赔偿其经济损失，法院考虑被告使用原告肖像和影视作品用于营利，酌定赔偿经济损失为 20 万元。关于原告要求赔偿精神损害抚慰金的诉讼请求，法律规定，侵害自然人人身权益造成严重精神损害的，被侵权人有权请求精神损害赔偿。本案中，被告使用原告肖像进行宣传，并无恶意丑化、贬低原告形象之故意，原告亦不能证明因被告的违法行为导致人格被贬损的后果，故该项请求，不符合法律规定，不应支持。

# 第四节 人格权请求权

## 一、问题的提出

人格权编主要规定了人格权的类型、权利内容、权利边界、与其他价值之间的协调、行为人的义务和特殊保护方式等规则，有助于确定合同义务的范围，明确违约责任，有助于明确侵权责任中所侵犯权利的具体类型、具体内容以及行为人违反的具体义务。因此，《民法典》第九百九十五条规定，人格权受到侵害的，受害人有权依照本法和其他法律的规定请求行为人承担民事责任。受害人的停止侵害、排除妨碍、消除危险、消除影响、恢复名誉、赔礼道歉请求权，不适用诉讼时效的规定。据此，人格权请求权要么依据合同责任，要么依据侵权责任。

在研究人格权请求权之前，先看三则案例：

### 案例 7：病人就医期间跳楼自杀，医院应否承担民事责任 [①]

2021 年 6 月 9 日，鲍某打 110 电话称“我杀人了”，经查并未杀人，次日被送至医院接受强制医疗，入院诊断为双相情感障碍，还伴有精神病性症状的重度抑郁发作，入住三楼精神科。同年 10 月 29 日 11 时 38 分许，鲍某撞开三楼病区内门禁，11 时 40 分许，鲍某利用撞开的门禁离开病区，乘坐电梯至 12 楼，根据监控显示，鲍某通过楼梯至 13 楼楼顶。14 时 30 分许，医院员工打 110 报警，称有个精神病患者跳楼了，跳到了四楼，不清楚从几楼跳下来的。该跳楼的人即鲍某，根据其最后出现的轨迹，可能是从 13 楼楼顶跳下，掉在四楼平台。15 时 15 分，鲍某被送往医院，经治疗无效于 15 时 45 分宣告死亡。

生效裁判认为，原告鲍某义（死者之子）与医院之间的医疗服务合同关

① 参见浙江省宁波市中级人民法院（2022）浙 02 民终 5999 号民事判决书。

系依法成立。鲍某在医院接受精神疾病治疗，医院予以封闭式管理，医院负有保障鲍某人身安全的合同义务。然而，医院擅自将封闭式病区内的消防门改为日常门禁使用，使得本应封闭的病区存在与外界流动的渠道，未能确保病区安全，为事故发生埋下严重隐患。根据病历资料记录，医院应每2小时巡视患者，观察患者病情变化，但鲍某在11时40分许离开，医院至14时30分才报警，时间间隔接近3小时，鉴于鲍某是在封闭式病区，医院发现其不见后查询监控应当可以及时发现鲍某去向并根据其走去楼顶的轨迹探查楼顶及四楼平台，依法认定医院并未依规范予以定时巡查，未能及时发现患者离开病区。同时，鲍某作为正在接受诊疗的精神病患，其有自杀、抑郁倾向，是其病情发展所致，医院作为医方应及时发现并诊治、调整用药、提升护理级别等，在诊疗上采取相应医疗措施。综上，医院在医疗服务合同履行过程中，未能保障患者鲍某人身安全，亦未能提供完善的诊疗服务，应对患者鲍某的死亡承担主要责任，综合考虑各方过错，酌情确定医院承担70%的赔偿责任，即154.9万元。《民法典》第九百九十六条规定："因当事人一方的违约行为，损害对方人格权并造成严重精神损害，受损害方选择请求其承担违约责任的，不影响受损害方请求精神损害赔偿。"据此，鲍某义有权要求医院在承担违约责任后，赔偿精神损害抚慰金，根据医院的过错，酌情确定精神损害抚慰金2万元。

## 案例8：信用卡被冒用而产生不良记录，可否诉请银行侵害人格权[①]

2013年12月15日，原告杨某向被告银行申请办理信用卡业务，并提交了居民身份证复印件。2021年10月8日，银行委托律师向杨某发出《律师函》，告知原告所持账号的信用卡已处于逾期状态，截至2021年10月8日，逾期本息133339元，并敦请原告在三日内归还，如未归还，将于3日内依法起诉。原告杨某于同年11月25日查询自己的个人信用报告，得知自己已被纳入不良征信记录。根据原告、被告提交的证据显示，领取信用卡时留存的身份证复印件上的图像明显与原告申办时留存的身份证复印件上的图像不一致，且卡片启用凭条上的签字与信用卡申请表上的签字明显不一致，故应认定该信

① 参见湖南省张家界市中级人民法院（2022）湘08民终413号民事判决书。

用卡不是杨某本人领取和消费。

生效裁判认为，公民享有名誉权，公民的人格尊严受法律保护。一个人的信用属于名誉权的组成部分，信用出现不良记录必然损害一个人的名誉。银行在发放涉诉信用卡前负有严格的审查与核实义务，根据提交的证据显示，信用卡启用凭条上的签字并非杨某本人所写，信用卡启用时提交留存身份证复印件与申请办理信用卡时提交留存的身份证复印件不一致，且银行无其他证据证明涉案信用卡是杨某本人领取、启用及消费，该信用卡产生逾期未还款项也无任何证据证明是杨某所为，故银行将涉诉信用卡逾期未还款个人信用信息上传至中国人民银行，致使杨某的个人信用信息因该贷记卡出现不良信用记录，存在过错。杨某要求消除因此卡产生的信用卡征信不良记录的诉讼请求，予以支持。

## 案例9：因骂人“破鞋”而承担侵害名誉权民事责任[①]

孙某婷的母亲马某莹与郑某艳共同居住在一小区，该小区居民因防疫需要成立了一个129人的核酸检测微信群，该微信群里微信名为“影”的是孙某婷的母亲马某莹；该微信群里微信名为“北楼251”的是郑某艳。孙某婷婚前也在该小区居住，郑某艳与孙某婷的母亲马某莹互相认识，也知道孙某婷是马某莹的女儿。2022年6月21日，因在院内遛狗时马某莹饲养的狗将郑某艳小脚趾咬伤，双方达成和解协议，孙某婷赔偿了郑某艳医疗费和皮鞋钱合计1200元。2022年7月5日，马某莹与郑某艳针对狗咬人一事在微信群里又进行了不太友好的对话。次日，郑某艳在群里发布语音，语音中有不少骂孙某婷“破鞋”的侮辱性言语。

生效裁判认为，《民法典》第一千零二十四条规定：“民事主体享有名誉权。任何组织或者个人不得以侮辱、诽谤等方式侵害他人的名誉权。名誉是对民事主体的品德、声望、才能、信用等的社会评价。”网络不是法外之地，在网络上也要遵纪守法。友善是公民的基本道德规范，是从个人行为层面对社会主义核心价值观基本理念的凝练，友善强调公民之间应互相尊重、互相关心、互相帮助、和睦友好。本案中，郑某艳被马某莹饲养

① 参见黑龙江省牡丹江市中级人民法院（2022）黑10民终1295号民事判决书。

的宠物狗咬伤一事，双方发生纠纷后已经达成和解协议，双方本应就此友好相处、相安无事。而郑某艳却在社交媒体的微信群中发布对孙某婷具有侮辱性的语言，侵害了孙某婷的人格权中的名誉权，对孙某婷的名誉在一定范围内造成了一定的影响。根据《民法典》第一千条“行为人因侵害人格权承担消除影响、恢复名誉、赔礼道歉等民事责任的，应当与行为的具体方式和造成的影响范围相当。行为人拒不承担前款规定的民事责任的，人民法院可以采取在报刊、网络等媒体上发布公告或者公布生效裁判文书等方式执行，产生的费用由行为人负担”的规定，郑某艳因过错侵害孙某婷的民事权益应当承担侵权责任，因其在微信群中发布的言论，其应在该微信群中发布对孙某婷消除影响、恢复孙某婷的名誉、向孙某婷赔礼道歉的文字，并承担对孙某婷进行精神损害赔偿500元的民事责任。据此判决：一、郑某艳在核酸检测微信群中发布一次向孙某婷赔礼道歉、消除影响、恢复名誉的文字声明，并保留三日；如郑某艳拒不承担前述民事责任，人民法院可以采取在报刊、网络等媒体上发布公告或者公布生效裁判文书等方式执行，产生的费用由郑某艳负担。二、郑某艳赔偿孙某婷精神损害费用500元。

上述案例，案例7涉及因生命权纠纷而应否承担赔偿责任问题，案例8是信用卡纠纷中常见的名誉权纠纷，案例9是现实生活中因琐事“破口大骂”而侵害他人名誉权的问题。试问：如何理解人格权请求权？人格权请求权的具体内容有哪些？如何理解人格权请求权与侵权损害赔偿请求权的关系？如何适用人格权请求权？

## 二、人格权请求权的法律意义

《民法典》第九百九十五条规定了人格权请求权，即：“人格权受到侵害的，受害人有权依照本法和其他法律的规定请求行为人承担民事责任。受害人的停止侵害、排除妨碍、消除危险、消除影响、恢复名誉、赔礼道歉请求权，不适用诉讼时效的规定。”据此，人格权请求权是指民事主体在其人格权受到侵害、妨害或者有妨害之虞时，有权向加害人或者人民法院请求加害人停止侵害、排除妨碍、消除危险、消除影响、恢复名誉、赔礼道歉，以恢复人格权的圆满状态。[①] 人格权是一项独立的权利，人格权请求权是基于此产生的一项独立的请求权。人格权请求权的法律特征主要表现在：[②]

1. 人格权请求权具有预防性和保护性。人格权请求权基于人格权的效力而产生，其目的在于保护人格权，恢复权利人对人格利益的圆满支配状态。与财产权利相比，人格权具有人身专属性、不可逆性等特点，因此，人格权遭受侵害时的救济方式与财产权益遭受侵害时的救济方式存在不同。财产权遭受侵害时，大多可以通过损害赔偿的方式恢复原状。而对人格权的保护除了事后补救措施外，更重要的在于对可能侵害人格权的行为采取事先的预防措施，例如，隐私权作为一项具体的人格权，行为人实施侵害隐私的行为时，若不及时加以制止，受害人的隐私被公开后，事后的救济措施无法恢复至权利受侵害前的状态。因此，人格权请求权的行使方式既包括停止侵害、消除影响、恢复名誉、赔礼道歉，也包括针对可能侵害人格权的不法行为要求排除妨碍、消除危险的请求权，以达到预防人格权遭受侵害的目的，实现对人格权更全面的保护。

2. 人格权请求权具有附随性。人格权请求权随着人格权的产生而产生，但其不等同于人格权本身。人格权请求权的目的和功能是人格权受到妨害时恢复权利的圆满状态，本质上具有服务于人格权的功能。权利的产生和消灭方面，自人格权得到确认后人格权请求权即产生，人格利益消灭时，人格权请求权也消灭。

3. 人格权请求权具有人身专属性。人格权请求权依附于人格权而存在，人格权是自然人基于人身而享有的对其人身权益支配、控制、利用的权利，具有与民事主体不可分离的特性；相应地，人格权请求权也具有人身专属性。人格权请求权的人身专属性体现在：（1）权利主体不能将其单独转让。（2）权利人死亡时，人格权请求权一并消灭，不得继承。另外，人格权请求权虽然依附于人格权存在，但其作为一项独立的请求权，与其他请求权相比具有自

---

① 王利明、程啸、朱虎：《中华人民共和国民法典人格权编释义》，中国法制出版社2020年版，第84页。

② 参见最高人民法院民法典贯彻实施工作领导小组主编：《中华人民共和国民法典人格权编理解与适用》，人民法院出版社2020年版，第71—72页。

身的独立性，例如，人格权请求权的行使不以侵权行为为前提。

4. 人格权请求权基于人格权的支配性和排他性而产生。人格权作为一项绝对权，具有支配性和排他性。人格权的支配性表现在权利人对人格权依法利用、支配、控制等权能。例如，自然人对自己的肖像所享有的利用、控制等权利，许可他人使用自己的肖像用于商业广告等。人格权的排他性表现为，权利人在其人格权遭受侵害或可能受到侵害时可以采取措施保护其权利。例如，在健康权遭受侵害时，权利人可以要求行为人停止侵害、消除危险。人格权请求权的目的是保护人格权利用、支配、控制等权能的圆满性和排除妨害，其根源是人格权的支配性和排他性。

## 三、人格权请求权的具体内容

人格权请求权是一种特殊的请求权，其目的在于预防和停止侵害，以及填补损害。停止侵害、排除妨碍、消除危险、消除影响、恢复名誉、赔礼道歉等请求权既是侵害人格权的责任承担方式，也是人格权请求权的内容。《民法典》第一千条第一款规定："行为人因侵害人格权承担消除影响、恢复名誉、赔礼道歉等民事责任的，应当与行为的具体方式和造成的影响范围相当。"第二款规定："行为人拒不承担前款规定的民事责任的，人民法院可以采取在报刊、网络等媒体上发布公告或者公布生效裁判文书等方式执行，产生的费用由行为人负担。"之所以如此规定，立法机构认为：消除影响、恢复名誉、赔礼道歉，能够防止财产损失和精神损害的扩大或者进一步发生，弥补受害人所遭受的精神痛苦，类似于精神上的恢复原状，符合我国的传统文化，连接了法律与道德。多年来，无论是立法上还是在司法实践中，均被证明是行之有效的针对人格权侵害的救济形式，实践中被广泛采用。[①]

人格权请求权的具体内容包括：

### （一）停止侵害

《民法典》第一百七十九条规定了停止侵害是承担民事责任的一种重要

① 黄薇主编：《中华人民共和国民法典解读·人格权编》，中国法制出版社 2020 年版，第 53 页。

方式。所谓停止侵害，是指因加害人的行为使人格权益遭受损害或即将发生损害时，受害人请求加害人停止实施侵害行为。《民法典》第九百九十七条规定："民事主体有证据证明行为人正在实施或者即将实施侵害其人格权的违法行为，不及时制止将使其合法权益受到难以弥补的损害的，有权依法向人民法院申请采取责令行为人停止有关行为的措施。"停止侵害主要针对两种情形：（1）正在发生的侵害行为；（2）即将发生的侵害行为。停止侵害通常作为承担民事责任的首要方式加以规定，可适用于各类侵权案件。在侵害人格权的情况下，如果损害正在进行，采取停止侵害的方式能够及时制止侵害行为，防止损害后果的产生或扩大。所以，停止侵害是对人格权最直接有效的补救方式。

停止侵害请求权需要满足如下条件：（1）侵害行为正在进行中或即将发生。侵害行为正在发生或即将发生时，要求行为人停止正在进行的侵害行为是对受害人保护的最直接手段。如果侵害行为尚未发生或临近发生则不存在损害发生的可能性，自然无权请求停止侵害；同样，若侵害行为已经终止，则无法要求停止侵害，只能通过其他方式进行救济。（2）侵害行为是可以确定的。行使人格权请求权要求行为人对人格权造成了明显的损害。侵权行为不要求以符合侵权责任法中的侵权构成要件为前提，只要按照一般社会观念，侵权行为正在或可能对受害人的人格权利造成实际的或可预见的损害，就可以行使请求权，要求停止侵害。（3）停止侵害的适用不要求行为人主观上具有过错。停止侵害请求权不以侵害人具有故意或者过失为要件。只要人格权正在遭受侵害或者即将遭受侵害，而不论行为人主观上是否具有过错，受害人就有权请求停止侵害。这有利于降低权利人的举证负担，更有利于人格权的救济与保护。（4）停止侵害责任方式的适用不以诉讼方式为前提。停止侵害作为即时制止侵害结果发生或扩大的救济措施，自侵害行为发生时即可行使，也就是既可以在诉讼之前提出，也可在诉讼过程中提起，还可以在诉讼后作为裁判结果来适用。受害人在法院审理前就可直接要求加害人停止侵害，如果加害人仍未停止侵害，受害人可以通过诉讼的方式要求法院判决加害人停止侵害。

### （二）排除妨碍

《民法典》第一百七十九条规定了排除妨碍是承担民事责任的一种重要

方式。所谓排除妨碍，是指因加害人的行为使人格权益正在遭受妨害，受害人请求加害人或向法院申请排除妨碍。排除妨碍请求权针对的是正在进行的妨害人格利益的行为，即受害人面临行为人正在实施的妨害其人格利益的行为，其有权请求行为人予以排除。例如，登记机构将权利人的身份信息、信用记录等记载错误，给权利人造成不良影响的，权利人有权要求登记机构修改相关信息，以排除妨碍。

（三）消除危险

《民法典》第一百七十九条规定了消除危险是承担民事责任的一种重要方式。所谓消除危险，是指加害人的侵害行为使他人人身或财产存在遭受危险的可能时，受害人有权要求加害人采取有效措施消除已经形成的危险。消除危险主要适用于危害他人生命权、健康权等人格权益的情形。例如，行为人在墙壁外侧悬挂易脱落的装饰物，可能对邻居的生命安全造成威胁，此时受害人有权要求行为人消除危险。另外，侵害行为造成的危险不限于人身和财产，特殊情形下，精神性人格权也可能面临现实的危险，如行为人已经印刷、制作了涉及他人大量私生活隐私的书籍、影像物品，尚未公开，若侵权物品一旦公布，就有可能侵害他人的人格权。此时，权利人可以请求法院销毁该侵权物品，消除可能造成侵害的危险。消除危险的实质是消除了可能导致损害发生的危险源，从而防患于未然，如果侵害行为已经实际发生，则不适用消除危险请求权。

（四）消除影响

《民法典》第一百七十九条规定了消除影响是承担民事责任的一种重要方式。所谓消除影响，是指加害人对因其侵害他人人格权行为所造成的不良后果，采取合理方式消除不良影响。消除影响主要适用于侵害名誉权等精神性人格权的情形。例如，行为人利用网络发布与他人相关的虚假信息，侵害他人名誉权，造成他人社会评价降低，受害人有权要求行为人消除产生的不良影响，恢复名誉。消除影响的功能是消除已经给他人的声誉造成的不良影响，恢复受害人的名誉。消除影响应当采取合理的方式，其形式可以视侵权行为的具体情况予以确定，受害人也可以与加害人协商确定，例如，删除信息、发布道歉声明等。

消除影响的适用条件：（1）受害人人格权益遭受侵害。消除影响不适用于财产权益遭受侵害的情形，此处的影响是指对他人人格权益造成的不利影响。具体来说，消除影响主要针对精神性人格权尤其是名誉权遭受侵害的情形。（2）侵害行为已经造成不良后果。消除影响是以实际损害的发生为前提的，必须给受害人造成了不良后果，包括受害人的社会评价降低、给受害人的工作就业造成不利后果、给受害人的正常生活造成妨碍等。（3）不考虑行为人主观是否具有过错。只要行为人的不法行为造成了相应的不良影响，权利人即有权请求行为人消除影响，而不考虑行为人是否具有过错。

### （五）恢复名誉

《民法典》第一百七十九条规定了恢复名誉是承担民事责任的一种重要方式。所谓恢复名誉，是指加害人因其行为侵害了自然人、法人或非法人组织的名誉，而在合理范围内采取恰当措施恢复受害人的名誉。名誉作为一种抽象的人格评价，与财产权利不同，名誉权遭受侵害后通常难以恢复至损害发生前的状态。但是，加害人可以采取一些积极的行为弥补损害后果。例如，在网络上发布虚假信息侵害他人名誉权的，受害人可以要求加害人发布公告，澄清事实，恢复其名誉。恢复名誉也没有固定的形式，行为人可以根据侵害名誉权的具体情形予以确定。

恢复名誉责任形式的适用应当及时，因为加害人侵害受害人的名誉权以后造成不良影响的时间越长，则损害后果可能越严重，对受害人更为不利，同时也增加了消除影响的困难，所以这种责任形式应当及时采用。①

### （六）赔礼道歉

《民法典》第一百七十九条规定了赔礼道歉是承担民事责任的一种重要方式。所谓赔礼道歉，是指责任人向权利人承认其行为构成侵权并表示歉意的一种民事责任承担方式，旨在对被侵权人的精神伤害予以抚慰，通常适用

---

① 王利明、程啸、朱虎：《中华人民共和国民法典人格权编释义》，中国法制出版社2020年版，第95页。

于故意侵害他人人格权益的侵权行为。赔礼道歉作为一种民事责任方式，性质上属于履行债务，且具有专属性，其功能突出表现在对侵权行为人的教育和预防侵权行为发生方面。同时，它所具有的对被侵权人精神上的抚慰功能，也是其他侵权责任方式所难以替代的。与通常生活意义上的赔礼道歉不同，作为一种民事责任承担方式，赔礼道歉具有强制性，在责任人不能主动履行的情况下，可以通过强制方式来实现。法院判决的赔礼道歉方式应以口头或者书面道歉为限，并在主文部分作出特殊说明。

但是，赔礼道歉则与行为人的自由有着密切关系。赔礼道歉当然可以缓解人格权被侵犯主体的精神痛苦，具有弥补损害的功能。但应当看到，赔礼道歉包含认错并向对方表示歉意的内涵，这涉及行为人内在的精神自由，也涉及纯粹消极层面的不表达的自由。① 正基于此，赔礼道歉应当纳入人格权请求权范畴，且不适用诉讼时效的限制。

## 四、人格权请求权与侵权损害赔偿请求权的关系

侵权损害赔偿请求权是侵权责任法中针对侵权行为主要的救济方式，人格权请求权也是基于侵害人格权的行为产生的请求权，两者存在一定的区别和联系。具体包括：②

### （一）人格权请求权与侵权损害赔偿请求权的联系

人格权请求权和侵权损害赔偿请求权都是权利遭受侵害或妨碍后，为受害人提供救济的途径。一般来说，任何民事权益因侵权行为遭受损害，受害人都可以行使侵权损害赔偿请求权，包括财产损失和精神损害。人格权作为受法律保护的民事权益，人格权遭受侵害的，受害人可以依据侵权损害赔偿请求权请求行为人承担侵权责任。由于侵权责任注重对受害人提供事后救济，人格权请求权侧重于发挥事先的预防功能，所以，在人格权遭受损害，

---

① 黄薇主编:《中华人民共和国民法典解读·人格权编》，中国法制出版社 2020 年版，第 55 页。

② 参见最高人民法院民法典贯彻实施工作领导小组主编:《中华人民共和国民法典人格权编理解与适用》，人民法院出版社 2020 年版，第 76—77 页。

受害人通过行使侵权损害赔偿请求权已经足以弥补损害时，则无须主张人格权请求权。例如，交通事故中，受害人身体遭受损害，健康权受到侵害，受害人行使侵权损害赔偿请求权足以弥补其医疗费等损失时，则无须主张人格权请求权。在人格权受到妨碍的同时遭受侵害并导致损害时，单纯适用人格权请求权不能对受害人实现全面救济，此时可同时适用侵权损害赔偿请求权，即发生侵权损害赔偿请求权与人格权请求权的聚合，侵权损害赔偿请求权用以填补损害，人格权请求权用以防止人格利益妨碍的持续。

### （二）人格权请求权与侵权损害赔偿请求权的区别

1. 行为人主观状态不同。侵权损害赔偿责任以侵权责任成立为前提，需要满足侵权责任的构成要件，即行为人主观上有过错，包括故意或过失。虽然侵权损害赔偿也是救济人格权的重要方法，但此种责任形式在构成要件上，原则上要求满足过错要件。[①] 人格权请求权的行使不以行为人具有过错为要件，因为人格权属于绝对权、对世权，在其受到侵害或妨碍时，权利人有权要求不法侵害人排除妨碍，恢复对人格利益的圆满支配状态。

2. 功能不同。侵权损害赔偿是在各项民事权益受到侵害后，为权利人提供的一项事后救济途径，也就是发挥事后的损害填补功能。人格权请求权除了事后救济的功能之外，更注重的是发挥防止侵害人格权行为发生的事前预防功能。在妨碍行为尚不足以构成侵权时行使人格权请求权，有效预防损害的进一步扩大，强化对人格权的保护。

3. 举证责任不同。民事诉讼中，一般侵权行为的举证责任是由受害人对损害的发生承担举证责任，但是在人格权遭受侵害的情形下，受害人往往举证困难或者难以证明损害的具体数额，此时，行使人格权请求权便能更好地为受害人提供救济。人格权受到妨碍时，虽然没有实际损害发生，但是权利人行使人格权请求权，有利于及时排除妨碍，防止损害的发生。因人格权请求权的行使不以实际损害的发生为前提，在人格权益可能遭受侵害或妨碍时，受害人仅需证明人格权益遭受妨碍便可主张排除妨碍、消除危险。

---

① 王泽鉴：《人格权法：法释义学、比较法、案例研究》，北京大学出版社 2013 年版，第 394 页。

4. 是否适用诉讼时效不同。侵权损害赔偿之债作为一种债的关系，适用诉讼时效制度。如果权利人没有在时效期间内主张权利，债务人将享有时效利益，可以基于此对权利人履行债务的请求提出抗辩。人格权请求权不适用诉讼时效，权利人只要能证明人格权遭受的侵害或妨碍处于持续状态，就可以行使人格权请求权，而不受诉讼时效的限制。

## 五、人格权请求权的适用

人格权遭受侵害时，受害人可以依据本条并结合其他法律规范寻求救济。例如，受害人可以结合《民法典》人格权编或其他编中的相关规定，请求行为人承担相应的民事责任。该条规定旨在人格权遭受侵害的情形下，为受害人提供全面的救济。

1. 人格权请求权可适用于未构成侵权的情形。人格权请求权的适用并不当然以行为人构成侵权为前提。人格权作为一项绝对权，具有排他效力。也就是说，当人格权受到侵害或者有受侵害之虞时，权利人即有权主张人格权请求权。例如，征信机构记载的信用记录有误、行为人对他人实施轻微性骚扰等，在此情形下，虽然无法确定行为人是否构成侵权，但只要权利人的权利行使有障碍，就可以主动行使人格权请求权，以消除障碍。另外，人格权请求权的功能在于维持权利人对其人格权的圆满支配状态，只要行为人不当妨碍了权利人对其人格利益的圆满支配状态，即便不构成侵权，权利人也可以主张人格权请求权。

2. 区分损害和妨碍的不同情形，分别适用人格权请求权和侵权损害赔偿请求权。损害和妨碍是不同的侵害形态，损害是后果已经发生、客观存在的状态，妨碍是一种持续性的侵害状态。损害一经发生可以通过各种方式确定其范围和大小，而妨碍尚未造成损害结果的实际发生，无法通过金钱衡量其价值和数额。因此，针对人格权遭受妨碍和侵害的不同情形，应当分别适用人格权请求权和侵权损害赔偿请求权。一般来说，人格权受到妨碍（或持续地侵害）或可能受到妨碍时，应当适用人格权请求权；而人格权受到侵害并且造成了损害时，就应当适用侵权损害赔偿请求权；妨碍和损害并存时，可以同时适用侵权损害赔偿请求权与人格权请求权；如果仅有妨碍而无损害，此时，权利人的人格权只是受到一定的妨碍，而没有遭受现实的损害，行使人格权请求权已经足以实现救济。

3. 当事人有权选择行使何种请求权。前述提到，区分损害和妨碍的不同情形可以适用不同的请求权，具体行使何种请求权应当根据私法自治原则，尊重当事人对请求权的选择。在人格权请求权与停止侵害、排除妨碍等预防性的侵权责任承担方式并存的情形下，行为人侵害他人人格权时，构成责任的竞合，权利人可以选择行使其中一种请求权。人格权请求权与侵权损害赔偿请求权是受害人对其受侵害的权利请求行为人承担民事责任的不同选择，两者在权利行使方式、证明标准、行为人有无过错等方面均有不同，法律应当尊重当事人选择于己最有利的救济方式的权利。

4. 身份权的参照适用。《民法典》第一千零一条明确规定："对自然人因婚姻家庭关系等产生的身份权利的保护，适用本法第一编、第五编和其他法律的相关规定；没有规定的，可以根据其性质参照适用本编人格权保护的有关规定。"具体来说，参照适用的情形是：

一是监护权。《民法典》第三十四条第二款规定："监护人依法履行监护职责产生的权利，受法律保护。"该条款并未对监护人依法履行监护职责产生的权利规定具体的保护方法。这些权利从性质上而言，属于绝对权，应当准用人格权保护的规则。在监护关系中的权利遭受侵害或者有遭受侵害之虞时，应当准用《民法典》第九百九十五条的规定，允许权利人请求侵权人停止侵害、排除妨碍、消除影响、赔礼道歉等。

二是身份权。《民法典》婚姻家庭编中规定了身份权，如亲子关系、夫妻关系、家庭关系等，但没有专门设置这些权利的保护规则。此时，应当参照适用人格权编的规定，尤其是关于人格权请求权和精神损害赔偿的规则。[①]

## 六、对案例 7、案例 8、案例 9 的简要评析

### 1. 对案例 7 的简要评析

在本案中，鲍某"精神病"发作，被送入医院强制医疗，鲍某与医院之间形成了医疗服务合同关系。在合同履行过程中，合同双方尤其是医方更应

---

① 参见王利明、程啸、朱虎：《中华人民共和国民法典人格权编释义》，中国法制出版社 2020 年版，第 159—160 页。

当尽到合规合理的注意义务，防止患者发生“不愉快”的事情。然而，在鲍某脱离监管视线后，医方未尽到注意义务，导致悲剧发生。根据《民法典》第九百九十六条“因当事人一方的违约行为，损害对方人格权并造成严重精神损害，受损害方选择请求其承担违约责任的，不影响受损害方请求精神损害赔偿”的规定，因当事人一方的违约行为，损害对方人身权益、财产权益的，受损害方有权请求其承担违约责任或者侵权责任。

在本案中，争议焦点在于医院在履行医疗服务合同的过程中是否存在过错及过错大小。鲍某因行为异常被送至医院强制医疗，入院诊断为双相情感障碍，还伴有精神病性症状的重度抑郁发作。医院作为专业的医疗机构，防范精神科病人自杀应当是首要防控风险事项，对精神科病人的自残自杀行为应有高度的注意和防范义务。医院未能做好基本的预防自杀措施，未有效落实巡视制度，未对鲍某保持高度注意义务，鲍某离开封闭管理区域跳楼自杀死亡的损害后果与医院诊疗不规范之间存在一定因果关系，医院依法应承担相应赔偿责任。

一般来说，在合同中的违约责任采取的是严格责任，但是在特殊情形中可以适用过错责任原则。本案就适用例外情形。在本案中，医院具有明显过错，医院在本案中的过错不需要通过医疗专业问题的鉴定判定，法院根据本案实际情况，酌定医院承担 70% 的赔偿责任，基本合理，属于法官自由裁量权范畴。

2. 对案例 8 的简要评析

在本案中，原告因银行催收信用卡本息而得知自己产生了不良征信，自己的名誉权受到侵害，引发本案诉讼。该案的法律事实已延续至《民法典》施行后，根据《民法典时间效力规定》第一条“民法典施行后的法律事实引起的民事纠纷案件，适用民法典的规定……民法典施行前的法律事实持续至民法典施行后，该法律事实引起的民事纠纷案件，适用民法典的规定，但是法律、司法解释另有规定的除外”的规定，本案应当适用《民法典》的相关规定。《民法典》第一千零二十九条规定“民事主体可以依法查询自己的信用评价；发现信用评价不当的，有权提出异议并请求采取更正、删除等必要措施。信用评价人应当及时核查，经核查属实的，应当及时采取必要措施”。银行称杨某征信记录不良是其自己将信用卡交给别人使用，是其自身的过错所导致，对此，银行负有举证证明责任，否则，将承担不利的法律后果。

根据《民法典》第九百九十七条“民事主体有证据证明行为人正在实施或者即将实施侵害其人格权的违法行为，不及时制止将使其合法权益受到难以弥补的损害的，有权依法向人民法院申请采取责令行为人停止有关行为的措施”的规定，杨某有权请求人民法院责令银行消除不良信用评价。

3. 对案例 9 的简要评析

在本案中，原告、被告共同居住在一个小区，因小狗咬伤受害人郑某艳，在双方达成和解协议，本来一场小小的纠纷该“落幕”的时候，受害人郑某艳在拥有 129 人的微信群中辱骂原告，引发了另一场纠纷，受害人变成了被告。

被告郑某艳以“莫须有”的名义辱骂原告，在主观上存在过错，客观上在微信群实施了侵权行为，导致受害人在一定范围内名誉受到损害，产生了负面影响，该损害后果与被告的侵权行为存在因果关系。因此说，被告郑某艳的侵权行为符合过错责任的构成要件，侵权行为成立。[①]

根据《民法典》第一千零二十四条“民事主体享有名誉权。任何组织或者个人不得以侮辱、诽谤等方式侵害他人的名誉权。名誉是对民事主体的品德、声望、才能、信用等的社会评价”的规定，原告的名誉在一定范围内受到了损害，原告有权请求被告消除影响、恢复名誉、赔礼道歉并承担精神损害赔偿。根据《民法典》第一千条“行为人因侵害人格权承担消除影响、恢复名誉、赔礼道歉等民事责任的，应当与行为的具体方式和造成的影响范围相当。行为人拒不承担前款规定的民事责任的，人民法院可以采取在报刊、

---

① 参见最高人民法院指导案例 143 号北京兰某达光电科技有限公司、黄某兰诉赵某名誉权纠纷案，认为：赵某在与黄某兰发生纠纷后，通过微信号在双方共同居住的小区两个业主微信群发布的信息中使用了“傻 ×”“臭傻 ×”“精神分裂”“装疯卖傻”等明显带有侮辱性的言论，并使用了黄某兰的照片作为配图。赵某将上述不当言论发至有众多该小区住户的两个微信群，主观过错明显。从微信群的成员组成、对其他成员的询问情况以及网络信息传播的便利、广泛、快捷等特点来看，涉案言论确易引发对黄某兰、兰某达公司经营的美容店的猜测和误解，损害小区公众对兰某达公司的信赖，对二者产生负面认识并造成黄某兰个人及兰某达公司产品或者服务的社会评价降低，赵某的行为与黄某兰、兰某达公司名誉受损存在因果关系，故其行为符合侵犯名誉权的要件，已构成侵权。

网络等媒体上发布公告或者公布生效裁判文书等方式执行，产生的费用由行为人负担”的规定，原告诉请被告消除影响、恢复名誉、赔礼道歉并承担精神损害赔偿并无不当，应予支持。

## 第五节　精神损害赔偿请求权聚合

### 一、问题的提出

在违约责任与侵权责任存在竞合的情形中，允许受损害方请求行为人承担违约责任时，可以在违约责任中请求精神损害赔偿，有利于为受害人提供不同救济渠道的选择，拓展在此类情形下精神损害的救济方法，符合加强人格权保护的比较法发展趋势。[①] 对此，《民法典》第九百九十六条规定，因当事人一方的违约行为，损害对方人格权并造成严重精神损害，受损害方选择请求其承担违约责任的，不影响受损害方请求精神损害赔偿。

在研究精神损害赔偿请求权聚合之前，先看两则案例：

#### 案例 10：婚礼遭遇停电，酒店应否赔偿精神损害[②]

2022 年 4 月 9 日，原告程某某因新郎王某与新娘郭某举办婚宴在被告处预订婚礼答谢宴 30 桌，套餐标准为 699 元、纯水 8 份 120 元、海泉赛调 44 瓶 1760 元，赠送青岛小棒啤酒 120 瓶，益生菌 60 瓶，最后优惠完餐费总价 21530 元。该答谢宴原定于 2022 年 5 月 28 日 10 时 58 分举行，因酒店突然停电，致使典礼延期至 13 时举行。由于停电以及庆典延迟，部分宾客提前离开，当日晚间，原告又在某饺子馆另行安排了酒席宴请白天未进餐的宾客，共支付餐费 7000 元。

生效裁判认为，原被告之间签订服务合同系双方真实意思表示，并不违

① 黄薇主编：《中华人民共和国民法典解读·人格权编》，中国法制出版社 2020 年版，第 37 页。

② 参见辽宁省阜新市中级人民法院（2022）辽 09 民终 2167 号民事判决书。

反法律规定，合法有效。双方应按照合同约定履行。在履行合同的过程中，由于被告自身的原因，致使不能按照约定的时间向原告提供餐饮服务，导致原告宴请的宾客纷纷离席，原告支付了7000元宴请未进餐的宾客，该笔损失系属于被告违约导致原告产生的损失，该笔损失应由被告承担。婚庆服务是一种特殊的具有纪念意义的服务，但由于被告的原因，婚礼现场临时停电，宾客纷纷离席，婚礼直到下午才举行，整场婚礼并没有给原告及其家人带来愉悦感，反而感到十分沮丧，因此给原告造成了较严重的精神损害，被告应适当赔偿原告精神抚慰金，酌定被告赔付原告5000元精神损害抚慰金。

## 案例11：乘客因客运合同受伤可否请求精神损害赔偿①

2022年1月26日20时34分，夏某某驶小型客车沿麻城市京广大道由西向东行驶至四桥路段时因操作不慎撞上路边的花坛、电杆，导致车上乘员刘某某及驾驶员夏某某受伤，小型客车、花坛、电杆受损的单方交通事故。该次交通事故责任认定为：由夏某某负全部责任，刘某某无责任。事故发生后，刘某某被送往医院住院治疗，实际医疗费支出为32617.51元。刘某某的伤残程度经评定为九级，其后期治疗费约需17000元（或据实结算）。肇事车辆所有人系鸿昌汽车公司，且夏某某与鸿昌汽车公司系租赁经营关系，事故发生前该车辆在保险公司处投保了承运人责任险，保险合同约定该车核定载客人数为5人，每人责任限额为30万元。

生效裁判认为，《民法典》第八百二十三条第一款规定："承运人应当对运输过程中旅客的伤亡承担赔偿责任；但是，伤亡是旅客自身健康原因造成的或者承运人证明伤亡是旅客故意、重大过失造成的除外。"本案中，刘某某虽因夏某某单方发生的交通事故而受伤，但其在事故中作为鸿昌汽车公司所有的小型客车的乘坐人，与鸿昌汽车公司存在客运合同关系。刘某某无过错责任，其作为乘客在此次交通事故中受伤并致残的相应损失，依法应当由承运人鸿昌汽车公司承担损害赔偿责任。又因鸿昌汽车公司在保险公司处投保了"每人责任限额30万元、载客人数5人"的道路旅客运输承运人责任保险，故本案肇事车辆在保险期限内发生的保险事故责任，在本案中即为刘某某因交通

① 参见湖北省黄冈市中级人民法院（2023）鄂11民终2255号民事判决书。

事故受伤的相应损失，依法应按照《保险法》第六十五条、第六十六条的规定，由鸿昌汽车公司投保的第三人保险公司在承运人责任保险限额内承担赔偿责任并支付保险诉讼的合理费用，对于刘某某在该保险合同责任限额之外的费用损失，按照客运合同约定应由承运人依法承担补充违约赔偿责任。

上述案例，均涉及在合同关系中一方存在违约行为，并给受害人的人格权造成损害时，可否请求精神损害赔偿的问题。试问：如何理解精神损害赔偿？

## 二、精神损害赔偿的法律意义

精神损害，就是因侵权行为受害者所感受到的精神的、肉体的痛苦。如何理解痛苦的内容，存在不同的学说。最广义说认为，精神损害除包括生理或心理的痛苦外，还包括浅层次的不快与不适，此不快与不适虽与财产的减损无关，但并非痛苦。广义的精神损害泛指生理或心理的痛苦。狭义的精神损害仅指基于法律的规定应予赔偿的精神损害。[①] 精神痛苦有两个来源：一是侵害自然人人体的生理损害。当侵权行为侵害身体权、健康权、生命权时，给权利主体造成生理上的损害，使其在精神上产生痛苦。二是侵害自然人心理的心理损害。当侵权行为伤害自然人的民事权利时，进一步侵害了受害人的情绪、感情、思维、意识等活动，导致了主体的上述精神活动的障碍，使人产生愤怒、恐惧、焦虑、沮丧、悲伤、抑郁、绝望等不良情绪，造成精神痛苦。精神损害赔偿具有下列特征：

1. 精神损害赔偿的权利主体仅限于自然人。精神活动为自然人所特有，精神损害为精神活动的不良状态，因此精神损害的主体仅限于自然人。法人有人格权，但法人没有自然人特有的心理和精神活动，因此法人不存在精神损害。但是若法人的人格权受到损害，为了避免精神利益的减损，法律也应当予以救济。

2. 精神损害赔偿具有非财产性。侵权责任法所称的损害分为财产损害和非财产损害。如何区分损害是财产损害还是非财产损害，可以从下列角度考虑：损害结果是否可用金钱来衡量，若可用金钱来衡量就为财产损害，若不

---

① 曾世雄：《损害赔偿法原理》，中国政法大学出版社 2001 年版，第 294 页。

可则为非财产损害。在非财产损害中，由于人格权以及其他人身权受到损害引起的痛苦，如社会评价的降低、自由被拘束以及严重的心理恐惧等不可用金钱衡量，则为非财产损害。

3. 精神损害赔偿的发生具有非独立性。传统观点认为，精神损害具有附属性，精神损害常常伴随着其他权益的损害的产生而产生，或者为财产损害，或者为人身损害，即只有其他权益受损害的事实存在，方有精神利益受损害的后果出现。[①] 各国立法也大多规定只有在具体权益受到损害的情况下，才可以请求精神损害赔偿。如《德国民法典》第 253 条规定：仅在法律所规定的情况下，才能因非财产损害而请求金钱赔偿。因侵害身体、健康、自由或性的自我决定而须赔偿损害的，也可以因非财产损害而请求公平的金钱赔偿。《德国民法典》以及其他法律存在若干条款明确规定了精神损害赔偿的请求权。《瑞士民法典》第 28 条规定：人格关系受不法侵害者，可以请求法院除去其侵害。关于损害赔偿，只有在法律有特别规定时，才可请求给付一定金额作为抚慰金。该法第 29 条第 2 项、第 93 条第 2 项、第 151 条、第 318 条等分别规定了受害人可以请求精神损害赔偿的具体情形。依据《民法典》第一千一百八十三条的规定，侵害自然人人身权益造成严重精神损害的，被侵权人有权请求精神损害赔偿。因故意或者重大过失侵害自然人具有人身意义的特定物造成严重精神损害的，被侵权人有权请求精神损害赔偿。

4. 精神损害赔偿是基于受害人受到严重精神损害。精神损害赔偿并非只要侵害他人人身权益被侵权人就可以获得精神损害赔偿，偶尔的痛苦和不高兴不能认为是严重精神损害。之所以强调“严重”的精神损害。是为了防止精神损害赔偿被滥用。对于“严重”的解释，应当采容忍限度理论，即超出了社会一般人的容忍限度，就认为是“严重”。[②]

在审判实践中，从如下方面把握严重后果：一是凡是造成受害人死亡的，受害人近亲属遭受的精神损害就是严重的精神损害，属于“造成严重后果”

① 郭卫华、常鹏翱等：《中国精神损害赔偿制度研究》，武汉大学出版社 2003 年版，第 62 页。

② 黄薇主编：《中华人民共和国民法典解读（侵权责任编）》，中国法制出版社 2020 年版，第 293 页。

的情形。二是凡是造成受害人残疾的，无论伤残等级如何，受害人所受的精神损害就是严重的精神损害，伤残等级越高，精神损害越严重。三是对于受害人既没有死亡，也没有伤残的，对于造成的精神损害是否属于“造成严重后果的”情形，要视具体情形而定。[①]

## 三、违约责任情形下精神损害赔偿的适用条件

《民法典》第九百九十六条的规定，突破了违约责任与精神损害赔偿不能并行的一般原则，依据该条规定，因当事人一方的违约行为，损害对方人格权并造成严重精神损害，受损害方选择请求其承担违约责任的，不影响受损害方请求精神损害赔偿。从民法基本原理来看，该规则具有正当性和合理性。因为，某一行为既构成侵权并造成他人精神损害，也构成违约并造成了他人的重大精神损害，则基于侵权赔偿精神损害和基于违约赔偿精神损害，都是违约人应承担的责任，非违约方并未因此获得不当利益。虽然合同原则上主要保护财产利益，而不保护精神利益，但是违约救济的根本目的还是要使受害人处于合同如同没有被违反时的状态。在出现责任竞合的情形下，通过违约责任补救精神损害，以达到合同如同已经被履行的状态，也具有合理性。但是，违约行为承担精神损害赔偿属于例外情形，需符合下列条件：

1. 主要适用于侵害人格权的情形。违约责任中，损害赔偿的范围不能超出违约方订立合同时应当预见到的因违反合同可能造成的损失，也就是违约责任中的可预见性原则。通常情况下，因违约行为造成的财产损失不会造成非违约方的精神痛苦，也就是不会给对方带来精神损害，违约方在缔约时可能预见因违约行为给对方造成的财产损失，而难以预料到对方的精神损害，因此，违约责任的一般原则是不适用精神损害赔偿的。但是，涉及人身权利或以精神利益满足为主要目的的合同，因违约行为侵害对方人格权的，造成非违约一方的损失通常为非金钱损失，难以通过市场价值准确衡量，适用财产损害赔偿难以对非违约方进行救济，因而，可采用精神损害赔偿方式对人格权遭受的侵害实行全面的救济。

---

① 参见最高人民法院民事审判第一庭编著:《最高人民法院人身损害赔偿司法解释理解与适用》，人民法院出版社 2022 年版，第 308 页。

2. 以违约责任与侵权责任竞合为前提。在违约责任与侵权责任竞合时，受损害一方的选择权，即受损害方可以选择就违约行为请求对方承担违约责任或者选择就侵权行为请求加害人承担侵权责任。上述条文是合同编中规定的违约责任与侵权责任竞合时的一般规则。从《民法典》第九百九十六条规定来看，实际上是将违约精神损害赔偿请求权限定于违约责任与侵权责任竞合的情形。具体来说，违约方的违约行为同时侵害了受害人的人格权和财产权，既符合违约责任的构成要件，也符合侵权责任的构成要件，此时，受害人有权从中选择。从该条规定来看，仅在违约责任与侵权责任竞合的情形下，非违约方才能在违约责任中主张精神损害赔偿责任，在其他情形下，即便非违约方遭受了严重的精神损害，其也无权在违约责任中主张精神损害赔偿责任。

3. 违约行为造成非违约方严重精神损害。只有非违约方遭受严重精神损害的情形下，其才能在违约责任中主张精神损害赔偿。法律上对精神损害的衡量作出限制，一方面是为了限制法官的自由裁量权，另一方面将某些轻微的精神损害排除在外，可以防止当事人滥用诉讼权利。①

因当事人一方的违约行为损害对方自然人的人格权并造成严重精神损害。《民法典》第九百九十六条的适用要符合本法第一千一百八十三条第一款“侵害自然人人身权益造成严重精神损害的，被侵权人有权请求精神损害赔偿”的规定，即侵害自然人人身权益造成严重精神损害的，被侵权人有权请求精神损害赔偿。在司法实践中，因生命权纠纷，死者的近亲属有权请求精神损害赔偿。因身体权纠纷造成受害人一定等级的残疾，可参考伤残等级情况酌定支持精神损害赔偿。因健康权纠纷造成受害人心理上严重损害，受害人可以请求精神损害赔偿。

## 四、对案例 10、案例 11 的简要评析

1. 对案例 10 的简要评析

在本案中，原告与酒店形成了服务合同法律关系，原告举行婚礼，自然

① 最高人民法院民法典贯彻实施工作领导小组主编：《中华人民共和国民法典人格权编理解与适用》，人民法院出版社 2020 年版，第 84 页。

人一生中的“至关重要”的大事、喜事，却因酒店的突然停电，弄得“闹心”，造成了原告心理上极大的创伤。

停电事件是否属于不可抗力、应否免责的问题。《民法典》第一百八十条第二款规定：“不可抗力是不能预见、不能避免且不能克服的客观情况。”日常生活、生产经营中，停电事件时常发生，酒店对此应有预知能力，其配备相应设备或采取相关措施即能克服停电事件所造成的损害结果。因此说，本案停电事件不属于不可抗力，故酒店延迟提供餐饮服务不属于不可抗力引起，不能免除责任。双方当事人系服务合同关系，酒店提供婚礼餐饮服务应符合约定，因停电其不能按照约定时间向原告提供餐饮服务，构成违约，应承担违约责任。

经济损失和精神损害赔偿的数额问题。《民法典》第九百九十六条规定：“因当事人一方的违约行为，损害对方人格权并造成严重精神损害，受损害方选择请求其承担违约责任的，不影响受损害方请求精神损害赔偿。”由于婚礼过程具有唯一性、专属性、时间性、纪念性等特殊性质，酒店违反服务合同约定，使原告遭受精神损害，原告作为非违约方有权主张精神损害赔偿责任。法院根据本案的实际情况，酌定精神损害抚慰金的数额并无不当。同时，精神损害赔偿应与侵权人的过错程度相适应。[①]

在司法实践中，支持违约精神损害赔偿的一般为涉及精神利益实现的合同，主要包括以下几种类型：遗体、骨灰等人格物保管合同、医疗服务合同、旅游服务合同、婚礼服务合同、客运合同，以及其他可能造成严重精神损害的合同。

2. 对案例 11 的简要评析

在本案中，刘某某与鸿昌汽车公司之间形成了客运合同法律关系，该公

---

① 徐某某与宋某某、刘某某侵害名誉权民事纠纷案的生效裁判认为，在公开博客这样的自媒体中表达，与通过广播、电视、报刊等方式表达一样，都应当遵守国家的法律法规，不得侵犯他人的合法权益。博客开设者应当对博客内容承担法律责任。本案两被告利用互联网和其他媒体侵犯谢某名誉，法院根据其行为的主观过错、侵权手段的恶劣程度、侵权结果等因素，判处较高数额的精神损害抚慰金（20 万元），体现了侵权责任法的理念和精神。参见最高人民法院 2014 年 10 月 10 日发布的《最高人民法院公布 8 起利用信息网络侵害人身权益典型案例》。

司驾驶员夏某某系单方事故，负事故的全部责任，受害人刘某某无责任。受害人刘某某因交通事故造成了九级伤残，并支付了一定的医疗费用，根据《民法典》第九百九十六条规定，刘某某因伤构成九级伤残，心理和精神上均会受到一定影响，依法应给予相应精神抚慰，故违约方鸿昌汽车公司应向相对方刘某某赔偿精神抚慰金。

关于承运人责任保险条款第三十条以及《伤残等级赔偿限额比例表》对投保人是否具有约束力的问题。《保险法》第十七条第二款规定："对保险合同中免除保险人责任的条款，保险人在订立合同时应当在投保单、保险单或者其他保险凭证上作出足以引起投保人注意的提示，并对该条款的内容以书面或者口头形式向投保人作出明确说明；未作提示或者明确说明的，该条款不产生效力。"《最高人民法院关于适用〈中华人民共和国保险法〉若干问题的解释（二）》第九条第一款规定：保险人提供的格式合同文本中的责任免除条款、免赔额、免赔率、比例赔付或者给付等免除或者减轻保险人责任的条款，可以认定为《保险法》第十七条第二款规定的"免除保险人责任的条款"。本案中，保险公司提及的承运人责任保险条款第三十条以及《伤残等级赔偿限额比例表》实则是一种免责条款，该免责条款部分未向投保人进行提示并作明确说明，该免责条款对投保人不具有约束力。

## 第六节　死者人格利益保护

### 一、问题的提出

自然人自出生时起到死亡时为止，具有民事权利能力，依法享有民事权利，承担民事义务。因此说，自然人在死亡后就不再具有民事权利能力，就不再享有人格权。但是，在现实生活中侵害死者人格利益的问题屡见不鲜。为此，《民法典》第九百九十四条规定："死者的姓名、肖像、名誉、荣誉、隐私、遗体等受到侵害的，其配偶、子女、父母有权依法请求行为人承担民事责任；死者没有配偶、子女且父母已经死亡的，其他近亲属有权依法请求行为人承担民事责任。”

在研究死者人格利益保护之前，先看两则案例：

## 案例 12：同胞兄长在未征求死者配偶、子女同意的情形下能否确定安葬[1]

涂某与梅某2系夫妻关系，梅某1系其二人所生女儿，梅某永系梅某2父亲，梅某与梅某2系兄弟关系。梅某2于2020年3月16日因病去世。2021年4月9日，梅某以原告的身份向法院提起诉讼，将梅某永、涂某、梅某1列为被告，要求被告清偿垫付的各项费用26万元，在该生效判决书法院认为部分中载明：“关于梅某诉请的购买墓地及公墓管理费用问题，提交的墓穴使用合同显示甲方为梅某，墓穴的使用人为梅某2、涂某，但梅某、梅某永将梅某2的骨灰安葬时并未取得梅某2配偶涂某、梅某2女儿梅某1的同意，办理骨灰下葬系亲属权利，在至亲分居两地，均想寄托哀思，方便随时祭奠时，各亲属之间应当审慎考虑已故者生前的愿望，谁在其生前陪伴得更为长久，谁在其病痛之时照顾得更多，谁系其内心最深的牵挂，谁能够在其故去之后长久祭奠，综合考量以上因素，妥善安置已故之人。法庭希望双方能够冷静克制，充分协商，在对梅某2的安葬问题达成一致的基础上再考虑与安葬相关的费用问题，唯有此逝者才能真正安息，至亲之人才能回归平静生活。本案中购买墓地及公墓管理费用并非梅某2生前债务，不属于本案处理范围，故对梅某的该项诉讼请求，本院不予支持。”

生效裁判认为，第一，本案是因骨灰安葬及费用承担产生的纠纷。骨灰作为自然人死亡后遗体的化物，具有强烈的人格属性，是特定的人格物，是延伸自然人死亡后身体利益的载体，是生者寄托哀思、凭吊祭奠的对象，凝聚着亲属祭祀、悼念、抚慰等浓厚的情感因素，具有丰富的人格象征意义和伦理色彩。关于骨灰安放的具体事宜首先要尊重死者生前意愿，按照死者生前遗嘱或嘱托对其骨灰妥善安置，若死者生前未对骨灰安置有明确意见，应当按照与死者的情感紧密程度及血缘关系等的亲疏远近的家人来

---

[1] 参见河南省信阳市中级人民法院（2022）豫15民终5544号民事判决书。

具体确定。第二，因婚姻形成的夫妻关系是社会最基本的关系，是家庭的基础基石，夫妻二人登记结婚建立家庭，形成相对独立的生活单元，双方之间的关系应当是最为密切，死者骨灰对其配偶的精神利益影响最大，基于公序良俗、血缘关系、联系的紧密程度等因素综合考量，一般情况下，若死者未成年或未婚，其父母应为骨灰管理的第一顺位主体，若死者已婚，其配偶应为骨灰管理的第一顺位主体，其次才为子女、父母，最后才能是兄弟姐妹等其他近亲属。结合本案，梅某2因病去世后，骨灰安放等事宜应当首先由其妻子即被告涂某决定，若被告涂某作为顺位在先的骨灰管理人未尽管理义务或管理不当，其他近亲属可以要求其纠正。按照本院上述查明的证据材料可以认定，梅某2的骨灰安葬在固始县，原告梅某事前并未征得死者梅某2的妻子即本案被告涂某（包括其未成年的女儿）的同意，且事后也未得到本案被告涂某的追认，被告涂某在本案答辩和庭审的意见中，均对原告梅某将其丈夫梅某2的骨灰从上海取出到河南固始安葬表达了不满情绪和意见，并提出了要将骨灰归还由其在上海进行安葬等具体意见。第三，本案并非一般债务垫付行使追偿权，也并非不当得利情形产生的受损人有权要求受益人返还不当利益之情形。依据“民事主体从事民事活动，不得违反法律，不得违背公序良俗”“死者的姓名、肖像、名誉、荣誉、隐私、遗体等受到侵害的，其配偶、子女、父母有权依法请求行为人承担民事责任”等法律规定之立法精神，原告梅某作为死者的同胞兄弟，念及手足之情，在其弟弟去世后为其后事奔波忙碌，值得肯定，但在其弟弟的骨灰如何安葬等具体事宜上考虑欠妥，梅某2的骨灰如何安葬应当首先由梅某2的配偶即其妻子决定；综上分析，原告梅某（并非第一顺位主体）无权决定梅某2的骨灰安葬并具体实施，因安葬骨灰等事宜未得到死者妻子的同意，事实上也给死者梅某2妻子祭奠其丈夫及女儿悼念其父亲客观上造成了不便，在某种程度上是对死者梅某2的妻子、女儿行使祭奠权利的一种侵犯和剥夺，有违公序良俗之原则。原告梅某应当对自己行为及产生的后果负责，其请求被告偿还、赔偿相关损失，法律依据不够充分，不予支持。据此判决：驳回原告梅某的诉讼请求。

## 案例 13：非近亲属不得“认坟为祖”[①]

2021 年 1 月 4 日，陈某发、陈某丽以其奶奶黄某英的山坟被村民委员会、光伏科技公司毁坏为由，向法院提起诉讼，请求被告共同赔偿 67800 元，并赔礼道歉。

生效裁判认为，本案是人格权纠纷。《民事诉讼法》第一百一十九条规定：“起诉必须符合下列条件：（一）原告是与本案有直接利害关系的公民、法人和其他组织……”《民法典》第九百九十四条规定：“死者的姓名、肖像、名誉、荣誉、隐私、遗体等受到侵害的，其配偶、子女、父母有权依法请求行为人承担民事责任；死者没有配偶、子女且父母已经死亡的，其他近亲属有权依法请求行为人承担民事责任。”本案中，陈某发、陈某丽起诉时自称其是死者黄某英的孙子、孙女，实际不属于近亲属。因此，陈某发、陈某丽提起本案诉讼不符合上述法律规定的起诉条件，法院依法驳回陈某发、陈某丽的起诉。

上述案例，均涉及死者人格利益的保护问题。试问：死者人格利益的保护范围如何？如何界定侵害死者人格利益保护的请求权主体？其他法律对死者人格利益保护有哪些规定？

## 二、死者人格利益的保护范围

死者的人格利益保护，是民事主体人格权的延伸保护。人格权的延伸保护，最早源于血亲复仇制度，当民事主体已经被杀害，血亲所享的复仇权利就具有人格权延伸保护的含义。罗马法对人格的延伸保护，一是向民事主体诞生之前延伸，认为胎儿或即将出生的婴儿被视为已经出生，人格权的延伸保护溯及出生前的一段时间。二是向权利主体消灭之后延伸，认为随着主体的死亡，某一主体的权利及其诉权转移到其他主体，即继承人身上。继承人按照其得到的范围提起罚金诉讼和混合诉讼，但不能提起所谓的当事人的报复性诉讼。[②]《民法典》不仅在总则编中规定了英雄烈士人格权的保护，而且

---

① 参见广东省云浮市中级人民法院（2021）粤 15 民终 2070 号民事裁定书。

② 最高人民法院民法典贯彻实施工作领导小组主编：《中华人民共和国民法典人格权编理解与适用》，人民法院出版社 2020 年版，第 61 页。

在人格权一编中，也明确规定了死者人格权的延伸保护。

人格利益延伸保护，有其自身的特征：一是人格权延伸保护的民事主体包括自然人和法人。历史上的人格权延伸保护的主体是自然人。而现代法律确认法人具有拟制的法律人格，亦享有人格权，只不过保护的范围不同于自然人，其享有的人格利益如名称、名誉、荣誉等，法律亦给予适当的延伸保护。二是人格权延伸保护的客体是人格利益而非权利本身。三是人格权延伸保护的界限是民事主体权利能力取得前和终止后。延伸保护并非指对权利本身的保护，而是在权利取得之前或权利消灭之后，将法律对该种权利所体现的先期或延续利益的保护，向前延伸或向后延伸，在一个适当的期间禁止他人侵害。四是人格权延伸保护与人格权保护相互衔接构成协调的统一整体。人格权延伸保护与人格权保护目的相同，是一个统一的整体，在时间界限上互相衔接，互相配合，形成对人格权和人格利益的严密而完备的保护体系。①

死者人格利益保护的范围。根据《民法典》第九百九十四条的规定，死者的姓名、肖像、名誉、荣誉、隐私、遗体等受到侵害的，属于死者人格利益保护的范围。包括但不限于以下情形：一是未经许可擅自使用死者的姓名、肖像等；二是以侮辱、诽谤、贬损、丑化等方式，侵害死者的名誉、荣誉；三是以非法披露、利用等方式侵害死者的隐私和个人信息；四是以非法利用、损害等方式侵害死者的遗体等。

死者的姓名、肖像、隐私、名誉、荣誉、遗体等利益应当予以保护，原因是死者的人格利益具有利用价值。这种价值首先表现为精神利益的价值，是人格权的基础，也是人格利益的基础。对死者人格利益的保护还涉及社会利益、死者近亲属的利益等。死者人格利益因素转化为财产利益的机理，在于上述各方面因素对于社会或者公众的价值。这些因素一旦应用到商业领域或者社会有关领域，就可以产生号召力，应用这些因素的商品或者事业就会引起公众的兴趣，关注这些商品和事业，发生商业上的作用，转化为财产利益。对死者的肖像、姓名、隐私等人格利益的商业利用，在于利用死者人格

① 参见最高人民法院民法典贯彻实施工作领导小组主编：《中华人民共和国民法典人格权编理解与适用》，人民法院出版社2020年版，第62—63页。

利益因素中的财产利益。①

## 三、侵害死者人格利益保护的请求权主体

根据《民法典》第九百九十四条的规定，死者人格利益遭受侵害的，其配偶、子女、父母有权依法请求行为人承担民事责任；死者没有配偶、子女且父母已经死亡的，其他近亲属有权依法请求行为人承担民事责任。该条明确了侵害死者人格利益的请求权主体范围。

1. 死者近亲属。根据《民法典》第一千零四十五条第二款的规定，配偶、父母、子女、兄弟姐妹、祖父母、外祖父母、孙子女、外孙子女为近亲属。一般而言，近亲属与死者具有在共同生活中形成的感情、亲情或者特定的身份关系，最关心死者人格利益的保护问题。之所以将请求权人限定为死者近亲属，是为了防止滥用侵权责任，引发诉讼爆炸，进而对人们的行为自由构成不合理的限制。例如，孔子后裔至今繁衍 80 多代，仅生活在曲阜的号称孔子后裔的人就有 13 万之众，全球范围内据说有 400 万人。如果仅因为某个人胡乱解读《论语》，孔子的后代皆可以侵害先祖孔子之名誉为由提起诉讼，后果难以设想。②

应当明确的是，近亲属提出请求具有顺位限制。配偶、子女、父母是第一顺位，如果死者的配偶、子女或者父母已经死亡的情形下，其他近亲属有权请求保护。当然，近亲属依法请求行为人承担民事责任。"依法"意味着并非完全规范，近亲属请求行为人承担民事责任要符合法律规定的责任构成要件和责任后果。"民事责任"包括所有的民事责任。③

2. 公众和国家。某些死者的人格利益归属于公众，公众是这种利益的承受者。例如，在鲁迅姓名使用上，如果使用在公共利益之上，作为学校命名，这种人格利益就归属于公众。对于公众人物，民法对其死后的人格利益不再

---

① 参见最高人民法院民法典贯彻实施工作领导小组主编:《中华人民共和国民法典人格权编理解与适用》，人民法院出版社 2020 年版，第 65—66 页。

② 最高人民法院民法典贯彻实施工作领导小组主编:《中华人民共和国民法典人格权编理解与适用》，人民法院出版社 2020 年版，第 67 页。

③ 参见黄薇主编:《中华人民共和国民法典解读 · 人格权编》，中国法制出版社 2020 年版，第 29 页。

予以保护，其人格利益中的财产利益归属于公众承受。某些死者的人格利益归属于国家享有。例如，国家领袖、历史人物等，对他们死后的人格利益由国家进行保护，其中的财产利益也由国家承受。[①]

## 四、其他法律对死者人格利益的保护

对特殊死者的人格利益保护，既涉及《民法典》的有关规定，也涉及其他法律的特别规定。对英雄烈士的人格利益保护，包括已经死亡的英雄烈士的人格利益保护。《民法典》第一百八十五条规定，侵害英雄烈士等的姓名、肖像、名誉、荣誉，损害社会公共利益的，应当承担民事责任。《英雄烈士保护法》对英雄烈士的姓名、肖像、名誉、荣誉的保护问题作了较为详细的规定，该法第二十二条第二款规定："英雄烈士的姓名、肖像、名誉、荣誉受法律保护。任何组织和个人不得在公共场所、互联网或者利用广播电视、电影、出版物等，以侮辱、诽谤或者其他方式侵害英雄烈士的姓名、肖像、名誉、荣誉。任何组织和个人不得将英雄烈士的姓名、肖像用于或者变相用于商标、商业广告，损害英雄烈士的名誉、荣誉。"第二十五条规定："对侵害英雄烈士的姓名、肖像、名誉、荣誉的行为，英雄烈士的近亲属可以依法向人民法院提起诉讼。英雄烈士没有近亲属或者近亲属不提起诉讼的，检察机关依法对侵害英雄烈士的姓名、肖像、名誉、荣誉，损害社会公共利益的行为向人民法院提起诉讼。负责英雄烈士保护工作的部门和其他有关部门在履行职责过程中发现第一款规定的行为，需要检察机关提起诉讼的，应当向检察机关报告。英雄烈士近亲属依照第一款规定提起诉讼的，法律援助机构应当依法提供法律援助服务。"

对死者特定人格利益的保护，其他法律亦有明确规定。如《刑法》第三百零二条规定，盗窃、侮辱、故意毁坏尸体、尸骨、骨灰的，处三年以下有期徒刑、拘役或者管制。此时，《民法典》第一百八十七条规定，民事主体因同一行为应当承担民事责任、行政责任和刑事责任的，承担行政责任或者刑事责任不影响承担民事责任；民事主体的财产不足以支付的，优先用于

① 最高人民法院民法典贯彻实施工作领导小组主编：《中华人民共和国民法典人格权编理解与适用》，人民法院出版社 2020 年版，第 67 页。

承担民事责任。

## 五、对案例 12、案例 13 的简要评析

1. 对案例 12 的简要评析

在本案中，骨灰作为一种特定物，寄托着生者对死者的哀思，对骨灰进行安葬，维护其免受侵害，而不能擅自使用、收益、处分或抛弃，既是其近亲属的权利，也是一种义务。因婚姻关系形成的夫妻关系是社会最基本的关系，死者骨灰对配偶的精神利益影响最大。关于骨灰管理主体，应综合考虑死者配偶、父母、子女等亲属的意见。在当事人各自行使权利发生冲突时，可以通过协商的方式排除妨碍，以保证当事人权利的正常行使。结合本案，死者梅某 2 的配偶涂某与女儿梅某 1 作为近亲属依法享有对梅某 2 祭奠和安葬的权利，其并未放弃此权利。梅某作为死者梅某 2 的同胞兄长，在未与死者配偶及子女充分协商并征得同意的情况下，将梅某 2 骨灰带回固始老家并购买墓地安葬，该行为不仅伤害了死者配偶、女儿的感情，客观上亦侵犯了死者配偶、女儿行使祭奠、寄托哀思的权利。因此，法院认为梅某应当对自己的行为及产生的后果负责，其诉讼请求不应得到法院的支持。

2. 对案例 13 的简要评析

在本案中，人民法院之所以驳回原告的起诉，是因为侵害死者人格利益保护的请求权主体确定问题。根据《民法典》第九百九十四条的规定，有权提出请求权的主体是近亲属。原告需要举证证明死者没有配偶、子女且父母已经死亡，否则即没有资格提起诉讼。

在现实生活中，修路、房地产开发、公共设施建设往往会遇到坟墓被毁问题，若是死者配偶、子女、父母以外的人站出来，说坟墓所埋之人是其长辈，要求赔偿，此时，谁提起死者人格利益保护，谁就负有举证责任，证明死者没有配偶、子女且父母已经死亡，而其与死者系近亲属关系，否则法院不予支持。

第二章

# 生命权、身体权和健康权

**本章概要**

自然人享有生命权。自然人的生命安全和生命尊严受法律保护。任何组织或者个人不得侵害他人的生命权。自然人享有身体权。自然人的身体完整和行动自由受法律保护。任何组织或者个人不得侵害他人的身体权。自然人享有健康权。自然人的身心健康受法律保护。任何组织或者个人不得侵害他人的健康权。本章共计10个条文，对涉及自然人赖以生存的最基本人格权的生命权、身体权和健康权作了规定，包括：自然人的生命权、身体权、健康权受到侵害或者处于其他危难情形的，负有法定救助义务的组织或者个人应当及时施救。完全民事行为能力人有权依法自主决定无偿捐献其人体细胞、人体组织、人体器官、遗体。任何组织或者个人不得强迫、欺骗、利诱其捐献。禁止以任何形式买卖人体细胞、人体组织、人体器官、遗体。为研制新药、医疗器械或者发展新的预防和治疗方法，需要进行临床试验的，应当依法经相关主管部门批准并经伦理委员会审查同意，向受试者或者受试者的监护人告知试验目的、用途和可能产生的风险等详细情况，并经其书面同意。违背他人意愿，以言语、文字、图像、肢体行为等方式对他人实施性骚扰的，受害人有权依法请求行为人承担民事责任。以非法拘禁等方式剥夺、限制他人的行动自由，或者非法搜查他人身体的，受害人有权依法请求行为人承担民事责任。

# 第一节 生命权

## 一、问题的提出

生命体现了最高的人格利益，是人之所以为人的根本权利。[①] 生命之所以如此重要和富有实质价值，就是因为生命是人具有民事权利能力的基础，若人不具有生命，则不能成为民事主体。生命不仅对于人的本身具有价值，而且对于整个社会具有价值，人通过生命的存续和运动，为社会创造物质财富和精神财富。因此，黑格尔认为："生命是无价之宝。"[②] 但是，生命具有不可逆转性和不可替代性，人的生命一旦因故失去，就自此不可逆转地消失，无法挽回。

在研究生命权之前，先看两则案例：

### 案例 14：自愿参加"广场舞"猝死，组织者无过错不担责[③]

李某系跳舞、军鼓爱好者，常年义务为社区群众教授舞蹈、军鼓等，同参与活动的居民一起建立了微信群并被选为群主。2022 年 1 月，张某某作为舞龙爱好者加入该群一起参与活动。同年 1 月 16 日 6 时，李某在微信群中通知打鼓队成员为当天表演活动进行集合彩排。张某某并非打鼓队成员但仍于 8 时到活动现场附近练习舞龙。8 时 30 分，张某某在练习中晕倒。李某与其他成员立刻上前急救，并拨打急救电话，随后李某同救护车一起将张某某送至医院。但张某某最终因抢救无效死亡，死因为心源性猝死。死者张某某之子张某认为李某对死者在活动中意外猝死

① 何志：《侵权责任判解研究与适用》，人民法院出版社 2009 年版，第 221 页。

② ［德］黑格尔：《法哲学原理》，商务印书馆 1982 年版，第 106 页。

③ 最高人民法院 2023 年 3 月 1 日发布的《第三批人民法院大力弘扬社会主义核心价值观典型民事案例》。

存在过错，作为活动的组织者在对张某某抢救过程中未尽到救助义务，应承担侵权责任，遂将李某诉至人民法院，要求其赔偿各项损失共计 62 万余元。

生效裁判认为，张某某事发上午练习舞龙并非受李某的邀请，其发生意外，死因系心源性猝死，并非他人行为造成。李某虽系活动的组织者但其组织行为并无过错，作为非专业医护人员，李某与活动人员对张某某进行了必要的急救措施，并跟随救护车将张某某送至医院，尽到了作为组织者的安全保障义务，与张某某意外死亡之间没有因果关系，不应承担责任。

## 案例 15：因喝酒“命丧黄泉”，同饮人是否担责[①]

2023 年 2 月 18 日，死者梁某从西宁乘坐火车至德令哈市，傍晚梁某和朋友卢某至“瓦达酒馆”吃饭，两人共饮 24 瓶啤酒。2023 年 2 月 19 日下午梁某和卢某在德令哈市“瓦达酒馆”饮酒（啤酒），其间李某霞受卢某的邀请至酒馆并一起饮酒，后被告杜某功经李某霞的邀请一起饮酒，不久杜某功打车回家。至 23 时左右，卢某、梁某至德令哈市一家慢摇吧处与张某、代某一起饮酒，被告青某等人系该家慢摇吧的工作人员，同时与张某、卢某、梁某一起饮酒。直至凌晨，卢某、梁某、张某离开慢摇吧，后梁某又购买了一瓶白酒，三人至酒店继续饮酒，白酒饮完后，三人各自睡觉，2023 年 2 月 20 日 14 时许，卢某发现梁某死亡，立即报警。事发后张某、卢某共计赔偿死者梁某家属 110000 元。

生效裁判认为，梁某作为完全民事行为能力人，对喝酒的危害应有清醒认识；饮酒者在醉酒以前处于清醒状态，其对是否应当饮酒及饮酒量多少有完全的判断能力和控制能力，陷入丧失控制和判断能力的状态主要是由梁某自己的原因造成的。梁某和卢某一起在“瓦达酒馆”饮酒，后一起至慢摇吧饮酒，结束后张某、卢某、梁某一起至宾馆继续饮白酒一斤，导致梁某饮酒过量死亡；而被告青某等人均属于在梁某饮酒过程中对共同饮酒人的友情短

---

① 参见青海省海西蒙古族藏族自治州中级人民法院（2023）青 28 民终 470 号民事判决书。

暂的陪酒（低度酒），并非极力劝酒，也没有陪梁某在宾馆饮白酒；故被告青某等人不存在过错，原告要求被告赔偿的诉讼请求，予以驳回，案件受理费由原告承担。

上述案例，均涉及生命权纠纷。试问：如何认识生命权的法律意义？生命权的内容有哪些？侵害生命权应当如何承担民事责任？如何理解法定救助义务？

## 二、生命权的法律意义

生命权，是指以自然人的生命利益为内容的权利，它以生命安全和生命维持为客体，以维护人的生命活动延续为基本内容。生命权是自然人享有的最基本的人格权。[①]《联合国公民权利和政治权利国际公约》第 6 条第 1 款规定："人人皆有天赋之生存权。此种权利应受法律保障。任何人之生命不得无理剥夺。"我国是该公约的缔约国。我国原《民法通则》第九十八条规定"公民享有生命健康权"，即生命权和健康权。近年来，随着人格权研究的深入，生命权作为独立的人格权，已为学者所公认，成为通说。[②]原《侵权责任法》第二条第二款已经将生命权和健康权区分为两种不同的民事权利予以规定。《民法典》第一千零二条规定，自然人享有生命权。自然人的生命安全和生命尊严受法律保护。任何组织或者个人不得侵害他人的生命权。

自然人享有生命权。自然人只有享有生命权，才能作为一个主体在社会中生存并与他人交往，追求自己存在的价值。生命权的重要特征在于：

1. 生命权的客体是生命及其安全利益，这与身体权和健康权明显不同。依据《民法典》第一千零三条的规定，自然人享有身体权。自然人的身体完整和行动自由受法律保护。任何组织或者个人不得侵害他人的身体权。第一千零四条规定，自然人享有健康权。自然人的身心健康受法律保护。任何组织或者个人不得侵害他人的健康权。从《民法典》对生命权、身体权、健

---

① 姚辉：《人格权法论》，中国人民大学出版社 2011 年版，第 150 页。

② 杨立新：《人身权法论》（第三版），人民法院出版社 2006 年版，第 388 页。

康权的定义来看，三者存在明显的区别。

2. 生命权只有在生命安全受到威胁，或者处于危险状态时，才能够行使，否则没有主张权利的必要。而且，对于生命权的主体来说，该项权利的主要内容在于排除生命安全所受到的危险和威胁。例如，请求他人消除危险、排除妨碍；对所受不法侵害进行正当防卫；对威胁生命安全的危险，有权采取紧急避险措施。

3. 生命权一旦受到实际侵害，任何法律救济对于权利主体都是毫无意义的，法律救济的唯一功能在于使权利主体的近亲属得到财产上的补偿和精神上的抚慰。因此，《民法典》第一千零二条从反面进一步规定了“任何组织或者个人不得侵害他人的生命权”。因此，任何人都不能把自然人的生命作为实现其他目的的手段，不得非法剥夺他人的生命。只有在法律明确规定的条件、权限和程序等前提下，才可以剥夺自然人的生命。如经过审判将被告人判处死刑，报经最高人民法院核准并下达执行死刑命令，方可对被告人执行死刑，剥夺其生命。否则，非法剥夺自然人的生命要依据法律规定承担包括民事责任在内的多种责任。

## 三、生命权的内容

根据《民法典》第一千零二条的规定，生命权的内容包括：

1. 生命安全和生命尊严维护权。该项权利是生命权的首要内容。生命是人的最高人格利益，生命权的基本内容实际上就是维护生命的延续，也就是保护人的生命不受非法侵害。此外，生命安全维护权还包括改变生命危险环境的内容。当环境对人的生命安全构成威胁的时候，权利人有权要求改变这种环境。

生命尊严维护权，是指自然人有权基于人格尊严，在消极意义上禁止他人侵害自己作为生命主体者的尊严获得应有的尊重，提升生命的尊严和品质。生命尊严使得生命权的保障在生命安全之外，扩展到生命过程中生命主体者的尊严获得应有的尊重。①

---

① 黄薇主编：《中华人民共和国民法典解读 · 人格权编》，中国法制出版社 2020 年版，第 61 页。

2. 有限的生命利益支配权。生命权是否包括生命利益支配权，实际上意味着生命权人可否处分自己的生命。对此，传统理论持否定观点。从民法角度看，公民无权处分自己的生命。

法律并不认可生命利益支配权，无疑是正确的。但是，我国学者认为，一是为社会公共利益、他人利益或个人气节而慷慨赴死、舍己救人的献身精神，二是安乐死制度的实行。这两种情况，都涉及生命权人对其生命利益的支配或处分。因此，应当赋予自然人有限的生命利益支配权。①

3. 司法保护请求权。生命权的司法保护请求权，是指生命权人请求司法机关依法消除生命危险的权利。生命权人行使该权利时，应当依照法定程序进行。②

## 四、侵害生命权的民事责任

### （一）侵害生命权民事责任的构成要件

侵害生命权民事责任的归责原则是过错责任原则，因此侵害生命权民事责任的构成要件自然包括如下四个方面：

1. 违法行为。侵害生命权的行为必须本身具有违法性，因合法行为而侵害他人的生命权，不承担民事责任。如公安民警在抓捕逃犯过程中，因逃犯暴力拒捕而将其击毙，即无须承担民事责任。侵害生命权的行为，既可以是作为，也可以是不作为。

2. 损害事实。侵害生命权的直接受害人是作为权利主体的自然人，但是与权利主体有血缘、婚姻、人事、劳动等关系的其他人或者社会组织往往会受到间接的损害，这是由自然人的社会属性决定的。一般而言，侵害生命权的损害事实可以分为如下几个层次：（1）权利主体生命的丧失，即造成自然人死亡的客观结果。（2）死者的近亲属或者相关社会组织因权利主体生命丧失而受到财产损失，如死者（权利主体）的近亲属或者所在工作单位支出的医疗费、丧葬费。（3）死者生前扶养的人丧失扶养，如死者的未成年子女接

---

① 王利明、杨立新主编：《人格权与新闻侵权》，中国方正出版社2000年版，第223页。

② 参见何志：《侵权责任判解研究与适用》，人民法院出版社2009年版，第224页。

受扶养来源的丧失。（4）死者近亲属的精神损害。

3. 因果关系。即违法行为与被害人死亡之间必须有因果关系。一般认为，采用相当因果关系理论，依通常人的社会经验和智力水平判断，并非要求必然因果关系。

4. 主观过错。在适用过错责任原则或过错推定原则时，行为人主观上要有故意或过失。

### （二）侵害生命权的民事责任

在司法实践中，死者近亲属因直接遭受侵害而取得求偿权，死者近亲属所享有的赔偿请求权来源于其自身权利遭到侵害而受到损失的事实，这才是死者的近亲属求偿权的基础。这既是生命权法律保护的必然延伸，也是独立民事主体亲属身份权的直接体现。

近亲属，是指相互间具有权利义务关系的亲属。根据《民法典》第一千零四十五条第二款的规定，近亲属的范围包括：配偶、父母、子女、兄弟姐妹、祖父母、外祖父母、孙子女、外孙子女。据此，可将近亲属间的关系分成三种类型：夫妻关系、父母子女关系及亲属关系，相应地，在当事人间就有三种权利义务关系：配偶权、亲权、亲属权。这三项权利可统一界定为民法上的身份权。侵害生命权的行为在使生命权人丧失生命的同时，正好破坏了正常的亲属身份关系，直接侵害了死者近亲属的身份权，造成其精神损害和亲属身份利益的丧失，从而应承担相应的民事责任。

死亡并不仅仅是生命权遭到侵害，同时也意味着近亲属相对死者所具有的特定身份的丧失，两者同时发生，并无先后区别，亦无直接间接的差异。死者近亲属因死者死亡而遭受的损失主要有以下几个方面：

1. 死者近亲属身份利益的损失。由于死者主体资格消灭，此种特殊的损害结果使其近亲属正常的身份状态遭到破坏，已形成的以身份伦理为基础的亲属共同体解体，死者近亲属特定的身份权灭失，身份权主体遭受人生重大的无形利益损害。

2. 死者近亲属的精神损害。死者死亡的事实使死者近亲属由身份状态所蕴含的精神、情感受到终身创伤，死者近亲属将备受痛苦之煎熬，此乃人之常情。死者近亲属的精神痛苦是由侵权人的行为造成，精神痛苦与侵权行为之间具有法律上的因果联系，所以此种精神痛苦当属精神损害。

3. 财产损失。生命权丧失所造成的财产损失，主要包括以下几种：一种为救治受害人所支出的常规费用，如医疗费、误工费、住院伙食补助费、护理费、交通费、住宿费等财产损失；一种为丧葬费的损失；一种为死者生前扶养的人扶养费的损失；等等。

## 五、法定救助义务

为了保护自然人的生命权、身体权和健康权，弘扬社会主义核心价值观，在自然人的生命权、身体权、健康权受到侵害或者处于其他危难情形中，法律应当鼓励和支持对自然人的适当救助。这种鼓励和支持体现在两个层面：一是对不负有法定救助义务的救助人的保护。[①]《民法典》第一百八十四条规定，因自愿实施紧急救助行为造成受助人损害的，救助人不承担民事责任。同时，在救助人因救助行为而自身遭受损害时享有请求权。《民法典》第

---

① 参见最高人民法院指导案例98号。该案裁判要点：行为人非因法定职责、法定义务或约定义务，为保护国家、社会公共利益或者他人的人身、财产安全，实施阻止不法侵害者逃逸的行为，人民法院可以认定为见义勇为。生效裁判认为：本案焦点问题是被告朱某彪行为是否具有违法性；被告朱某彪对张某焕的死亡是否具有过错；被告朱某彪的行为与张某焕的死亡结果之间是否具备法律上的因果关系。

首先，案涉道路交通事故发生后张某来受伤倒地昏迷，张某焕驾驶摩托车逃离。被告朱某彪作为现场目击人，及时向公安机关电话报警，并驱车、徒步追赶张某焕，敦促其投案，其行为本身不具有违法性。同时，根据《道路交通安全法》第七十条规定，交通肇事发生后，车辆驾驶人应当立即停车、保护现场、抢救伤者，张某焕肇事逃逸的行为违法。被告朱某彪作为普通公民，挺身而出，制止正在发生的违法犯罪行为，属于见义勇为，应予以支持和鼓励。

其次，从被告朱某彪的行为过程看，其并没有侵害张某焕生命权的故意和过失。根据被告朱某彪的手机视频和机车行驶影像记录，双方始终未发生身体接触。在张某焕持刀声称自杀意图阻止他人追赶的情况下，朱某彪拿起木凳、木棍属于自我保护的行为。在张某焕声称撞车自杀，意图阻止他人追赶的情况下，朱某彪和路政人员进行了劝阻并提醒来往车辆。考虑到交通事故事发突然，当时张某来处于倒地昏迷状态，在此情况下被告朱某彪未能准确判断张某来伤情，在追赶过程中有时喊话传递的信息不准确或语言不文明，但不构成民事侵权责任过错，也不影响追赶行为的性质。在张某焕为逃避追赶，跨越铁路围栏、进入火车运行区间之后，被告朱某彪及时予以高声劝阻提醒，同时挥衣向火车司机示警，仍未能阻止张某焕死亡结果的发生。故该结果与朱某彪的追赶行为之间不具有法律上的因果关系。

一百八十三条规定，因保护他人民事权益使自己受到损害的，由侵权人承担民事责任，受益人可以给予适当补偿。没有侵权人、侵权人逃逸或者无力承担民事责任，受害人请求补偿的，受益人应当给予适当补偿。二是对于负有法定救助义务的人应当给予积极救助。《民法典》第一千零五条规定，自然人的生命权、身体权、健康权受到侵害或者处于其他危难情形的，负有法定救助义务的组织或者个人应当及时施救。

《民法典》第一千零五条规定的救助义务主体为负有法定救助义务的组织或者个人，但是对于哪些属于负有法定救助义务的组织或者个人，并未作出明确规定。目前，我国有关救助义务的法律规定主要有：《消防法》第四十四条第四款规定："消防队接到火警，必须立即赶赴火灾现场，救助遇险人员，排除险情，扑灭火灾。"《医师法》第三条第一款规定："医师应当坚持人民至上、生命至上，发扬人道主义精神，弘扬敬佑生命、救死扶伤、甘于奉献、大爱无疆的崇高职业精神，恪守职业道德，遵守执业规范，提高执业水平，履行防病治病、保护人民健康的神圣职责。"第二十七条第一款规定："对需要紧急救治的患者，医师应当采取紧急措施进行诊治，不得拒绝急救处置。"《道路交通安全法》第七十条规定了发生交通事故的车辆驾驶人对受伤人员的立即抢救义务；第七十二条规定了交通警察对交通事故受伤人员的先行组织抢救义务；第七十五条规定了医疗机构对事故受伤人员的及时抢救义务。《海商法》第三十八条规定："船舶发生海上事故，危及在船人员和财产的安全时，船长应当组织船员和其他在船人员尽力施救……"第一百七十四条规定："船长在不严重危及本船和船上人员安全的情况下，有义务尽力救助海上人命。"《民法典》第八百二十二条规定："承运人在运输过程中，应当尽力救助患有急病、分娩、遇险的旅客。"《民用航空法》第四十八条规定："民用航空器遇险时，机长有权采取一切必要措施，并指挥机组人员和航空器上其他人员采取抢救措施……"对于法律法规明确规定了有救助义务的情形，较好判断。

关于安全保障义务的救助义务。《民法典》第一千一百九十八条对安全保障义务作出了规定，其中第一款规定宾馆、商场、银行、车站、机场、体育场馆、娱乐场所等经营场所、公共场所的经营者、管理者或者群众性活动的组织者，未尽到安全保障义务，造成他人损害的，应当承担侵权责任。通常情形下，安全保障义务也包括在遭受危险时应当及时救助的义务，比如储户到银行存钱遭到歹徒抢劫受伤，银行应当采取适当措施履行紧急救助义务。对于银行是否负有安全保障义务，以及其是否尽到安全保障义务中的救助义务，则应结合具体情形进行判断。如吴某某等五人诉官渡建行、五华保安公司人身损害赔偿纠纷案的裁判要旨是：银行、餐馆、旅店等是面向公众开放的，负有安全注意义务的经营场所，如因第三人侵权致人损害的，经营者作为安全保障义务人，在其能够防止或者制止损害的范围内对受害人承担与其过错相适应的补充赔偿责任。①

依据《民法典》第一千零五条的规定，应当及时施救的情形为自然人的生命权、身体权、健康权受到侵害或者处于其他危难情形的。自然人的生命权、身体权、健康权属于物质性人格权，是民事主体享有各项民事权利的前提，其价值具有不可衡量性，应当首先被保护。为了保护自然人的首要人格权益，赋予特定组织或者个人一定程度的作为义务。因此，本条规定的应当及时施救的情况并不包括财产权益受到侵害或者处于危难的情形。②

## 六、对案例 14、案例 15 的简要评析

1. 对案例 14 的简要评析

在本案中，失去生命的张某某之子张某以李某对张某某未尽到救助义务存在过错为由，请求其承担侵权责任，并赔偿各项损失共计 62 万余元。我们知道，在侵权责任归责原则上主要分为过错责任原则和无过错责任原则，无过错责任原则只有在法律明确规定情形下才能适用。本案的情形不是法律明确规定的情形，不适用无过错责任原则，只能适用过错责任原则。

在本案中，李某系跳舞、军鼓爱好者，常年义务为社区群众教授舞蹈、军鼓等文娱活动。在活动过程中，张某某晕倒，李某与其他成员立刻急救，并拨打急救电话，李某陪同救护车将其送至医院。李某因心源性猝死，系自

① 《最高人民法院公报》2004 年第 12 期（总第 98 期）。

② 最高人民法院民法典贯彻实施工作领导小组主编：《中华人民共和国民法典人格权编理解与适用》，人民法院出版社 2020 年版，第 152 页。

身突发疾病死亡。在整个抢救过程中，李某尽到了一个正常人的救助义务。张某某的死亡，并不是因为李某存在侵权行为所导致，张某某的死亡与文娱活动不存在因果关系，李某在张某某死亡事件上没有任何过错，无须承担侵权责任。因此说，张某的诉讼请求应当予以驳回。

随着全民健身热潮的兴起，越来越多的人民群众投身到晨练、广场舞的队伍中。这些活动多由邻里自发组织、自愿参加，无论是参与者还是组织者对其他参与者在活动中的行为及风险往往难以准确预判。如将这种不确定性风险强加给其他人，要求他人对这种不确定性承担责任，既不符合公平原则，也会阻碍这类健身活动的正常开展。本案处理结果既符合法律规定，也符合社会公众对公正的认知，使广大人民群众更加从容地参与到全民健身活动之中，享受运动快乐，有利于倡导公正、法治的社会主义核心价值观。①

2. 对案例 15 的简要评析

在本案中，死者梁某因喝酒而导致死亡。那就需要考察在喝酒过程中，一起参加喝酒的人员是否存在恶意劝酒等过错。在没有过错的情形下，无须承担民事赔偿责任。

在本案中，在一起喝酒的张某、卢某已经赔偿死者梁某的家属 110000 元。本案的被告青某系酒吧的工作人员，短暂的陪酒，并没有过错，且死者梁某是具有完全民事行为能力人，对持续饮酒对自己身体的损害后果应当有清醒的认识，其自身存在过错，应当由自己承担损害后果。因此说，死者梁某的近亲属起诉青某承担一定的民事赔偿责任没有任何法律依据，应当予以驳回。

此类案件的处理，应当遵循过错责任原则。不宜采用公平责任裁判，让陪酒的人员适当予以补偿。一定要是非分明，公正司法。

---

① 最高人民法院 2023 年 3 月 1 日发布的《第三批人民法院大力弘扬社会主义核心价值观典型民事案例》。

# 第二节　身体权

## 一、问题的提出

身体，是指人和动物的生理组织的整体即躯体。身体包括肉体的整个构造以及附属于身体的所有部分。从法律意义上讲，身体专指自然人的身体，是指自然人生理组织的整体即人的躯体，包括：主体部分，即头颅、躯干、肢体的总体构成；附属部分，即毛发、指（趾）甲等附属于身体的其他人体组织等组成的整体。因此，身体的基本特征在于其组成的整体性和完全性。身体权，是指自然人享有的以身体完整和行动自由受法律保护为内容的权利。①

作为生命的载体，自然人的身体受法律保护。《民法典》第一千零三条规定，自然人享有身体权。自然人的身体完整和行动自由受法律保护。任何组织或者个人不得侵害他人的身体权。

在研究身体权之前，先看两则案例：

### 案例 16：滑梯上相撞致牙齿损害，身体权如何保护②

2022 年 6 月 3 日，原告王某 1 在被告体育公司开办的跃客主题竞技公园游玩，在弯道雪橇滑梯项目游玩时，被告彭某 1 在上行通道中逆向下滑，与原告相撞，造成原告 11 牙、21 牙牙折露髓。原告在口腔医院治疗产生医疗费 2300 元，口腔医院病历载明：待患者 18 岁以后转口腔修复科做冠修复。其间由原告父亲王某 2 照顾护理，王某 2 系网络预约出租车驾驶员。《弯道雪橇滑梯安全须知》中载明：本项目适合 12 岁以上的儿童及成人游玩，严禁 12 岁以下儿童滑行。在原告法定代理人签署的《安全告知书》《承诺书》中

---

① 黄薇主编：《中华人民共和国民法典解读 · 人格权编》，中国法制出版社 2020 年版，第 62 页。

② 参见天津市第三中级人民法院（2023）津 03 民终 3527 号民事判决书。

载明：12 岁以下（含 12 岁）儿童必须由监护人陪同进场并由监护人员承担监护、照看儿童的责任，12 岁以下（含 12 岁）儿童进行任何项目必须在监护人陪同下进行。原告在游玩过程中，原告法定代理人并不在场。同时，被告体育公司曾有工作人员进行管理，阻止游玩人员在上行通道中逆向下滑，但是涉诉事故发生时没有被告人员管理。

生效裁判认为，本案争议焦点为：各方应承担的责任比例问题。被告彭某 1 在上行通道中逆向下滑，与原告相撞，造成原告 11 牙、21 牙牙折露髓，存在过错，因其为限制民事行为能力人，应由其监护人彭某 2 承担侵权责任，根据本案的实际情况，酌情确定其对原告的损失承担 80% 的赔偿责任。被告体育公司曾有工作人员进行管理，阻止游玩人员在上行通道中逆向下滑，但是涉诉事故发生时没有被告人员管理，未尽到安全保障义务，综合考虑本案的实际情况，应承担 20% 的补充赔偿责任。原告法定代理人明知原告年龄较小，仍然让其进行高风险的游玩项目，且在原告游玩时，并不在场监护，应自行承担一定的责任。据此判决：一、被告彭某 2 赔偿原告王某 1 医疗费等共计 4560 元的 80%，即 3648 元；二、被告体育公司对彭某 2 上述赔偿义务，在 20% 限额即 729.6 元范围内承担补充赔偿责任。

## 案例 17：超市非法搜身是否构成侵害人格权[①]

10 月 22 日中午，肖先生到超市购物后，在无异常现象的情况下，保安将其拦下，称怀疑他有东西未付款，但检查后未发现问题，双方发生争吵。虽经协调，但肖先生余怒未消，在走到卖场北出口时瘫坐在地。热心人拨打了“110”报警电话。警方赶到现场见状后即拨打“120”救护中心电话，由超市派员将肖先生陪护至医院就诊，并支付了部分医疗费。经诊断：肖先生高血压病发致脑出血，需住院治疗。出院后，因赔偿事宜交涉无果，肖先生诉至法院索赔经济损失 50 余万元，精神损害抚慰金 5 万元。诉讼中，经司法鉴定，肖先生系情绪激动诱发高血压脑出血，现右上下肢瘫痪，属三级伤

① 参见韩景梅：《无端检查法不容，致人发病担责任》，载《人民法院报》2007 年 9 月 2 日。

残。纠纷致情绪激动是该疾病发生的诱发因素。

生效裁判认为，消费者在购买、使用商品和接受服务时，享有人格尊严得到尊重的权利。被告保安无正当理由怀疑原告购物不付款，且处置方式不当，是导致纠纷的原因。该纠纷又是原告病情加重致瘫的诱发因素，被告应当承担相应赔偿责任。据此，法院作出判决，被告应赔偿原告肖先生残疾赔偿金等各类经济损失 49005 元，精神损害抚慰金 4000 元。

在上述案例中，均涉及身体权纠纷。试问：如何认识身体权的法律意义？身体权的内容有哪些？身体权、生命权、健康权的联系和区别有哪些？如何理解人体捐献和禁止人体器官买卖？如何把握人体临床试验与医学科研活动？如何把握非法剥夺、限制他人行动自由和非法搜查他人身体？

## 二、身体权的法律意义

通说认为，身体权是公民维护其身体组织结构完整并进行支配的权利。但对于身体权的性质，理论界仍存有争议，主要的争执观点有所有权说、健康权说和人格权说三种。[①] 原《精神损害赔偿解释》(2001 年)第一条规定："自然人因下列人格权利遭受非法侵害，向人民法院起诉请求赔偿精神损害的，人民法院应当依法予以受理：(一)生命权、健康权、身体权……" 该条规定以司法解释的形式给原有的身体权性质之争作了定论，即身体权应为人格权的一种，它与生命权、健康权并称为"物质性人格权"，是其他人格权赖以存在的前提和物质基础，离开了身体，其他的"精神性人格权"如名誉权、姓名权、肖像权等都将不复存在。因此说，身体权是自然人享有的以身体完整和行动自由受法律保护为内容的权利。

大陆法系普遍承认身体权为一种独立的人格权，并予以法律保护。《奥地利民法典》第 1325 条将身体权与健康权合并规定，其身体伤害是指一切身体或精神健康或身体完好性的不利影响。德国、日本、瑞士以及我国台湾地区的民事法律规定都将身体权作为一种独立的人格权加以确认。我国《民

---

① 不同学说，可参见袁雪石：《民法典人格权编释论：条文缕析、法条关联与案例评注》，中国法制出版社 2020 年版，第 235—237 页。

法典》第一千零三条从立法上确认了身体权。身体权的法律特征表现在：[①]

1. 身体权主体的特殊性。自然人作为民事主体享有身体权。法人不具有自然人的身体，不享有身体权。同时，胎儿也可以成为侵害身体权的请求权的主体，因为法律保护自然人的先期法益。胎儿的身体和健康，应当受法律保护。另外，死者的遗体、遗骨也受法律保护。正如立法机关所言，虽然自然人死亡之后不再享有身体权，但是，自然人死亡之后的遗体、遗骨和骨灰也应受到尊重。[②]

2. 身体权存在的固有性。身体是自然人享受法律人格的物质基础，离开了身体，自然人无任何权利可言，不能具备法律上的人格。生命权是人的第一位重要的人格权，但是，生命的物质载体是身体，没有身体，生命则不存在。自然人身体权以身体为客体，最重要的就是保持其身体整体的完全性、完整性。任何人破坏自然人身体的完整性，都构成对自然人身体权的侵害。例如：甲、乙、丙三人是朋友关系。某年夏天，甲、乙两人想剃光头，丙不愿意剃光头，甲、乙两人趁丙在夜里熟睡之机，将丙头发剃光。丙表示十分气愤，拟以侵犯身体权为由起诉，要求赔偿精神损害。丙被人强行剃光头发，丙的诉讼请求能否受理，丙可否请求损害赔偿？本案中，甲、乙两人在丙明示反对的情况下，以不正当的手段，将丙的头发剃光，虽然没有造成丙身体上的痛楚，但侵害了其身体的组成部分，使得丙的身体的完整性受到了损害。很显然这里侵犯的不是丙的生命健康权，更不是名誉权，而是身体权。

3. 身体权客体的多元性。具体表现为：任何殴打、搜查、侵扰、破坏的方式都是侵害自然人的身体权的行为；自然人有权决定是否捐献自己身体的体液、器官、其他组织和死后的遗体；自然人有权拒绝克隆自己的要求等。传统理论并不认为身体权中包含自然人对自己肢体、器官和其他组织的支配权，只承认身体完整性不得破坏，不得将身体的组成部分予以转让。但是随

---

① 参见何志：《侵权责任判解研究与适用》，人民法院出版社2009年版，第237—238页。

② 黄薇主编：《中华人民共和国民法典解读·人格权编》，中国法制出版社2020年版，第63页。

着科学技术的发展和现代法律伦理的进化，允许自然人将属于自己身体组成部分的血液、皮肤、脊髓甚至个别器官转让给他人。这种转让，正是体现自然人对其身体组成部分的器官、组织的支配权。它表明，对于自然人身体的上述器官、组织，只有自然人本人才享有支配的权利，任何人都无权决定其转让。如果他人违背自然人自己的意志，强行索取、使用自然人身体的组成部分，就是侵害了自然人对身体组成部分的支配权。

4. 身体权内容的有限支配性和绝对性。自然人在有限的范围内有支配自己身体的权利。权利人在社会道德、公共利益及法律强制性规定的范围内对自己的身体有处分身体完整利益的权利。

5. 侵害身体权的请求权的特殊性。侵害他人身体的，应当承担赔礼道歉、停止侵害、赔偿损失等侵权责任。这是通常采取的责任形式。侵害身体权但未造成严重后果，可以根据情形判令侵权人停止侵害、恢复名誉、消除影响、赔礼道歉。采取侮辱、殴打、非法搜查等手段侵害他人身体的，受害人应该有权请求精神损害赔偿。

## 三、身体权的内容

根据《民法典》关于身体权的规定，身体权的内容包括如下几个方面：

1. 身体完整保持权。身体权是公民维护其身体完整性的权利，但因保全身体的主要机能而对其他部分造成损伤的情势，则发生行为违法性阻却的效力，如医生为挽救病人的生命而将其受伤的手掌切除，此时医生的行为因其目的正当而不具有民法上的应受非难性。

侵害身体权，就是侵害身体组成部分的完整性，包括身体组成部分的实质性完整和形式上完整。在实际生活中，侵害身体权的情况并不鲜见。如一些医院非法处置产妇胎盘，将其私自出卖。

2. 身体组成部分的有限支配权。曾有人认为，身体权仅为维护身体完整的权利，但随着民法理论的发展，通行的理论已承认公民对其身体组织，包括肢体、器官、血液、毛发等享有支配权，例如，公民为美容需要剪短自己的头发，为挽救伤者自愿捐出骨髓等情况，就是公民对自己的身体组织行使支配权，他当然可以将这些身体组织抛弃，也可以让与他人，但这些行为必须经自然人本人同意或由其亲自实施，“如果违背公民自己的意志强行索取，使用公民身体的组成部分，就是侵害了公民对其身体组成部分的支配权。”[①] 对此，《民法典》第一千零七条第一款规定：“禁止以任何形式买卖人体细胞、人体组织、人体器官、遗体。”第二款规定：“违反前款规定的买卖行为无效。”

## 四、身体权、生命权与健康权的联系与区别

身体权与生命权、健康权密切相关，侵害自然人的身体往往导致对自然人健康的损害，甚至剥夺自然人的生命。但生命权、健康权和身体权所保护的自然人的具体人格利益有所区别。因此说，身体权与生命权、健康权既有紧密的联系，也有明显的区别：身体权与生命权、健康权的联系十分紧密，侵害他人身体权达到一定程度，也会构成侵害生命权和健康权。生命依附于身体而存在，身体依赖于生命的存在而存活。但是侵害二者的损害事实明显不同，救济权的内容也大有不同，因此，生命权与身体权在法律意义上是十分容易区分的。

比较难以区分的是身体权和健康权。有的国家立法甚至对二者没有加以区分。身体权是公民对其肢体、器官和其他组织的支配权。健康权是自然人以其器官乃至整体的功能利益为内容的人格权，它的客体，是人体器官及系统乃至身心整体的安全运作，以及功能的正常发挥。二者的区别：一是身体权的客体是身体，健康权的客体是健康；二是身体权体现的利益是自然人身体组织的完整性，健康权体现的利益是自然人肌体功能的完善性；三是身体权是自然人对自己身体组成部分的支配权，健康权则没有明显的支配性质。身体权所保护的是肢体、器官和其他组织的完满状态，而健康权所保护的是各个器官乃至整个身体的功能健全。在具体案例上，这一区别可以看得很清楚。例如，使用谩骂、诋毁或者其他心理手段，致他人患心理疾病者，所侵害的是他人的健康权，而不是身体权。相反，殴打他人致人肌肉或软组织损害，经治疗而痊愈，并无后遗症者，所侵害的是公民的身体权，而不是健康权。侵害身体权的行为通常表现为殴打，以及机器、机动车、动物、建筑物等导致的物理伤害。而救济手段则是正当防卫、紧急避险以及停止侵害、排

---

① 王利明主编：《中国民法案例与学理研究》，法律出版社 2003 年版，第 24—25 页。

除妨碍、恢复原状和损害赔偿请求权。[①]

## 五、人体捐献

捐献的人体，可以是用于移植，也可以是用于医学的研究。将捐献的人体细胞、人体组织、人体器官，移植给病人或者生命垂危的患者，延长了许多人的生命，并极大提高了其生活质量。人体捐献，为国际通例，且多有立法规定。国务院和原卫生部分别在 2007 年和 2009 年颁布了《人体器官移植条例》和《关于规范活体器官移植的若干规定》，2023 年 12 月 4 日国务院颁布了《人体器官捐献和移植条例》，原《人体器官移植条例》自 2024 年 5 月 1 日新法施行起废止。法规中开宗明义地规定，人体器官捐献应当遵循自愿、无偿的原则，公民享有捐献或者不捐献其人体器官的权利；任何组织或者个人不得强迫、欺骗或者利诱他人捐献人体器官。立法机构认为，考虑到人体捐献有利于医学研究和救治他人，应当予以鼓励。为了给人体捐献和移植提供一个有序的、符合伦理标准并且可接受的框架，规范人体捐献，保证医疗质量，保障人体健康，发扬人道主义精神，引导民众移风易俗，促进社会主义物质文明和精神文明建设，有利于移植临床救治和医学的发展，为目前的有关规定提供效力层次较高的规范基础，在综合考虑多方面意见的基础上，本法吸收了国务院人体器官移植条例的相关内容，借鉴比较立法例，对人体捐献予以规定，并设定了严格的条件。[②]对此，《民法典》第一千零六条规定："完全民事行为能力人有权依法自主决定无偿捐献其人体细胞、人体组织、人体器官、遗体。任何组织或者个人不得强迫、欺骗、利诱其捐献。完全民事行为能力人依据前款规定同意捐献的，应当采用书面形式，也可以订立遗嘱。自然人生前未表示不同意捐献的，该自然人死亡后，其配偶、成年子女、父母可以共同决定捐献，决定捐献应当采用书面形式。"据此，人体捐献需满足以下条件：

1. 捐赠者须为完全民事行为能力人。本条规定捐赠者必须是完全民事行为能力人。该规则主要是为了保护未成年人。未成年人因其不具有完全行为能力，

---

① 何志：《侵权责任判解研究与适用》，人民法院出版社 2009 年版，第 239—240 页。

② 黄薇主编：《中华人民共和国民法典解读 · 人格权编》，中国法制出版社 2020 年版，第 70 页。

且身体正处于发育状态，允许未成年人捐赠器官可能影响其未来身心发展，因此法律将捐赠者限于完全民事行为能力人，是为了强化对未成年人的保护。《人体器官捐献和移植条例》第九条规定，具有完全民事行为能力的公民有权依法自主决定捐献其人体器官。公民表示捐献其人体器官的意愿，应当采用书面形式，也可以订立遗嘱。公民对已经表示捐献其人体器官的意愿，有权予以撤销。公民生前表示不同意捐献其遗体器官的，任何组织或者个人不得捐献、获取该公民的遗体器官；公民生前未表示不同意捐献其遗体器官的，该公民死亡后，其配偶、成年子女、父母可以共同决定捐献，决定捐献应当采用书面形式。第十条规定，任何组织或者个人不得获取未满 18 周岁公民的活体器官用于移植。据此，未成年人和其他不具有完全民事行为能力人的活体人体细胞、人体组织、人体器官不得被捐献用于移植。当然，16 周岁以上的未成年人以自己的劳动收入为主要生活来源的，视为完全民事行为能力人。

2. 人体捐献须为自愿捐献。从比较法的角度看，关于人体捐献有不同的立法模式。在活体器官捐献的场合下，各国法律通常规定捐献人要作出明示同意器官捐献的意思表示。在遗体器官捐献中，有的立法例采用与活体器官捐献相同的明示同意的模式，有的国家采用“推定同意”模式，即推定该国家所有公民都同意在死后捐献器官。我国立法采明示同意模式，规定无论是活体器官捐献还是遗体器官捐献均需当事人作出明确同意的意思表示。体现了对于器官捐献人的自由和尊严的维护以及身体权的保护，也是意思自治原则在器官捐献领域的体现。[①]

3. 捐献意思表示须以书面形式或者遗嘱形式作出。因器官捐献涉及自然人重大人格利益，为确保体现捐献人真实意思，法律规定决定无偿捐献其人体细胞、人体组织、人体器官、遗体，需以书面形式或者遗嘱方式作出，配偶、成年子女、父母共同决定捐献的，亦需以书面方式作出。在遗体器官组织或者遗体捐献中，如果是采用遗嘱方式捐献的，审判实践中需注意审查遗嘱的效力如何，是否为有效的遗嘱。

4. 人体捐献须为无偿捐献。此处所说的无偿，是指不能通过捐献行为而获

---

① 最高人民法院民法典贯彻实施工作领导小组主编：《中华人民共和国民法典人格权编理解与适用》，人民法院出版社 2020 年版，第 156 页。

取一定的经济利益，否则将使捐献行为成为实质上的买卖行为。这里所说的无偿主要是强调两者之间不存在对价关系。[①] 自然人的生命身体健康等人格利益是无价的，无法用金钱衡量。如果以金钱来衡量器官价值，将人体器官视为可以被等价交换的物，将违背器官捐献的伦理性和道德性，有违人格尊严这一基本价值，也有违公序良俗。同时，也会引发道德风险，甚至诱发犯罪行为。《民法典》第一千零七条第一款明确规定，禁止以任何形式买卖人体细胞、人体组织、人体器官、遗体。《人体器官捐献和移植条例》第六条规定，任何组织或者个人不得以任何形式买卖人体器官，不得从事与买卖人体器官有关的活动。

## 六、禁止人体买卖

我国法律法规严格禁止人体器官买卖，《刑法》第二百三十四条之一第一款规定："组织他人出卖人体器官的，处五年以下有期徒刑，并处罚金；情节严重的，处五年以上有期徒刑，并处罚金或者没收财产。"《人体器官移植条例》第三条规定："任何组织或者个人不得以任何形式买卖人体器官，不得从事与买卖人体器官有关的活动。"因此，在我国从事人体器官买卖的行为是非法的。《民法典》第一千零七条进一步明确规定："禁止以任何形式买卖人体细胞、人体组织、人体器官、遗体。违反前款规定的买卖行为无效。"

其实，《民法典》第一百五十三条规定，违反法律、行政法规的强制性规定或者公序良俗的民事法律行为无效。据此，人体器官的买卖，违反了《刑法》和行政法规《人体器官移植条例》的禁止性规定，自然属于无效民事法律行为。《民法典》第一千零七条第二款明确规定，买卖人体行为无效。虽然买卖人体行为无效，但是如果人体组成部分已经被移植，则不能适用返还原则。当然，不影响行为人依据法律规定承担行政责任和刑事责任。

应当注意的是，应当将人体买卖和依据法律规定对捐赠人或者近亲属的补偿或者救助、各种成本的补偿区分开。如《献血法》第十四条规定，"公民临床用血时只交付用于血液的采集、储存、分离、检验等费用；具体收费标准由国务院卫生行政部门会同国务院价格主管部门制定。无偿献血者临床需要用血时，免交前款规定的费用；无偿献血者的配偶和直系亲属临床需要

---

① 王利明：《人格权重大疑难问题研究》，法律出版社2019年版，第408页。

用血时，可以按照省、自治区、直辖市人民政府的规定免交或者减交前款规定的费用”。

## 七、人体临床试验与医学科研活动

### （一）人体临床试验

人体临床试验，又称为人体实验，是指在病人或健康志愿者等受试者的人体上进行系统性研究，以了解新药、医疗器械或者发现新的预防和治疗方法的疗效与安全性。① 为了保护人的生命和健康，维护受试者的人格尊严，尊重和保护受试者的合法权益，促进人体临床试验的规范开展，《民法典》第一千零八条对此作了明确规定：“为研制新药、医疗器械或者发展新的预防和治疗方法，需要进行临床试验的，应当依法经相关主管部门批准并经伦理委员会审查同意，向受试者或者受试者的监护人告知试验目的、用途和可能产生的风险等详细情况，并经其书面同意。进行临床试验的，不得向受试者收取试验费用。”

根据《民法典》第一千零八条的规定，人体临床试验应当具备如下条件：

1. 人体临床试验应当依法经相关主管部门批准并经伦理委员会审查同意。《药品管理法实施条例》第二十九条规定，药物临床试验、生产药品和进口药品，应当符合《药品管理法》及本条例的规定，经国务院药品监督管理部门审查批准；国务院药品监督管理部门可以委托省、自治区、直辖市人民政府药品监督管理部门对申报药物的研制情况及条件进行审查，对申报资料进行形式审查，并对试制的样品进行检验。具体办法由国务院药品监督管理部门制定。根据《药品管理法》第二十条第二款规定，伦理委员会应当建立伦理审查工作制度，保证伦理审查过程独立、客观、公正，监督规范开展药物临床试验，保障受试者合法权益，维护社会公共利益。

2. 须保障受试者的知情权。人体医学临床试验对医学的进步是必要的，但临床试验本身包含了极大的风险，因为关系到个人的生命、健康等。所

---

① 黄薇主编：《中华人民共和国民法典解读 · 人格权编》，中国法制出版社 2020 年版，第 80 页。

以，实验者须向受试者或者受试者的监护人告知试验目的、用途和可能产生的风险等详细情况，此规定为列举加兜底的规定方式。至于“等详细情况”应当包括哪些内容，法律并未明确规定。《药物临床试验质量管理规范》第二十四条规定：“知情同意书和提供给受试者的其他资料应当包括：（一）临床试验概况。（二）试验目的。（三）试验治疗和随机分配至各组的可能性。（四）受试者需要遵守的试验步骤，包括创伤性医疗操作。（五）受试者的义务。（六）临床试验所涉及试验性的内容。（七）试验可能致受试者的风险或者不便，尤其是存在影响胚胎、胎儿或者哺乳婴儿的风险时。（八）试验预期的获益，以及不能获益的可能性。（九）其他可选的药物和治疗方法，及其重要的潜在获益和风险。（十）受试者发生与试验相关的损害时，可获得补偿以及治疗。（十一）受试者参加临床试验可能获得的补偿。（十二）受试者参加临床试验预期的花费。（十三）受试者参加试验是自愿的，可以拒绝参加或者有权在试验任何阶段随时退出试验而不会遭到歧视或者报复，其医疗待遇与权益不会受到影响。（十四）在不违反保密原则和相关法规的情况下，监查员、稽查员、伦理委员会和药品监督管理部门检查人员可以查阅受试者的原始医学记录，以核实临床试验的过程和数据。（十五）受试者相关身份鉴别记录的保密事宜，不公开使用。如果发布临床试验结果，受试者的身份信息仍保密。（十六）有新的可能影响受试者继续参加试验的信息时，将及时告知受试者或者其监护人。（十七）当存在有关试验信息和受试者权益的问题，以及发生试验相关损害时，受试者可联系的研究者和伦理委员会及其联系方式。（十八）受试者可能被终止试验的情况以及理由。（十九）受试者参加试验的预期持续时间。（二十）参加该试验的预计受试者人数。”实验者告知相关情况的对象为受试者或者其监护人。自然人作为患者，在医疗法律关系中享有知情决定权，医疗机构及医务人员负有告知义务。在受试者为无民事行为能力人或者限制民事行为能力人的情形下，进行医学试验必须经受试者监护人的同意。如果实验者未尽到相关的告知义务，则受试者的同意并不能产生相应的法律效力，在试验行为造成受试者损害的情形下，受试者有权请求实验者承担相应责任。

3. 须经受试者或者监护人书面同意。在法律上，同意可以明示或默示，明示又有口头、书面形式之分。临床试验对自然人生命身体健康具有重大影响，关系自然人重大利益，为充分保护受试者的知情同意权，确保受试者充分了解相关信息，法律要求进行临床试验，需要经受试者或者其监护人书面同意，这样也有利于相关信息或者证据的留存。

4. 临床试验不得向受试者收取试验费用。受试者参与人体试验的主要目的是利他的，应予以尊重和保护，应当遵循免费原则。

### （二）医学科研活动

与人体基因有关的医学和科研活动，包括基因鉴定、基因制药、基因诊断、基因治疗、基因编辑、基因克隆等。与人体胚胎有关的医学和科研活动，包括与人体胚胎干细胞等有关的治疗性研究和生殖性研究。与人体基因和胚胎等有关的医学和科研活动是生命科学研究的重要组成部分，将极大地改变人类生命和生活面貌，为改善个人和全人类的健康状况开辟了广阔的前景。但是，任何事物都有两面性，与人体基因、人体胚胎等有关的医学和科研活动可能带来人体生命健康安全和伦理道德方面的风险，甚至对人类产生重大的潜在危险。[①] 为此，《民法典》第一千零九条规定："从事与人体基因、人体胚胎等有关的医学和科研活动，应当遵守法律、行政法规和国家有关规定，不得危害人体健康，不得违背伦理道德，不得损害公共利益。"

根据《民法典》第一千零九条的规定，从事与人体基因、人体胚胎等有关的医学和科研活动应当做到：

1. 遵守法律、行政法规和国家有关规定。世界上大多数国家都禁止以研究人类为目的，运用基因编辑技术改造人类遗传细胞，允许以治疗疾病为目的的人体胚胎基因编辑。《人口与计划生育法》第三十九条规定："严禁利用超声技术和其他技术手段进行非医学需要的胎儿性别鉴定；严禁非医学需要的选择性别的人工终止妊娠。"2016 年《涉及人的生物医学研究伦理审查办法》第四条规定，伦理审查应当遵守国家法律法规规定，在研究中尊重受试者的自主意愿，同时遵守有益、不伤害以及公正的原则。第十八条规定，涉及人的生物医学研究应当符合知情同意、控制风险、免费和补偿、保护隐私、

---

① 黄薇主编:《中华人民共和国民法典解读 · 人格权编》，中国法制出版社 2020 年版，第 87 页。

依法赔偿以及特殊保护六方面伦理原则。2003 年《人胚胎干细胞研究伦理指导原则》第四条规定，禁止进行生殖性克隆人的任何研究。第六条规定，进行人胚胎干细胞研究，必须遵守以下行为规范：（1）利用体外受精、体细胞核移植、单性复制技术或遗传修饰获得的囊胚，其体外培养期限自受精或核移植开始不得超过 14 天。（2）不得将前款中获得的已用于研究的人囊胚植入人或任何其他动物的生殖系统。（3）不得将人的生殖细胞与其他物种的生殖细胞结合。这些均属于与人体基因、人体胚胎等有关医学和科研活动相关的法律、行政法规和国家有关规定，从事相关活动，应当遵守。

2. 不得危害人体健康。人类基因编辑研究具有"双刃剑"效果。就自然人外在身体的一致性或完整性而言，基因编辑技术的运用会导致人体基因完整性和物种完整性的损害，因为基因编辑技术的核心即在于通过删除、插入、替换、激活或关闭人体内的目标基因从而达到定向修饰的目的。如果技术已经到位，那么对于已经饱受病痛折磨的个人而言，利用基因编辑技术对其进行救治在道德上是完全正当的，甚至是必需的。但是，如果一项技术尚未成熟就适用于人体，就会对人的生命身体带来极大的风险。从事与人体基因、人体胚胎等有关的医学和科研活动，应以不损害人体健康为限。

3. 不得违背伦理道德，不得损害公共利益。基因编辑可能会对引起疾病的基因有积极的结果，但也可能因"优化"人类而使问题更加复杂，甚至有害于人的健康，出现复杂的伦理、道德和法律问题。尤其是在人工智能技术发展的今天，如果超越伦理、道德和法律的界限，就有可能形成对人类的威胁甚至灾难。《涉及人的生物医学研究伦理审查办法》第七条规定，从事涉及人的生物医学研究的医疗卫生机构是涉及人的生物医学研究伦理审查工作的管理责任主体，应当设立伦理委员会，并采取有效措施保障伦理委员会独立开展伦理审查工作。医疗卫生机构未设立伦理委员会的，不得开展涉及人的生物医学研究工作。各国对克隆人技术的禁止、对基因编辑的严格限制规定，均是基于对伦理道德和人类安全的考虑。①

① 参见最高人民法院民法典贯彻实施工作领导小组主编：《中华人民共和国民法典人格权编理解与适用》，人民法院出版社 2020 年版，第 173—174 页。

## 八、不得非法剥夺、限制他人行动自由以及非法搜查他人身体

我国《宪法》明确规定了公民享有人身自由的权利，《刑法》《刑事诉讼法》《行政处罚法》《治安管理处罚法》《妇女权益保障法》等法律对保障人身自由均有相关规定。为了进一步落实《宪法》的规定和精神，加强对自然人人身自由的保护，《民法典》第一千零一十一条规定，以非法拘禁等方式剥夺、限制他人的行动自由，或者非法搜查他人身体的，受害人有权依法请求行为人承担民事责任。

根据《民法典》第一千零一十一条的规定，非法剥夺、限制他人行动自由，非法搜查他人身体的构成要件如下：

1. 存在违法行为。以非法拘禁等方式剥夺、限制他人的行动自由。行为人实施了非法剥夺、限制他人行动自由的行为。我国法律赋予了公安机关、人民检察院、人民法院强行剥夺和限制他人人身自由的权力，但使用权力时必须严格遵守法律程序。其他任何组织和个人都无此权力。在实践中，非法搜查他人身体多发生在经营者和消费者之间。有些经营者以商品失窃为由，搜查消费者身体及其携带的物品，给消费者造成了极大的侵扰，增加了心理负担。为了保证消费者在购物时能有一个宽松的环境及愉快的心情，《消费者权益保护法》第二十七条将“不得搜查消费者的身体及其携带的物品”作为经营者的一项义务规定下来。在倪某璐、王某诉某贸易中心侵害名誉权纠纷案中，法院认为：“被告的工作人员怀疑二原告偷拿了市场的货物……在公众场合叫住二原告，问其是否将未交费的货物带出市场……被告的工作人员的上述行为，已严重侵害了二原告依法享有的名誉权。”①

2. 存在损害后果。非法剥夺、限制他人行动自由以及非法搜查他人身体的损害事实或者后果通常表现为自然人的人身自由在一定范围内受到了限制。行动自由是身体权的重要内容，自然人因行为人的非法拘禁等行为无法依据自己的自由意志支配行动，其保持行动自由状态的权利受到侵害，本身就是损害事实或者损害后果。自然人的行动自由受到非法剥夺、限制或者受到非法的人身搜查，有时会造成财产损失，比如被非法拘禁导致受害人误工

---

① 详见《最高人民法院公报》1993 年第 1 期（总第 22 期）。

费损失；必然会造成精神上的痛苦、不安或损伤，导致精神损害。因此，非法拘禁等行为使得他人的行动自由受到限制或者剥夺，即认定有损害后果。以非法拘禁等方式剥夺、限制他人的行动自由的行为可能造成他人人身损害，同时侵害他人健康权等人身权益。

3. 侵权行为与损害后果之间有因果关系。因果关系是侵权责任的重要构成要件。在此类纠纷案件中，非法剥夺、限制他人的行动自由或者非法搜查他人身体的行为为“因”，他人行动自由或者人身自由处于被剥夺限制的状态及其造成的其他损害为“果”。

4. 行为人主观上有过错。以非法拘禁等方式剥夺、限制他人的行动自由，或者非法搜查他人身体的行为属于一般侵权行为，行为人在实施此类行为时，主观上应具有故意或者过失，其归责原则应为过错责任原则。

## 九、侵害身体权的民事责任

1. 侵害身体权民事责任的构成要件是：（1）侵害身体权的行为须有违法性的要件。（2）侵害身体权的行为必须造成身体的损害事实。（3）侵害身体权的违法行为必须与身体权损害事实之间具有因果关系。（4）受害人在主观上具有过错。只有在法律有明文规定适用无过错责任原则的情况下，无过错才应当承担责任。

2. 侵害身体权的主要表现形式。凡是具备以上侵害身体权责任构成要件的行为，行为人即应当承担民事责任。归纳起来，构成侵权责任的侵害身体权的行为，主要是以下几种：（1）非法搜查自然人身体，侵害了身体的形式完整。（2）非法侵扰自然人身体，是对自然人身体以外力进行非法干扰，是对自然人维护自己身体安全以及支配权的侵害。（3）对身体组织不疼痛的破坏，如强行抽取他人血液，对于可以构成身体组成部分的不可以自由装卸的假肢、假牙等的破坏等。（4）不破坏身体组织的殴打。（5）不当外科手术，不合手术方法或治疗目的及施行过度，致侵害患者身体的，仍属于对身体的侵害。（6）损害尸体，破坏遗骨、骨灰。如四川涪陵某公司委托某劳动就业办公室招收出国渔工、船上厨师，工资每月 130 美元至 180 美元。当应征渔工缴纳 3845 元费用、接受培训合格后将要签订合同时，就业办告知必须割掉阑尾才能签订合同，不然保证金和办证所需费用 2000 元不能退回。这些应征渔工骑虎难下，又被宣传说割掉阑尾不会影响身体，于是被迫怀着恐惧割掉阑尾。自 1993 年至 2000 年 8 年中，就业办派出境外做渔工的千余名重庆和四川民工，均做了阑尾切除手术。[①] 切除阑尾并不损害自然人的健康权，但是强迫他人为该行为就构成了对他人身体权的侵害。

3. 对身体权的保护方法主要是精神损害抚慰金。对自然人身体权造成侵害，应当主要采用精神损害抚慰金赔偿的方法进行保护。详言之：（1）坚持财产损失全部赔偿的原则，对于造成财产损害的侵害身体权行为，责令加害人予以赔偿。对于这种损害，造成医疗费、误工费损失以及其他损失的，应予全部赔偿。对此，与侵害健康权的赔偿办法是相同的。（2）对于难以确定损失价值的身体损害，应当参照相当标准确定适当的赔偿数额。对于侵害自然人身体权，没有造成伤害后果，例如殴打未致伤害、非法搜查身体、非法侵扰身体等行为，也应当比照相应的标准，确定赔偿的方法和范围。（3）受害人请求加害人承担赔礼道歉、停止侵害等精神性民事责任的，应当准许。

## 十、对案例 16、案例 17 的简要评析

1. 对案例 16 的简要评析

在本案中，案由定性为身体权纠纷，涉及案涉事故的责任主体、责任承担比例问题。

关于案涉事故的责任主体问题。彭某 1 和王某 1 均为未成年人，属于限制民事行为能力人。彭某 1 在上行通道中逆向下滑，与王某 1 相撞，造成王某 1 受伤，则彭某 1 和王某 1 为事故的责任主体。因为两人均为未成年人，则由他们的法定代理人（即监护人）作为涉案的责任主体。原告是受害人本人王某 1，其监护人作为法定代理人参加诉讼即可。被告是彭某 1 和彭某 1 的监护人，彭某 1 个人有财产的可在判决生效后直接从其财产中支付，不足部分由其法定代理人即监护人承担补充责任。同时，本案还涉及体育公司是否尽到安全保障义务问题，亦应当作为责任主体的被告参加诉讼。

关于涉案责任的承担比例问题，即过错责任问题。在本案中，适用侵权

---

① 《外派渔工割阑尾》，载《重庆经济报》2003 年 12 月 28 日。

责任的一般归责原则，即过错责任原则。根据《民法典》第一千一百八十八条“无民事行为能力人、限制民事行为能力人造成他人损害的，由监护人承担侵权责任。监护人尽到监护职责的，可以减轻其侵权责任。有财产的无民事行为能力人、限制民事行为能力人造成他人损害的，从本人财产中支付赔偿费用；不足部分，由监护人赔偿”的规定，王某1法定代理人明知王某1年龄较小，仍然让其进行高风险的游玩项目，且在王某1游玩时并不在场监护，应自行承担一定的责任。被告彭某1逆向下滑，造成王某1身体权受到损害，存在主要过错，应当由彭某1及其监护人承担主要过错责任。根据《民法典》第一千一百九十八条第二款“因第三人的行为造成他人损害的，由第三人承担侵权责任；经营者、管理者或者组织者未尽到安全保障义务的，承担相应的补充责任”的规定，负有安全保障义务的体育公司未尽到相应的安全保障义务，应当承担相应的补充责任。

法院综合本案事故发生各方的行为及过错程度，认定的各方当事人应当承担的责任比例及责任性质，有事实和法律依据，比例适当。

2. 对案例17的简要评析

在本案中，消费者遭遇非法搜身的情形，在现实生活中并不多见，但这种行为对他人人格尊严的漠视，让受害人感到“羞辱”，令人极其反感。

首先，超市保安人员的检查行为系侵权行为。《消费者权益保护法》第十四条规定：“消费者在购买、使用商品和接受服务时，享有人格尊严、民族风俗习惯得到尊重的权利……”《民法典》第一千零一十一条规定：“以非法拘禁等方式剥夺、限制他人的行动自由，或者非法搜查他人身体的，受害人有权依法请求行为人承担民事责任。”本案中，超市保安在无合法缘由的情况下将肖先生拦下检查，侵犯了肖先生的人身自由，损害了其人格尊严，因此构成侵权。

其次，超市应当对肖先生的损害承担赔偿责任。因侵权行为导致他人损害的，侵权人应当承担民事赔偿责任。本案中，超市保安无正当理由怀疑肖先生购物未付款而将其拦下检查，双方发生纠纷诱发肖先生高血压脑出血，致使出现右上下肢瘫痪的严重后果。对此损害后果，肖先生自身的疾病当然是根本原因，但保安的行为与该损害后果之间也存在因果关系，应当按照过错程度承担赔偿责任。同时，保安的行为属职务行为，根据有关规定，法人或者其他组织的工作人员在执行职务中致人损害的，由该法人或者其他组织承担民事责任，因此，本案应当由超市对顾客的损害承担赔偿责任。

最后，在承担责任的类型上，一方面，超市保安的行为与肖先生的损害后果存在因果关系，超市应当对其直接经济损失承担赔偿责任，对此应无异议；另一方面，由于超市保安的行为系对肖先生人格尊严和人身自由的侵犯，根据《精神损害赔偿解释》，超市亦应承担一定的精神损害赔偿。

需要特别明确的是，本案超市搜身的准确案由是确定为身体权纠纷适当，还是确定为一般人格权纠纷适当？《民事案件案由规定》规定的“一般人格权纠纷”，具体包括自然人、法人和非法人组织享有的人格独立、人格自由和人格尊严等内容的一般人格利益，并由此产生和规定具体人格权的民事主体的基本权利。从司法实践角度来考虑，应当根据一般人格权的法律功能，在法律适用中充分发挥其司法的能动作用，对民事主体的一般人格权进行保护。就本案而言，案由确定为一般人格权纠纷是恰如其分的。

## 第三节　健康权

### 一、问题的提出

从语义学的角度看，健康是人体各器官发育良好，功能正常，体质健壮，精力充沛并且有良好的劳动状态；[①] 或者人体生理机能正常，没有缺陷和疾病。[②] 从一般的意义上说，健康是指人体生理机能、发育、体质等综合状况。从法律学的角度上说，健康是指维持人体生命活动的生理机能的正常运作和功能的完善发挥，简言之，健康所概括的，就是人体生理机能的完善性。[③] 对此，《民法典》第一千零四条规定：“自然人享有健康权。自然人的身心健康受法律保护。任何组织或者个人不得侵害他人的健康权。”

---

① 参见《辞海》，上海辞书社 1979 年缩印本，第 254 页。

② 《现代汉语词典》(修订第三版)，商务印书馆 1996 年版，第 622 页。

③ 何志：《侵权责任判解研究与适用》，人民法院出版社 2009 年版，第 227 页。

在研究健康权之前，先看两则案例：

### 案例 18：地铁安检强行“闯卡”，健康受损责任谁担[①]

上海地铁 2 号线由被告上海地铁某有限公司运营管理，被告淮安市某保安服务公司负责地铁 2 号线龙阳路站的安全保障工作。2018 年 10 月 4 日，原告张某进入地铁 2 号线龙阳路站 3 号口安检区，安检人员请原告将随身携带的小包上安检机安检，原告未予配合，并强行走向地铁闸机。该安检人员进行阻拦时原告突然倒地。事发后，原告至医院就诊，诊断结果“左膝髌骨脱位”，为此支付医疗费若干。原告认为二被告侵犯了其合法权益，故起诉至人民法院。

生效裁判认为，原告因拒绝安检遭阻拦而倒地受伤，且安检人员未使用暴力或存在其他过激行为，其阻拦原告进站系履行安检职责的行为，并无不当。被告未对原告实施侵权行为，原告要求其承担侵权损害赔偿责任缺乏依据，故判决驳回原告诉讼请求。

### 案例 19：顾客因地面光滑摔倒，健康权如何保护[②]

下着雪的一天傍晚，马某和几个朋友在陈某某开的火锅店就餐，用餐期间，马某去卫生间，当走到往卫生间转弯的台阶处时因地面光滑突然摔倒在台阶下，当时马某感觉右小腿疼痛难忍，不能站立，便让店里的工作人员去喊在一起吃饭的朋友，并叫来了陈某某，同时拨打了医院的电话，一起就餐的朋友和陈某某将马某送往医院检查，诊断结果为“右胫骨粉碎性骨折”。马某随即住院治疗，自入院至出院共住院 13 天，花费医疗费用 7000 元，之后又到医院检查及购药花费 2800 元。经司法鉴定：马某的损伤程度已构成伤残九级。

生效裁判认为，原告马某作为消费者在被告陈某某经营的火锅店内用餐

---

① 参见最高人民法院于 2023 年 8 月 2 日发布的《人民法院抓实公正与效率践行社会主义核心价值观典型案例》。

② 该案例是笔者所办的案件，对该案例的深入分析发表于《人民法院报》2008 年 7 月 4 日，读者可详细查阅。

时滑倒致伤属实，被告作为火锅店的经营者在经营过程中应当保证其提供的商品或者服务符合保障人身、财产安全的要求。由于被告未能尽到安全保障义务，服务中存在一定的瑕疵，是导致原告滑倒摔伤的原因之一，故应当对原告的损害后果承担相应的民事责任。原告作为成年人，在消费过程中应尽到安全注意义务，应当预见雨、雪天地板光滑可能摔倒的后果，却疏忽大意，是导致滑倒摔伤的又一原因，应减轻被告民事赔偿责任。符合法律规定的赔偿范围和标准共计120000元，被告陈某某承担60%的责任，即72000元。原告马某承担40%的责任，即48000元。根据原、被告双方的过错责任和原告的损伤程度，被告还应赔偿原告10000元的精神抚慰金。

在上述案例中，涉及当事人的健康权问题。试问：如何理解健康权的法律意义？健康权的具体内容有哪些？侵害健康权的民事责任如何承担？

## 二、健康权的法律意义

健康权，是指自然人以其机体生理机能正常运作和功能完善发挥，以其维持人体生命活动的利益为内容的人格权。健康权是自然人享有的以身心健康受法律保护为内容的权利，健康权是自然人重要的人格权，是一种民事权利。[①]据此，健康权与生命权、身体权属于物质性人格权，其只能由自然人享有，法人和非法人组织不能享有健康权。健康权的客体包括生理健康和心理健康。

健康权的基本法律特征是：[②]

1. 健康权以人体的生理机能正常运作和功能的正常发挥为具体内容，但不是以人体的整体构造为客体。对于健康权、身体权两大人格权的客体，即健康和身体，应当如何区分，有学者称："惟身体系肉体之构造，健康则系生理之机能。"[③]这一区分标准是简洁而适用的。但是，健康一般系通过身体构

---

① 参见黄薇主编：《中华人民共和国民法典解读·人格权编》，中国法制出版社2020年版，第64页。

② 何志：《侵权责任判解研究与适用》，人民法院出版社2009年版，第229—231页。

③ 何孝元：《损害赔偿制研究》，台湾商务印书馆1982年版，第135页。

造的完整性而实现，当人体的肉体构造遭到损害，进而损害健康者，应认定为身体损害抑或认定为健康损害，不无疑问。如断人肢体而致生理机能的不完善，应如何认定？对此，应按照民法关于身体权和健康权法律保护的分工，以认定为健康权损害为宜。关于身体损害事实的标准必须是身体构成的完整性、完全性受到损害，而对于身体机能运作的正常性及其整体功能的完善性没有明显的影响。当身体构成的完整性、完全性受到损害，并对人体机能运作的正常性及其整体功能的完善性造成损害的，当认定为对健康权的损害。

2. 健康权以维持人体的正常生命活动为根本利益，但不是以人的生命安全和生命价值为客体。健康权所体现的根本利益，在于维护人体机能的完善性，进而维持人体的正常生命活动。尽管生命和健康紧密相连，但它们不是一个概念，生命和健康同样存在于身体这一物质形态之中，相伴相存，但健康是维持人体正常生命活动的基础，当健康受到损害时，无论是发生器质性的改变，还是功能性的改变，都可以经过医治而使其康复或好转，保持人体的生命能力；而当生命权受到侵害时，生命的丧失却具有不可逆转性，是健康权和生命权的一个重要区别。此外，健康权以维持人体的正常生命活动为根本利益，但不是以生命为客体，不是保护生命安全、生命价值的利益。这是健康权与生命权的另一重要区别。在现实中，有些行为的侵害目标是健康权，但最终因健康状况的严重损害而导致生命的丧失。在这种情况下，民法不采用刑法关于伤害致死和杀人的区别，而是以最终结果论，造成死亡后果的，就是侵害生命权行为，没有造成死亡后果的，无论损伤多么严重，甚至造成受害人思维丧失的植物人后果，只要其生命尚存在，就认定其为侵害健康权的行为。

3. 健康权保护的是公民身体功能的正常发挥，使其运作、运动自主，但不是保护身体、意志不受外界约束。健康权与自由权都保护人的自主运动和自主思维，但健康权保护人的自主运动和自主思维是指人体自身的功能，这种功能决定人能够按照自己的意志去行动，去思维。自由权所保护的人的自主运动、自主思维，是指人的行为、意志不受外来的非法拘束。这两种权利的区别，从侵害行为的角度考察，可以看得更清楚。侵权行为侵害健康权，作用于人的内在因素，使其不能自主运动、自主思维，原因在于人体机能完善性的破坏和功能发挥的受限制，完全属于人体的内因。侵害自由权的行为，并不破坏人体机能和功能，而是对人的行动、意志设置外来的障碍，使人因外界的束缚或影响而不能自主行动、自主思维。

## 三、健康权的具体内容

根据法律规定，自然人享有健康权，有权维护自己的生理健康和心理健康。健康权的具体内容包括：①

1. 健康维护权。健康维护权是健康权的基本内容之一。健康维护权的首要内容是自然人保持自己健康的权利。这不仅是自然人维护自身生命、提高自己的生活质量、追求体格完美状态，同时也具有维护社会利益、提高人类生存质量的意义。保持自己的健康，就是使自己的健康状况保持完好的状态，通过体育活动提高健康水平，以及在生理机能、功能出现不正常的状态时请求医疗、接受医治的权利，使健康状况达到完好的状态或者恢复到原有的状态。这些权利的行使，不受任何他人的强制或干涉。健康维护权的另一项内容是当自然人健康权受到不法侵害时，享有的请求法律保护的权利。健康权是绝对权、对世权，权利主体以外的其他任何人都负有不得侵害的法定义务。违反这一义务，侵害他人的健康权，受害人有权依法请求加害人承担相应的民事责任。

2. 劳动能力。关于劳动能力的性质，有两种不同的认识。一种认为劳动能力是人格权，是指自然人以其脑力体力功能利益为内容的物质性人格权；另一种认为劳动能力既不是身体权的内容，也不是健康权的内容，而是一项独立的人格利益。事实上，劳动能力既不是独立的人格权，也不是独立的人格利益，而是健康权的基本内容。劳动能力就是自然人从事创造物质财富和精神财富活动的脑力和体力的总和。它无论从理论上、立法上，还是从实际需要上来说，都不是一种独立的人格权。认定劳动能力为独立的人格权，没有法律依据，也没有立法例作为依据，同时也没有实际的必要。它只是自然人从事创造物质财富和精神财富活动的脑力和体力的总和，是自然人健康权的一项基本人格利益，存在于健康权中，不具有独立人格利益的地位。首先，

① 关于健康权的三项内容，即健康维护权、劳动能力、健康支配权，读者可详细参阅杨立新：《人身权法论》（第三版），人民法院出版社 2006 年版，第 413—417 页。

劳动能力是指创造物质财富和精神财富的能力。人类社会的生产包括物质财富的生产和精神财富的生产。在所有的生产中，都必须具备劳动者、劳动工具和劳动对象这三个要素构成的生产力。而劳动者必须以具备劳动能力为前提，不具备劳动能力的人，不是劳动者，不是生产力的因素。人只有具备了创造物质财富和精神财富的能力，才具有了劳动能力。其次，劳动能力是劳动者脑力和体力的总和。进行任何创造性劳动，都必须具备脑力的因素和体力的因素，不可缺少其一。但由于创造财富的性质不同，对脑力和体力的要求有所不同。在判断劳动能力是否减少时，应当以两种能力的因素的综合考察为判断标准。

3. 健康支配权。人格权均为人格利益的支配权，健康权也具有支配权的性质。在实务上，有人认为健康权不具有支配性，原因是自然人不能随意支配其健康，更不能依其支配权而放弃健康。应当说明，权利的放弃并不是支配权的唯一内容。健康权的支配权最主要表现，就是锻炼身体，增进健康，提高生活质量。此外，自然人对健康维护权以及劳动能力的行使，以至于在健康权受到侵害时对法律保护的请求权来说，也都体现了健康权的支配性质。强制治疗、强制戒毒等强制性改善自然人健康状态的行政措施，不是对健康权支配性的强制干涉和侵犯，而是维护个人健康和公共利益的必要手段。对于患有性病、麻风病等恶性传染病患者进行强制治疗，对吸毒者进行强制戒毒，从表面上看可能违背权利人的意志，但是因为这种强制措施阻却违法而成为合法行为，当事人不得主张侵权行为。对于放弃健康的患者是否可以给予强制治疗，现行立法没有规定，但从人道主义立场出发，对拒绝接受治疗的严重病人，进行强制性治疗也是适宜的。如对严重传染病患者，即使患者放弃治疗，政府为了防止疾病的传播，为了社会公共利益的需要，必须对患者进行强制治疗。

## 四、侵害健康权的民事责任

侵害健康权不同于侵害生命权：凡是造成生命丧失后果的侵权行为，就是侵害生命权的侵权行为；虽然是侵害人体的侵权行为，但没有造成生命丧失后果的，就不是侵害生命权的侵权行为；而造成人体功能完善性发挥后果的，就是侵害健康权的侵权行为。

侵害健康权的责任构成与其他的侵权责任相同，都由主观过错、违法行为、损害事实、因果关系四要件构成。殴打、肇事、药物中毒、食物中毒、污染环境等行为，都可以认定为侵害健康权的违法行为。如备受社会各界关注的“三鹿奶粉”事件，导致婴儿肾结石，就是典型的侵害婴儿的健康权。侵害健康权的损害事实，包括三个层次：一是健康受损的事实，二是健康受损导致受害人财产利益的损失，三是精神痛苦的损害。确定侵害健康权的违法行为与损害事实之间的因果关系，应依相当因果关系理论判断。违法行为与损害结果之间依一般的社会知识经验判断，能够发生因果关系，在客观上该种行为又确实引发了这样的损害结果，即应确认其二者具有因果关系。在侵害健康权的责任构成中，故意、过失均可构成主观过错要件。在适用严格的过错责任时，过错应由受害人证明；在适用推定过错责任时，受害人不负举证责任，而由加害人证明自身无过错。适用无过错责任原则和公平责任原则，不要求有主观过错的要件。

侵害健康权所产生的法律后果，就是产生侵害健康权的侵权责任。这是民法保护健康权的基本方法。主要的责任方式，就是人身损害赔偿和精神损害抚慰金赔偿，也包括其他责任方式，如停止侵害等。

对于健康权受损害，应当赔偿治疗费、误工费、护理费、交通费、住宿费、营养费。对劳动能力丧失的赔偿，包括受害人的生活补助费，受害人支出的残疾用具费，残废者致残前抚养的间接受害人的抚养费，对于致残的伤害治疗的医疗费、误工工资、护理费等费用以及特殊治疗的医疗费等。造成精神损害的，应当赔偿精神损害抚慰金。

## 五、对案例 18、案例 19 的简要评析

### 1. 对案例 18 的简要评析

在本案中，原告的健康权受到损害，是因为强行闯地铁闸机造成的，与被告淮安市某保安服务公司没有关系。根据《民法典》第一千一百九十八条第一款“宾馆、商场、银行、车站、机场、体育场馆、娱乐场所等经营场所、公共场所的经营者、管理者或者群众性活动的组织者，未尽到安全保障义务，造成他人损害的，应当承担侵权责任”的规定，只有当淮安市某保安服务公司未尽到安全保障义务时才承担侵权责任。因此说，被告淮安市某保安服务

公司不存在未尽到安全保障义务，没有任何过错，就无须承担侵权责任。原告的诉请并无法律依据，应当被人民法院驳回其诉讼请求。

遵守社会公共秩序，既是法律制度、公序良俗的要求，也是社会文明的标尺。地铁作为市民日常出行的公共交通工具，旅客进入地铁前接受安保人员的安全检查，既是公众达成的一项社会共识，同时也事关旅客人身安全，该规则应普遍遵守。本案审理认定了公共场所合理安全保障规则的"公序"属性，明确了公共场所参与人员均应当受到规则约束。扰乱公共场所管理秩序，引发自身损害者，应当对损害后果承担相应责任。该案明确公共场所管理人在管理过程中既要注意管理方式，更要积极行使管理职责，树立了正确价值导向，有利于引导公共场所管理人积极参与社会治理，以社会主义核心价值观引领推动社会治理能力和治理水平现代化。①

2. 对案例 19 的简要评析

在本案中，在火锅店就餐的马某因去卫生间不慎摔倒，人身遭到损害，作为经营火锅店的老板陈某某与马某之间形成合同法律关系还是侵权责任法律关系？陈某某是否有过错？应否承担赔偿责任？

首先，本案是侵权责任与违约责任竞合，受害人马某选择了侵权责任。侵权责任与违约责任竞合是指同一个行为既符合侵权行为的构成要件，也符合违约责任的构成要件，因此产生了侵权的民事责任与违约的民事责任相互冲突的现象。在现实生活中，时常出现违约责任与侵权责任的竞合，确有必要将两者加以区别，从而使当事人在明晰以何种诉由起诉及可能获得的结果后作出明智选择。在本案中，马某去陈某某开办的火锅店就餐，双方之间形成了服务合同关系，在合同履行过程中，存在瑕疵，即陈某某存在违约行为，据此马某可选择服务合同法律关系请求陈某某承担违约责任。同时，陈某某未尽合理限度范围内的安全保障义务致使马某遭受人身损害，又系侵权责任，马某可依侵权责任法律关系请求陈某某承担侵权责任。由此产生了侵权责任与违约责任的竞合。依据《民法典》第一百八十六条的规定，因当事人一方的违约行为，损害对方人身权益、财产权益的，受损害方有权选择请求

① 参见最高人民法院于 2023 年 8 月 2 日发布的《人民法院抓实公正与效率践行社会主义核心价值观典型案例》。

其承担违约责任或者侵权责任。因此说，违约责任和侵权责任只能择一适用。

其次，陈某某应当承担相应的侵权责任。在本案中，陈某某作为餐饮服务行业的经营人，在雨雪天气，人们脚下常带些雪水进出带有台阶的卫生间，却没有服务员将雪水擦拭干净或专门在此招呼或扶持顾客，因此，陈某某没有尽到安全保障义务，具有明显过错，给顾客马某造成了人身损害，该损害与陈某某未尽到安全保障义务的行为之间具有因果关系，完全符合侵权责任之过错责任归责原则的构成要件，陈某某应当承担相应的赔偿责任。作为具有完全民事行为能力人的马某应当尽到注意义务而没有尽到，当然也具有一定过错，根据过错与责任相适应原则，马某自身也应当承担一定的责任。法院最终判决由陈某某承担 60% 的责任、马某承担 40% 的责任。

## 第四节　性骚扰

### 一、问题的提出

性骚扰行为，影响了受骚扰人的学习、工作和生活，侵害其人格尊严、自由，损害其形象和自尊，严重的性骚扰甚至造成受骚扰人的恐惧、自闭和盲目依赖，还可能涉及社会中的性别歧视，引起社会的较大关注。[①]《妇女权益保障法》[②]《治安管理处罚法》[③] 等对性骚扰作了禁止性规定。诚然，对性骚扰行为，需要各个领域和各个层次的法律，共同形成相互协调、相互补充的综合治理机制，其中民法的方式必不可少，其能够为防止性骚扰奠定坚实的法律基础，为受害人提供民法上的救济。据此，《民法典》在总结既有立法

---

① 黄薇主编:《中华人民共和国民法典解读·人格权编》，中国法制出版社 2020 年版，第 91 页。

② 《妇女权益保障法》第二十三条第一款规定:“禁止违背妇女意愿，以言语、文字、图像、肢体行为等方式对其实施性骚扰。”

③ 《治安管理处罚法》第四十二条第（五）项和第四十四条中规定，多次发送淫秽信息，干扰他人正常生活的，或者猥亵他人、在公共场所故意裸露身体的，应当受到治安管理处罚。

和司法实践经验的基础上，对性骚扰问题予以回应，明确了性骚扰的认定标准，并规定了相应的行为义务。[①]《民法典》第一千零一十条规定：“违背他人意愿，以言语、文字、图像、肢体行为等方式对他人实施性骚扰的，受害人有权依法请求行为人承担民事责任。机关、企业、学校等单位应当采取合理的预防、受理投诉、调查处置等措施，防止和制止利用职权、从属关系等实施性骚扰。”

在研究性骚扰之前，先看两则案例：

## 案例 20：“我们订双床房不”能否认定性骚扰[②]

原告周某某与被告徐某某系销售合作伙伴关系，2021 年 9 月 10 日两人外地出差过程中，徐某某向周某某发送“我们订双床房不”的微信内容，周某某当即制止。同年 9 月 15 日，徐某某向周某某发送“我好想你！”的信息，周某某明确告知徐某某停止骚扰，并拉黑徐某某微信及告知徐某某终止合作。但徐某某继续发送“我保证从今天开始不喝白酒！”“感觉到，你自己本人都不合作，其他人找我，也就没有什么意思了！”“你还好吧！”等短信。周某某认为徐某某的言行已经构成性骚扰，诉至法院要求判令徐某某书面赔礼道歉并赔偿精神损失抚慰金人民币 5 万元。

生效裁判认为，从社会主义核心价值观特别是“文明、和谐、法治、友善”的内涵层次考虑，依照《民法典》第一千零一十条的规定，被告徐某某向原告周某某发送“我们订双床房不”的内容，属于性暗示。在原告明确表示不满并制止后，被告又连续向原告发送多条信息。虽然这些信息不具有性含义、性暗示内容，但与之前的行为在时间上具有连续性，在内容上具有关联性，可以认定属于对之前行为的延续，故被告的行为构成性骚扰，遂判决被告向原告赔礼道歉并支付精神抚慰金人民币 5000 元。宣判后，原、被告均未提出上诉，判决已发生法律效力。

---

① 黄薇主编:《中华人民共和国民法典解读·人格权编》，中国法制出版社 2020 年版，第 91—92 页。

② 江西省高级人民法院发布 2022 年度全省法院贯彻实施民法典十大典型案例之八：《民法典》第一千零一十条第一款认定构成性骚扰之案例——周某某诉徐某某性骚扰纠纷案。

### 案例 21：经理对性骚扰“火上浇油”，单位能否解除劳动合同[①]

郑某系某自动化控制（中国）有限公司渠道销售经理。2018 年 8 月 30 日，郑某的下属女员工任某与郑某的上级邓某（已婚）不睦，郑某因此与任某进行谈话。任某告知郑某，邓某曾向其多次发送涉及性骚扰的言语，并向郑某出示相关聊天记录。郑某不仅没有帮助任某，甚至有意撮合任某和邓某，更是在任某拒绝性骚扰后对其进行打击报复，以“不合群”为由向公司建议与任某解除劳动合同。公司介入调查后，出具《单方面解除函》，以郑某未尽经理职责，在下属反映遭受间接上级骚扰后没有采取任何措施帮助下属不再继续遭受骚扰，反而对下属进行打击报复，在调查过程中就上述事实做虚假陈述为由，单方解除劳动合同。后郑某提起仲裁和诉讼，要求公司支付违法解除劳动合同赔偿金。

生效裁判认为，根据查明的事实，郑某在明知任某遭上司性骚扰一事后，未尽其职责提供应有的帮助，反而作出不恰当的评论并有意撮合，后来还实施报复行为，在无合理理由的情况下向公司人事提出解除与任某的劳动关系。郑某在调查过程中虚假陈述、提供虚假信息，其上述行为违反了商业行为准则中关于经理和主管的其他义务的规定、关于不允许报复行为的规定以及有关诚信原则及配合调查的规定，遂判决驳回郑某的诉讼请求。

上述案例，均涉及性骚扰问题。试问：如何界定性骚扰？性骚扰的本质是什么？性骚扰的构成要件有哪些？性骚扰的主要类型有哪些？单位是否负有预防和防止性骚扰的义务？如何理解性骚扰的侵权责任？

## 二、性骚扰的界定[②]

近些年来，越来越多的中国人开始熟悉“性骚扰（sexual harassment）”这个外来术语。人们对性骚扰的讨论也日趋频繁。1985 年第三次世界妇女大会通过的《内罗毕战略》把“使青年妇女不受性骚扰”列为主要目标之一。中

---

① 详见上海市浦东区人民法院于 2023 年 5 月 5 日发布的典型案例。

② 参见何志：《侵权责任判解研究与适用》，人民法院出版社 2009 年版，第 294—297 页。

国加入的联合国《消除对妇女的暴力行为宣言》明确要求成员国在本国的范围内运用包括法律手段在内的一切措施去消除这种对妇女的暴力包括性骚扰。

所谓性骚扰，指不受欢迎的任何形式的具有性本质的口头、非肢体或者肢体行为。此类行为包括：（1）行为人明示或默示被侵害人顺从或拒绝该行为来作为其工作、学习、训练或者接受专业或大众服务的损益条件。（2）该项行为会冒犯被侵害人的工作、学习、训练或者接受服务的环境，或者造成一定的威胁性和敌意性。此外，不具有性本质，但属于极端仇视或贬抑某性别的言行并且符合上述第二项的标准的行为也构成性骚扰。在公共场所发生的流氓行为不应纳入法律上性骚扰的行为。各国的立法也没有把此类行为列为性骚扰。性骚扰这个法律概念出现的主要目的在于遏制在工作场所、学校、军队等机构所存在的骚扰和歧视行为，如果把发生在公共场所的各种流氓行为也纳入性骚扰的范畴，很容易导致性骚扰立法与其他法律法规的冲突，容易把性骚扰行为与其他行为（如刑法上规定的猥亵和强奸行为）相混淆。性骚扰很可能如过去的“流氓行为”而变成一个什么都可以放入的“大口袋”。在实践操作中，由于此类行为的突发性和隐蔽性，举证过程中会面临巨大的困难，甚至是不可能的。所以，可根据性骚扰的轻重程度，纳入不同的法律法规中调整。

性骚扰具有如下法律特征：

1. 被骚扰者包括男女两性，以女性为主。现实生活中，性骚扰常常基于性别不平等观念而产生，性骚扰多为男性对女性实施，尤其是在传统的男性为主的行业内更为明显。但也有男性遭受性骚扰的情况存在。

2. 性骚扰以多种形式存在。性骚扰的形式多种多样，一般包括三种方式：第一，口头性骚扰，包括开“黄腔”、讲“黄色笑话”，用下流的语言挑逗和暗示等；第二，行为性骚扰，包括碰触、抚摸异性敏感部位，诱导或强迫异性看黄色录像、图片等，以及猥亵、强暴等行为；第三，环境式性骚扰，在异性所处的环境中张贴淫秽图片、文字，展示不受欢迎的有关性的图片、文字，具有敌意和侮辱性的语言和文字等。前两种在现实生活中比较常见，加害人多采取这些方式，后一种实际上构成了敌意环境式性骚扰。

3. 性骚扰高发于工作场所，以及其他涉事双方存在不对等关系的场所中，在公共场所中也存在一定数量。

4. 性骚扰往往带来严重的后果。性骚扰对于被骚扰者带来的后果是严重的，而且也会给社会带来严重的后果。性骚扰给直接受害人带来的损害后果是多方面的。在身体方面，除了性侵犯带来的直接的身体安全的损害，大多数受害者会由于性骚扰行为引发一系列的身体上的不适，如浑身乏力、头痛、失眠、食欲下降、消化不良等。在精神方面，性骚扰往往带来情绪动荡和精神压抑，使被害人处于困扰、窘迫、屈辱、紧张以及沮丧的心理阴影中，同时性骚扰的阴影还会使被害人容易对异性产生不信任感，进而产生对社会的不信任，从而影响他们的人际关系。在经济方面，很多性骚扰都是以工作、学习上的损益为引诱或威胁，如果被骚扰人不接受交换条件，就会丧失许多机会和利益甚至失业。在婚姻方面，未婚女性由此对异性产生敌意，不利于其与异性交往；对于已婚女性容易影响夫妻感情，导致离婚。对于加害方而言，后果也是明显的。在性骚扰行为查实之前，其要面临社会和舆论的巨大压力，确认属实后，对其声誉必然带来严重损害进而影响其以后的职业生涯。而对于雇主、教育机构而言，性骚扰诉讼会带来各种相关费用增加，企业、学校声誉受损，雇佣关系和师生关系不稳定，人员流失，对企业文化和学习气氛产生负面影响。对于整个社会而言，普遍严重的性骚扰与两性平权理念背道而驰，加重了男女不平等的传统观念，对女性在求学、求职等方面造成障碍，影响婚姻关系，进而导致整个社会的两性关系发生扭曲，阻碍全社会的稳定和发展。

## 三、性骚扰的本质——侵害自然人的人格权的行为

根据学理观点，所谓性骚扰，是指以身体、语言、动作、文字或者图像等方式，违背他人意愿而对其实施的以性为取向的有辱其尊严的性暗示、性挑逗以及性暴力等行为。[①] 从世界各国和地区的立法来看，关于性骚扰的法律规制模式主要分为两种模式，即职场保护主义模式和人格权保护模式。职场保护主义模式又称为反歧视模式，采用该模式的国家有美国、英国、加拿大、澳大利亚等，其中以美国为代表。该模式的特点是：主张性骚扰是一种性别歧视；采职场主义，认为性骚扰仅限于工作场所性骚扰，对于发生于工

---

① 王利明：《人格权重大疑难问题研究》，法律出版社 2019 年版，第 414 页。

作场所以外的性方面的侵害不认为是性骚扰。该种模式通常通过反歧视法或两性平等法对性骚扰进行规制。采用人格权保护模式的有欧盟、德国、以色列、中国台湾地区等，其中以欧盟为代表，以色列对此种模式贯彻得最为彻底。人格权保护模式的特点是：认为性骚扰是对人格尊严的侵犯，即一种侵权行为，性骚扰并不限于工作场所。[①] 在我国，《妇女权益保障法》《治安管理处罚法》等单行法对性骚扰作出了禁止性规定，《民法典》作为基本法明确了性骚扰的认定标准，并规定了相应的行为义务。

对于性骚扰侵害了自然人的何种人格权问题，存在较大争议：有的观点认为，性骚扰行为的形式多种多样，不同的形式可能侵害的是不同的人格权，涉及身体权、健康权、隐私权和名誉权甚至自由权等。有的观点认为，性骚扰行为侵害的是独立的性自主权利，该权利具有人身自由和精释自由的双重因素，无法简单地被上述权利所涵盖，甚至上述权利的侵害仅仅是性骚扰的二次结果。但是，不同观点的共识在于性骚扰的侵害行为侵害了他人的人格尊严，构成了对人格权的侵权行为。[②]

同时，《民法典》第一千零一十条所规定的禁止性骚扰虽然规定于第二章中，但并不能为生命权、身体权、健康权所完全涵盖，主要是针对这一需要法律规制的特殊问题，立法基于篇章结构考虑作出的安排，其对司法的重要意义在于使相关纠纷和权利救济有了明确的请求权基础。[③]

## 四、性骚扰的构成要件

根据《民法典》第一千零一十条的规定，结合实践，性骚扰的构成要件一般包括：

1. 性骚扰的受害主体是自然人，且不分性别。在现实生活中，性骚扰的受害人多为女性。所以，《妇女权益保障法》第二十三条就规定了禁止对妇

---

① 王毅春：《民法典人格权编对性骚扰的规制路径与规则设计》，载《河南社会科学》2019 年第 7 期。

② 参见黄薇主编：《中华人民共和国民法典解读·人格权编》，中国法制出版社 2020 年版，第 92 页。

③ 最高人民法院民法典贯彻实施工作领导小组主编：《中华人民共和国民法典人格权编理解与适用》，人民法院出版社 2020 年版，第 178 页。

女实施性骚扰。但是，《民法典》第一千零一十条所规定的性骚扰并没有区分性别、年龄，无论是男性还是女性、成年人还是未成年人都有可能成为性骚扰的受害人。因此，基于《民法典》该条的规定，性骚扰不需要区分行为人与受害人系同性还是异性，是男性还是女性，均可以成为性骚扰的侵权人、受害人。

2. 性骚扰是与性有关的行为。行为人具有性意图，以获取性方面的生理或者心理满足为目的。一般而言，性骚扰是一种具有性本质的行为，与性有关的行为是性骚扰行为的主要类型。性挑逗、性贿赂、性要挟、性强迫都会构成性骚扰，其形式不限于暴力强迫，更多的是非暴力性的，以言语、文字、图像、肢体行为等方式对他人实施性骚扰，如身体接触、出示色情文学图像、网上性骚扰、电话性骚扰。

3. 性骚扰构成的核心是违背他人意愿。[①]性骚扰与两厢情愿的调情、约会等有着明显区分，是因为性骚扰违背了他人意愿。无论是长时间或者短时间对他人实施性骚扰，只要违背他人意愿，则需要承担相应的民事责任，甚至刑事责任。因为，达到强制猥亵的程度，还可能构成强制猥亵罪。如：女员工徐某曾在某公益社会工作服务中心从事社工服务工作，工作期间，公益理事长刘某趁中心只有他和徐某两人之际，长时间拥抱徐某，徐某挣扎时坐到刘某大腿上，刘某又从背后紧紧抱住徐某的腰部，徐某挣扎脱身。后徐某起诉至法院，认为刘某作为机构负责人，利用优势地位，对她实施性骚扰，给她精神上造成的伤害巨大，应当承担精神损害赔偿责任。法院经审理认为，违背他人意愿，以语言、文字、图像、肢体行为等方式对他人实施性骚扰的，受害人有权依法请求行为人承担民事赔偿责任。本案中，刘某的行为超出了一般性、礼节性交往范畴，带有明显性暗示，违背了徐某的意志，对徐某造成了精神伤害，构成对徐某的性骚扰。综合考虑行为方式和后果，法院判决刘某向徐某当面以口头或者书面方式赔礼道歉。在该案中，法院采用了主客观相结合的标准对“违背他人意愿”进行认定。客观上的标准为正常的社会交往礼仪以及普通人在案件特定情形下对争议行为的反应。客

---

① 黄薇主编：《中华人民共和国民法典解读·人格权编》，中国法制出版社 2020 年版，第 93 页。

观标准使得被迫“自愿接受”骚扰不敢或不能反抗的受害人能够证明骚扰行为违背其意志。而主观标准则是相对人的态度，如果相对人明确表示不愿意接受，行为人仍然实施，哪怕这个行为可能并没有人们意识中的严重，也同样构成性骚扰。①

4. 性骚扰一般需要行为人主观上是故意的。因为，实施性骚扰的行为人是为了满足性方面的生理或者心理需要而故意实施的行为。如果在公共汽车、地铁等公共场所因紧急刹车、拥挤等原因过失地接触他人身体甚至敏感部位等行为，则不构成性骚扰。

## 五、性骚扰的主要类型

各国立法一般把性骚扰归类为两大类，交换式性骚扰和敌意环境式性骚扰。这是根据性骚扰的方式的不同来划分的，是最普遍的分类。还可以根据性骚扰的对象不同分为异性间的性骚扰和同性间的性骚扰。

### （一）交换式性骚扰和敌意环境式性骚扰

1. 交换式性骚扰。交换式性骚扰是性骚扰最直接和恶劣的形式，它一般是发生在权力地位不平等的情形之下，有管理监督权能者对其下属或者受其监管控制的人要求以性接触或其他有性本质的行为作为获取利益的交换条件的行为。若受侵害人接受此行为，即可交换到工作、学习以及其他方面的利益。这种性骚扰常见于雇主对雇员、老师对学生、治疗师对治疗者在工作、学习和治疗过程中所提出的性要求。例如雇主要求雇员为其提供性服务来决定其雇员的升降职；老师对学生要求性接触来决定学生成绩的好坏，治疗师在为治疗者治疗的过程中提出性要求来决定治疗的认真程度。

2. 敌意环境式性骚扰。敌意环境式性骚扰并不涉及当事人之间的权力地位不平等，它通常发生在同等地位的人之间，也有可能由上级或者不相干的第三人实施。美国平等就业委员会指南中规定，性骚扰行为还包括具有不合理地干涉某人的工作表现或者令某人产生一种受胁迫、被敌视或者令

---

① 刘冰玉：《首例性骚扰损害责任纠纷案入选2020年度成都法院十大典型案例》，载《四川法制报》2021年2月4日。

某人处在一个粗暴无礼的令其觉得不安的工作环境之中的行为。香港 1995 年制定的《性别歧视条例》第 2（5）（b）条规定如自行或与他人作出涉及性的行径，而该行径对女性在性方面具有敌意或使该女性置于一个具威吓性的工作环境，即属对该女性作出性骚扰。综上，敌意环境式性骚扰是指不合理的干涉某人的表现或者令某人产生一种受胁迫、被敌视或者令某人处在一个粗暴无礼的令其觉得不安的工作、学习、训练或者接受服务的环境之中的行为。

### （二）异性之间的性骚扰和同性之间的性骚扰

1. 异性之间的性骚扰。这是最常见的一种形式，大多发生于男性对女性实行性骚扰的情形，当然也包括女性骚扰男性的情况。女性由于在生理方面的特点在社会中常常处于弱者的地位，随着时代的发展，虽然女性不再作为男性的附属品出现，越来越多的女性进入社会。但在长期的男权主义思想的影响下一些男性认为女性仅仅是他们的性对象和性工具并加以歧视，而不把她们看作平等的个体。尤其是在男性主控的工作场所，女性往往受到男性支配，性骚扰的情况更是多见。男性上司要求女性提供性好处作为升迁、奖惩的条件，或者肆意对女性加以侮辱。这些行为除了会使女性丧失物质上的利益之外还会使女性心里感到羞辱、沮丧和恐惧，进而影响女性的身体状况，严重伤害了女性的身心健康。

2. 同性之间的性骚扰。虽然性骚扰多发生在异性当事人之间，尤其以女性受害者为多，但是同性对同性实行骚扰的情况也是存在的。在美国，联邦法院在 1988 年 Goluszek 诉 Smith 一案中认定，由于原被告皆为男性，被告并非“因为原告的性别”而歧视进而骚扰他，因此这种情形非《民权法案》第 7 章所要禁止的性别歧视，故不构成性骚扰。但在 1998 年的 Oncale 诉 Sundowner Offshore Service,Inc 案中，联邦最高法院认定同性之间的性骚扰行为也足以构成性骚扰和性别歧视。法院指出，1964 年《民权法案》第 7 章所禁止之性别歧视，应包括对男性及女性之保护在内。性骚扰行为不必是由于性欲而引起，其本质在于性别歧视，同性之间性骚扰行为的受害人仍然可以证明其受到的侵害是与其性别有因果关系，如果其自身的性别改变，他（她）就不会是被骚扰的对象。如果行为满足交换式性骚扰或敌意环境式性骚扰的其他要件，同性实施的骚扰行为也构成性骚扰。[①]

## 六、单位负有预防和防止性骚扰的义务

职场以及高校是性骚扰高发的场域，很多性骚扰行为是基于性骚扰实施者和受害人之间的不平等产生的，诸如职场中的上下级、校园中的老师和学生，彼此之间存在权力和地位上的差异、不平等，导致后者受到前者的牵制，而往往在不平等的地位之下，后者所遭受的性骚扰会变得更为隐性和不易被察觉，在职场和校园中常常多发，产生不良的社会影响。[②]工作场所性骚扰不仅对被骚扰者造成了极大的伤害，而且大大地浪费了社会资源。性骚扰让受害者的思想处于压力状态，通常会给受害人造成不同程度的不良心理反应，使其在工作中缺乏信心和责任感，以致同事关系恶化，工作风气不正，产生不公平的感觉，精力不能集中，工作效率下降，长期下去，必定会给工作造成不良影响。性骚扰的存在，无疑会造成工作环境恶化。校园性骚扰也可能存在于学生与学生之间、教师与教师之间、领导与下属之间。

《民法典》第一千零一十条第二款明确规定，机关、企业、学校等单位应当采取合理的预防、受理投诉、调查处置等措施，防止和制止利用职权、从属关系等实施性骚扰。因此，机关、企业、学校等单位的义务主要包括预防性骚扰义务和制止性骚扰义务。用人单位、学校等知悉发生性骚扰事件时，应立即制止并采取有效的补救措施等，以适当的方式处理投诉，及时进行调查，并采取措施予以处置。

## 七、性骚扰的侵权责任

### （一）停止骚扰

当加害人正在对受害人实施性骚扰时，受害人得依法请求停止骚扰。这种请求可以直接向加害人提出，也可直接向法院提出，要求加害人停止性骚

---

① 参见何志：《侵权责任判解研究与适用》，人民法院出版社2009年版，第299—300页。

② 唐安然：《论性骚扰的侵权责任——以〈民法典分编（草案）〉为基础》，载《广西政法管理学院学报》2019年第1期。

扰行为。此时，受害人可依据《民法典》第九百九十七条“民事主体有证据证明行为人正在实施或者即将实施侵害其人格权的违法行为，不及时制止将使其合法权益受到难以弥补的损害的，有权依法向人民法院申请采取责令行为人停止有关行为的措施”的规定，申请人民法院实施“人格权行为禁令”。

### （二）损害赔偿

1. 财产损失赔偿。性骚扰行为对受害者造成身体上和健康上的伤害，由此产生医疗费、护理费、误工费等，包括导致他人精神疾病而产生医疗费、护理费、误工费等，可能还会发生受害者由于性骚扰被辞退而造成的经济损失。

2. 精神损害赔偿。性骚扰不同于其他的性犯罪，一般不会造成身体上的伤害，主要是给受害者造成精神痛苦，给受害者制造了一种令人生厌的、受压抑的工作学习环境，严重地干扰了其正常的工作学习。受害人的人格尊严受到严重侵犯，心理上承受着压力，造成了巨大的精神痛苦和折磨，破坏受害人情感上的安宁，严重的精神损害可能导致受害人的精神疾病。因此，见诸报端的性骚扰纠纷案件往往涉及精神损害赔偿。

### （三）消除影响、恢复名誉

鉴于性骚扰这种违法行为的特殊性，可能会在一定范围内造成不良影响，有损于受害人名誉，受害人得请求消除影响、恢复名誉。

## 八、对案例 20、案例 21 的简要评析

1. 对案例 20 的简要评析

性骚扰的本质是与性有关的行为。行为人具有性意图，以获取性方面的生理或者心理满足为目的。一般而言，性骚扰是一种具有性本质的行为，与性有关的行为是性骚扰行为的主要类型，不限于性挑逗、性贿赂、性要挟、性强迫等。在本案中，被告发送微信“我们订双床房不”，一般人理解为被告具有与原告发生性关系的意思表示，在原告明确制止的情形下，被告继续发送“我好想你！”等信息，被告的行为给原告的心理造成了损害。根据《民法典》第一千零一十条第一款的规定，违背他人意愿，以言语、文字、图像、

肢体行为等方式对他人实施性骚扰的，受害人有权依法请求行为人承担民事责任。因此，法院判决被告赔礼道歉，并酌定赔偿原告5000元的精神抚慰金。

在司法实践中，行为人是否构成性骚扰，往往是相关案件的争议焦点。本案审理法院在严格执行《民法典》规定的基础上，进一步细化了性骚扰的认定标准，认为具有性暗示、性含义的骚扰行为以及与性骚扰行为在时间上具有连续性、在内容上具有关联性的其他骚扰行为，均可认定为性骚扰行为。

2. 对案例21的简要评析

本案是一起因为性骚扰引起的解除劳动合同而请求赔偿解除劳动合同赔偿金的案件。

在本案中，原告郑某系公司的销售经理，面对女下属任某遭受性骚扰的侵害，不但置之不理，还反其道而行之，有违《民法典》第一千零一十条第二款“机关、企业、学校等单位应当采取合理的预防、受理投诉、调查处置等措施，防止和制止利用职权、从属关系等实施性骚扰”的规定，违背常理处理问题，让公司解除任某的劳动合同。在事实真相大白的情形下，公司解除了郑某的劳动合同，郑某却要求公司赔偿解除劳动合同赔偿金而诉至法院，人民法院自然没有支持其诉讼请求。

第三章

# 姓名权和名称权

## 本章概要

姓名是一个自然人在社会中区别于其他人的标志和符号。名称是法人或者非法人组织在社会活动中用以代表自己并区别于其他法人或者非法人组织的文字符号和标记。自然人享有姓名权，法人或者非法人组织享有名称权。本章共计6个条文，对自然人姓名权和法人、非法人组织名称权的内容，自然人取姓的规则，姓名权和名称权的保护，艺名、笔名、译名和商号等内容作了规定。

本章的主要内容包括：自然人享有姓名权，有权依法决定、使用、变更或者许可他人使用自己的姓名，但是不得违背公序良俗。法人、非法人组织享有名称权，有权依法决定、使用、变更、转让或者许可他人使用自己的名称。任何组织或者个人不得以干涉、盗用、假冒等方式侵害他人的姓名权或者名称权。自然人应当随父姓或者母姓，但存在选取其他直系长辈血亲的姓氏、选取扶养人姓氏、不违背公序良俗的其他正当理由的情形之一的，可以在父姓和母姓之外选取姓氏。民事主体变更姓名、名称的，变更前实施的民事法律行为对其具有法律约束力。具有一定社会知名度，被他人使用足以造成公众混淆的笔名、艺名、网名、译名、字号、姓名和名称的简称等，参照适用姓名权和名称权保护的有关规定。

# 第一节　姓名权

## 一、问题的提出

姓名是用以确定和代表个体自然人并与其他自然人相区别的文字符号。姓名其基本作用在于标明主体的区别，人的姓名旨在与他人相区别，彰显个别性及同一性，并具有定名分、止纠纷的秩序规范功能。通过姓名，可以确定一个特定的人的人身，对姓名的使用也必将涉及这个姓名所代表的特定人的人身。姓名包括姓和名两部分，姓是一定血缘遗传关系的记号，标志着个体自然人所从属的家族血缘系统；名则是特定自然人区别于其他自然人的称谓。姓名的组合，才构成一个个体自然人的完整的文字符号和标记，因而姓名是自然人的人身专用文字符号和标记，是自然人姓名权的客体。姓名有广义、狭义之分。狭义的姓名指每个自然人在户籍管理机关登记的本名和曾用名。广义的姓名除狭义的姓名之外，还包括字、号、笔名、别名、艺名等区别自然人人身特征的文字符号。姓名权系使用自己姓名的权利。[①] 申言之，姓名权是自然人依法享有的决定、使用、改变自己姓名，并排除他人干涉、盗用和假冒等不可侵犯的一项人身权利。[②]

在研究姓名权之前，先看四则案例：

### 案例 22：广告宣传擅自使用他人姓名，是否侵害姓名权[③]

陈某恩系艺人，曾出演多部影视剧。优佐公司系自然人独资的有限责任公司。中娱星公司系自然人独资的有限责任公司，该公司于 2021 年 6 月 4 日被核准注销，本案被告陈某伟为该公司的唯一股东。2020 年 4 月 16 日，中

① 王泽鉴：《侵权行为法》（第一册），中国政法大学出版社 2001 年版，第 120 页。
② 何志：《民法典·总则判解研究与适用》，中国法制出版社 2020 年版，第 244 页。
③ 山东省青岛市中级人民法院（2023）鲁 02 民终 1283 号民事判决书。

娱星公司作为甲方与优佐公司作为乙方签订《销售合同》，该合同约定：“甲方提供给乙方影视剧《偏偏喜欢你》音像制品成品及该片的宣传图片、海报，乙方可选用为‘本草养怡元’一个品牌做随机赠品碟宣传之用，地域范围于中国境内……”同日，双方签订《补充协议》，该协议约定：“严禁在各大电商平台使用；严禁在大型户外广告喷绘或在流动媒体（如公交、大巴、高铁、飞机等）上使用；严禁在大众商场超市作宣传推广；严禁在微博上做宣传推广；严禁在宣传物料上使用‘形象代言’‘形象大使’‘首席体验官’‘我选择’‘我认准’等字样，或类似代言的宣传口号及广告语。”随后，优佐公司向陈某伟支付合同款55000元。2020年7月14日某公证处出具公证书，显示由优佐公司认证的微信公众号“本草养怡元”发布的多篇宣传文章中均放置了盛典直播活动的入场二维码图片，识别二维码可进入直播活动页面，并可观看“本草养怡元五周年星耀盛典”活动视频，该视频显示盛典活动的背景使用了陈某恩照片及姓名，并体现“《偏偏喜欢你》（主演：陈某恩）携手助力本草养怡元品牌推广”的宣传语，陈某伟出席了盛典活动的签约仪式环节。公证书显示该视频有32.38万的观看人数。该公证书还显示：多个小红书账号发布的关于本草养怡元产品的笔记中使用了带有原告肖像、姓名的广告图片；拼多多平台多个卖家销售本草养怡元产品，销售宣传页中体现有“《偏偏喜欢你》主演：陈某恩携手助力本草养怡元品牌推广”等宣传语。

生效裁判认为，姓名权是指自然人对自己的姓名享有依法决定、使用、变更或者许可他人使用的权利。《民法典》第一千零一十四条规定：“任何组织或者个人不得以干涉、盗用、假冒等方式侵害他人的姓名权或者名称权。”在明确了陈某恩对涉案产品宣传中出现的陈某恩姓名、肖像依法享有权利后，进而再去判定两被告的行为是否构成侵权。在未获得陈某恩许可的情况下，优佐公司在涉案产品宣传中使用陈某恩姓名、肖像，构成对陈某恩姓名权、肖像权的侵害。两被告签订的《销售合同》及《补充协议》名为销售音像制品，实为陈某伟向优佐公司提供影视剧照做商业宣传使用。在未取得肖像权人授权许可的情况下，两被告签订合同私自使用他人肖像，具备侵害他人肖像权的共同故意。两被告合作过程中，陈某伟向优佐公司提供了带有陈某恩姓名、肖像的影视剧照，并出席了优佐公司举办的涉案产品庆典活动，从两被告签订的《补充协议》来看，优佐公司使用的海报图片须经过陈某伟的许可，可见，两被告共同实施了部分侵权行为。两被告具备侵权的共同故意，且共同实施了相关侵权行为，构成共同侵权。根据《民法典》第一千一百八十二条“侵害他人人身权益造成财产损失的，按照被侵权人因此受到的损失或者侵权人因此获得的利益赔偿；被侵权人因此受到的损失以及侵权人因此获得的利益难以确定，被侵权人和侵权人就赔偿数额协商不一致，向人民法院提起诉讼的，由人民法院根据实际情况确定赔偿数额”之规定，对于经济损失的具体赔偿数额，因陈某恩并未提交充分证据证明其因侵权行为造成的财产损失或优佐公司、陈某伟因此获得的利益，综合考虑情节，对赔偿数额酌情认定为150000元。优佐公司和陈某伟共同侵害陈某恩的姓名权、肖像权，应当对陈某恩的损失承担连带赔偿责任，根据法律规定，公民的姓名权、肖像权受到侵害的，有权要求停止侵害、恢复名誉、消除影响、赔礼道歉，并可以要求赔偿损失，陈某恩要求两被告停止侵害、公开赔礼道歉、赔偿经济损失的诉讼请求，于法有据，应予以支持。公开道歉的具体方式、内容等以法院依法核定为准。

## 案例23：离婚后能否擅自变更未成年子女的姓名①

2011年10月，被告向某云与原告向某杉（未成年人）之母郑某离婚，约定原告由母亲郑某抚养。原告跟随郑某生活后，郑某将其姓名变更为“郑某文”，原告一直使用“郑某文”生活、学习，以“郑某文”之名参加数学、美术、拉丁舞等国内、国际比赛，并多次获奖。2018年12月，被告向某云向派出所申请将原告姓名变更回“向某杉”。在原告姓名变更回“向某杉”后，其学习、生活、参赛均产生一定困扰。原告及其母亲郑某与被告向某云协商未果，原告诉至法院，请求判令被告配合原告将原告姓名变更为“郑某文”。审理中，原告到庭明确表示，其愿意使用“郑某文”这一姓名继续生活。

生效裁判认为，姓名是自然人参与社会生活的人格标志，依照《民法典》第一千零一十二条的规定，自然人有权依法决定、使用、变更或者许可他人使用自己的姓名，但不得违背公序良俗。父母离婚后涉及未成年人利益的纠

---

① 最高人民法院2022年4月11日发布的《民法典颁布后人格权司法保护典型民事案例》。

纷处理，应坚持以未成年人利益最大化为原则。本案中，原告多年来持续使用“郑某文”这一姓名，该姓名既已为亲友、老师、同学所熟知，业已成为其人格的标志，是其生活、学习的重要组成部分。原告作为年满12周岁的未成年人，已经能够理解该姓名的文字含义及人格象征意义，结合其多次参加国际、国内赛事的获奖经历以及自身真实意愿，继续使用该姓名，有利于原告的身心健康和成长。遂依照相关法律规定，判决被告配合原告将户籍登记姓名变更回“郑某文”。

## 案例24：盗用他人姓名及高考成绩入学，相关责任人是否承担侵权责任[①]

原告齐某苓通过了当年的统考，被某商校录取为委培生，但其母校八中却将其录取通知书交给了前来冒领的陈某琪。然后，陈某琪之父陈某政伪造了陈某琪上学报到时所需的体格检验表、在校学期评语表，被告某商校违规让陈某琪自带档案，给了陈某政撤换档案的机会，而且，某商校在陈某琪既无准考证又无其他有效证明的情况下让其入学，使陈某琪冒名上学成为事实，而且冒名参加工作，使侵权行为得到延续。事情败露后，原告向法院起诉，要求赔偿姓名权、受教育权被侵害的损失。

一审法院认为：《民法通则》第九十九条第一款规定：“公民享有姓名权，有权决定、使用和依照规定改变自己的姓名，禁止他人干涉、盗用、假冒。”被告人陈某琪在中考落选、升学无望的情况下，由其父即被告陈某政策划并为主实施冒用原告齐某苓姓名上学的行为，目的在于利用齐某苓已过委培分数线的考试成绩，为自己升学和今后就业创造条件，其结果构成了对齐某苓姓名的盗用和假冒，是侵害姓名权的一种特殊表现形式。由于侵权行为延续至今，故陈某琪关于齐某苓的诉讼请求已超过诉讼时效的答辩理由，显然不能成立。原告齐某苓主张的受教育权，属于公民一般人格权范畴。它是公民丰富和发展自身人格的自由权利。本案证据表明，齐某苓已实际放弃了这一权利，即放弃了上委培的机会。其主张侵犯受教育权的证据不足，不能成立。齐某苓基于这一主张请求赔偿的各项物质损失，除律师代理费外，均与被告

① 详见《最高人民法院公报》2001年第5期。

陈某琪的侵权行为无因果关系，故不予支持。《民法通则》第一百二十条第一款规定："公民的姓名权、肖像权、名誉权、荣誉权受到侵害的，有权要求停止侵害，恢复名誉，消除影响，赔礼道歉，并可以要求赔偿损失。"原告齐某苓的姓名权被侵犯，除被告陈某琪、陈某政应承担主要责任外，被告某商校明知陈某琪冒用齐某苓的姓名上学仍予接受，故意维护侵权行为的存续，应承担重要责任；被告八中、教委分别在事后为陈某琪、陈某政掩饰冒名行为提供便利条件，亦有重大过失，均应承担一定责任。

齐某苓不服一审判决，提起上诉。

二审法院在认定事实并报最高人民法院进行解释[①]的情况下，认定被告侵犯了原告的受教育权、姓名权，并判决被告陈某琪、陈某政赔偿原告齐某苓直接经济损失7000元、间接经济损失41045元、精神损害费50000元，被告某商校、八中、教委承担连带责任。

## 案例25：子女姓氏能否选取父母之外的姓氏[②]

原告"北雁云依"法定代理人吕某峰诉称：其妻张某峥在医院产下一女取名"北雁云依"，并办理了出生证明和计划生育服务手册新生儿落户备查登记。为女儿办理户口登记时，被告某派出所不予上户口。理由是孩子姓氏必须随父姓或母姓，即姓"吕"或姓"张"。根据《婚姻法》和《民法通则》关于姓名权的规定，请求法院判令确认被告拒绝以"北雁云依"为姓名办理户口登记的行为违法。

被告派出所辩称：依据法律和上级文件的规定不按"北雁云依"进行户口登记的行为是正确的。《民法通则》规定公民享有姓名权，但没有具体规定。而2009年12月23日最高人民法院举行新闻发布会，关于夫妻离异后子女更改姓氏问题的答复中称，《婚姻法》第二十二条是我国法律对子女姓氏问题作

① 详见《最高人民法院关于以侵犯姓名权的手段侵犯宪法保护的公民受教育的基本权利是否应当承担民事责任的批复》（已废止）。

② 详见最高人民法院指导案例89号。该案裁判要点：公民选取或创设姓氏应当符合中华传统文化和伦理观念。仅凭个人喜好和愿望在父姓、母姓之外选取其他姓氏或者创设新的姓氏，不属于《全国人民代表大会常务委员会关于〈中华人民共和国民法通则〉第九十九条第一款、〈中华人民共和国婚姻法〉第二十二条的解释》规定的"有不违反公序良俗的其他正当理由"。

出的专门规定，该条规定子女可以随父姓，可以随母姓，没有规定可以随第三姓。行政机关应当依法行政，法律没有明确规定的行为，行政机关就不能实施，原告和行政机关都无权对法律作出扩大化解释，这就意味着子女只有随父姓或者随母姓两种选择。从另一个角度讲，法律确认姓名权是为了使公民能以文字符号即姓名明确区别于他人，实现自己的人格和权利。姓名权和其他权利一样，受到法律的限制而不可滥用。新生婴儿随父姓、随母姓是中华民族的传统习俗，这种习俗标志着血缘关系，随父姓或者随母姓，都是有血缘关系的，可以在很大程度上避免近亲结婚，但是姓第三姓，则与这种传统习俗、与姓的本意相违背。综上所述，拒绝原告法定代理人以“北雁云依”的姓名为原告申报户口登记的行为正确，恳请人民法院依法驳回原告的诉讼请求。

法院经审理查明：原告“北雁云依”出生于2009年1月25日，其父亲名为吕某峰，母亲名为张某峥。因酷爱诗词歌赋和中国传统文化，吕某峰、张某峥夫妇二人决定给爱女起名为“北雁云依”，并以“北雁云依”为名办理了新生儿出生证明和计划生育服务手册新生儿落户备查登记。2009年2月，吕某峰前往派出所为女儿申请办理户口登记，被民警告知拟被登记人员的姓氏应当随父姓或者母姓，即姓“吕”或者“张”，否则不符合办理出生登记条件。因吕某峰坚持以“北雁云依”为姓名为女儿申请户口登记，被告燕山派出所遂依照《婚姻法》第二十二条之规定，于当日作出拒绝办理户口登记的具体行政行为。该案经过两次公开开庭审理，原告“北雁云依”法定代理人吕某峰在庭审中称：其为女儿选取的“北雁云依”之姓名，“北雁”是姓，“云依”是名。法院于2015年4月25日作出行政判决：驳回原告“北雁云依”要求确认被告燕山派出所拒绝以“北雁云依”为姓名办理户口登记行为违法的诉讼请求。

上述案例，均是现实生活中常见的、典型的案例。案例22是一起在广告宣传中常见的侵害姓名权的案例，案例23是一起典型的离婚后抚养子女的一方当事人将其子女改姓名的案例，案例24是一起为求学入职而侵害他人姓名权的案例，案例25是一起违背选取姓名规则的典型案例。试问：如何理解姓名权的法律意义？姓名权的具体内容有哪些？如何对姓名权的行使进行限制？侵害姓名权的民事责任如何承担？

## 二、姓名权的法律意义

原《民法通则》第九十九条第一款规定："公民享有姓名权，有权决定、使用和依照规定改变自己的姓名，禁止他人干涉、盗用、假冒。"原《民法通则意见》第141条规定："盗用、假冒他人姓名、名称造成损害的，应当认定为侵犯姓名权、名称权的行为。"《民法典》第一千零一十二条规定："自然人享有姓名权，有权依法决定、使用、变更或者许可他人使用自己的姓名，但是不得违背公序良俗。"该条相较于"姓名权"在《民法通则》中的规定，具有以下变化：将权利主体由"公民"改为"自然人"，纯化其私法属性；将"依照规定"改为"依法"[①]，确立了人格权法律保护的基础地位，不得由行政规章等对权利进行限缩；删除了侵害姓名权的相关行为列举，在《民法典》以第一千零一十四条予以专门规定；完善了权利权能，规定了"变更、许可他人使用"的权能；概括性规定了权利行使的限制，即"不得违背公序良俗"。姓名权具有如下法律特征：

1. 姓名权的主体是自然人。虽法人、非法人组织有名称，但不是姓名权的主体。《民法典》第一千零一十三条规定，法人、非法人组织享有名称权，有权依法决定、使用、变更、转让或者许可他人使用自己的名称。因而，自然人死亡后不再享有姓名权，但法律对自然人生前所获得的名誉权予以保护。

2. 姓名权的客体是姓名。姓名权的客体不仅包括真名即本名，还包括别名、笔名、艺名等。如以帝王系列闻名的当代作家凌解放，笔名二月河，其真名要保护，笔名亦应当保护。因此，《民法典》第一千零一十七条规定，具有一定社会知名度，被他人使用足以造成公众混淆的笔名、艺名、网名、译名、字号、姓名和名称的简称等，参照适用姓名权和名称权保护的有关规定。

如何认定侵害具有一定社会知名度的笔名、艺名、网名、译名、字号、姓名和名称的简称等相关权利，是司法实践应注意的重点问题。在"乔丹"

---

① 这里强调的"依法"决定使用自己的姓名，变更、使用主要是针对正式姓名而言的，即居民身份证、户口登记、人事档案等法定文件或者记录中的姓名。对于非正式姓名如笔名、艺名等则不需要遵循《民法典》和其他法律法规所规定的强制性规则。参见黄薇主编：《中华人民共和国民法典解读·人格权编》，中国法制出版社2020年版，第102页。

系列商标行政案中，最高人民法院指出，依据《商标法》（2001年）第三十一条主张姓名权保护时，应当满足的必要条件包括：一是该特定名称应当具有一定知名度、为相关公众所知悉，并用于指代该自然人；二是该特定名称应当与该自然人之间已建立稳定的对应关系。在“乔丹”系列商标行政案判决[①]作出后，《最高人民法院关于审理商标授权确权行政案件若干问题的规定》第二十条对此进行了确认性规定。根据该条第一款的规定：当事人主张诉争商标损害其姓名权，如果相关公众认为该商标标志指代了该自然人，容易认为标记有该商标的商品系经过该自然人许可或者与该自然人存在特定联系的，人民法院应当认定该商标损害了该自然人的姓名权。第二款进一步作出补充：当事人以其笔名、艺名、译名等特定名称主张姓名权，该特定名称具有一定的知名度，与该自然人建立了稳定的对应关系，相关公众以其指代该自然人的，人民法院予以支持。根据本条的规定，侵害具有一定社会知名度的笔名、艺名、网名、译名、字号、姓名等的认定，应当至少满足以下两个条件：一是笔名、艺名、网名、译名、字号、姓名等具有一定社会知名度，属于法律保护的范围；二是他人使用笔名、艺名、网名、译名、字号、姓名等足以造成公众混淆。[②]

对于非法使用笔名、艺名、网名、译名、字号、姓名等行为认定侵权的标准，核心依据就是这种使用是否造成公众对符号的误认，即对符号背后所代表的商品和服务来源的混淆与误认。在对混淆加以认定时需要综合考虑多

---

① 指导案例113号：迈克尔·杰弗里·乔丹与国家工商行政管理总局商标评审委员会、乔丹体育股份有限公司“乔丹”商标争议行政纠纷案裁判要点：1.姓名权是自然人对其姓名享有的人身权，姓名权可以构成商标法规定的在先权利。外国自然人外文姓名的中文译名符合条件的，可以依法主张作为特定名称按照姓名权的有关规定予以保护。2.外国自然人就特定名称主张姓名权保护的，该特定名称应当符合以下三项条件：（1）该特定名称在我国具有一定的知名度，为相关公众所知悉；（2）相关公众使用该特定名称指代该自然人；（3）该特定名称已经与该自然人之间建立了稳定的对应关系。3.使用是姓名权人享有的权利内容之一，并非姓名权人主张保护其姓名权的法定前提条件。特定名称按照姓名权受法律保护的，即使自然人并未主动使用，也不影响姓名权人按照商标法关于在先权利的规定主张权利。4.违反诚实信用原则，恶意申请注册商标，侵犯他人现有在先权利的“商标权人”，以该商标的宣传、使用、获奖、被保护等情况形成了“市场秩序”或者“商业成功”为由，主张该注册商标合法有效的，人民法院不予支持。

② 参见最高人民法院民法典贯彻实施工作领导小组主编：《中华人民共和国民法典人格权编理解与适用》，人民法院出版社2020年版，第231—232页。

方因素，且侵权要素中的知名度、造成公众混淆的判断不存在客观确定的标准，更依赖于法官对个案的主观判断，当然这种主观判断的一致性也是确保司法裁判标准统一以及“类案同判”的重要前提。[①]

3. 姓名可以依法变更。依据《户口登记条例》第十八条的规定，未满 18 周岁的人需要变更姓名时，由本人或者父母、收养人向户口登记机关申请变更登记；已满 18 周岁的人需要变更姓名时，由本人向户口登记机关申请变更登记。当然，笔名、艺名等的变更则无须履行法定手续。因此，《民法典》第一千零一十六条规定：“自然人决定、变更姓名，或者法人、非法人组织决定、变更、转让名称的，应当依法向有关机关办理登记手续，但是法律另有规定的除外。民事主体变更姓名、名称的，变更前实施的民事法律行为对其具有法律约束力。”如：王女士和宁先生办理离婚手续，双方签订《离婚协议书》，其中第二条约定儿子小宁由王女士抚养，随同王女士生活，离婚一个月内儿子户口迁到王女士处，宁先生应配合办理。第五条约定离婚后，王女士有权将儿子改姓为随母亲姓。王女士说，这之后宁先生一直未按协议约定协助她办理儿子变更姓氏的手续。王女士诉至法院，请求确认双方签订的《离婚协议书》第五条合法有效；请求判令宁先生配合王女士将被抚育人小宁的姓氏变更为王女士姓氏。法院认为，宁先生主张系在王女士家属威胁下签订《离婚协议书》，对此未提交证据证明，不予采信。双方签订《离婚协议书》约定孩子的抚养权及变更孩子的姓氏，应属合法、有效，法院予以确认。王女士要求宁先生协助办理儿子小宁变更姓氏的请求法院予以支持。

## 三、姓名权的内容

根据《民法典》的有关规定，姓名权的内容主要有：

1. 姓名决定权。又称命名权，是指自然人决定自己姓名的权利，任何人无权干涉。一个自然人有权决定自己的姓名是姓名权最为基本的内容，是自然人人格发展和自我决定的重要表现形式，也是其变更、使用或者许可他人

---

① 参见最高人民法院民法典贯彻实施工作领导小组主编：《中华人民共和国民法典人格权编理解与适用》，人民法院出版社 2020 年版，第 234 页。

使用自己姓名的前提和基础，任何组织或者个人不得非法干预。[①]

姓名一般都是自然人出生时其父母确定，但这不是对自我命名权的否定，实际上是父母亲权的表现，是父母实施亲权的代理行为。自然人成年后，也可以通过姓名变更手续，变更自己的名字。自我命名权的另一个表现是自然人选择自己别名的权利，可以根据自己的意志和愿望，来确定登记姓名以外的笔名、艺名以及其他相应的名字，任何人都不得干涉。[②]《民法典》第一千零一十七条规定，具有一定社会知名度，被他人使用足以造成公众混淆的笔名、艺名、网名、译名、字号、姓名和名称的简称等，参照适用姓名权和名称权保护的有关规定。该条规定赋予了具有一定社会知名度的笔名、艺名、网名、译名、字号、姓名的简称等，这些用来指代某一特定自然人与姓名一样的法律地位。可以参照适用姓名权和名称权保护的有关规定，即在法律适用和保护上，给予了这些姓名的衍生概念同等的保护权。

自然人的姓，原则上不能选择。在我国现实生活中有子女随父姓的习惯，依据《民法典》第一千零一十五条的规定，自然人应当随父姓或者母姓，但是有下列情形之一的，可以在父姓和母姓之外选取姓氏：（1）选取其他直系长辈血亲的姓氏；（2）因由法定扶养人以外的人扶养而选取扶养人姓氏；（3）有不违背公序良俗的其他正当理由。少数民族自然人的姓氏可以遵从本民族的文化传统和风俗习惯。[③] 因此说，自然人的姓氏原则上随父姓或者母姓，选取其他姓氏为例外。

2. 姓名使用权。即自然人对自己的姓名的专有使用权。使用自己的姓名是自然人姓名权的重要内容，自然人在民事活动中，除法律另有规定的，可以使用本名，也可以使用自己的笔名、艺名或化名等。任何组织与个人都不得强迫

---

① 黄薇主编：《中华人民共和国民法典解读·人格权编》，中国法制出版社 2020 年版，第 103 页。

② 何志：《侵权责任判解研究与适用》，人民法院出版社 2009 年版，第 247 页。

③ 在中华民族传统文化中，“姓名”中的“姓”，即姓氏，体现着血缘传承、伦理秩序和文化传统，公民选取姓氏涉及公序良俗。公民原则上随父姓或者母姓符合中华传统文化和伦理观念，符合绝大多数公民的意愿和实际做法。同时，考虑到社会实际情况，公民有正当理由的也可以选取其他姓氏。参见《全国人大常委会首次在民法领域作出立法解释》，载《人民法院报》2014 年 11 月 2 日。

自然人使用或不使用某一姓名。当然，在商业社会，如果姓名权人能进行商业开发而为其带来财富，在不违背社会公德的情况下，也可转让给他人进行商业使用。立法机构认为，笔名、艺名等虽没有经过法定机关登记，不属于正式的姓名，但能够确定和代表某一自然人，能够体现民事主体的人格特征。同时，对笔名、艺名等的保护，有利于更好地保护民事主体的人格利益。①

3. 姓名变更权。即自然人按照法律规定改变自己姓名的权利，也称为姓名变更权。其含义为，自然人可以按照自己的意愿依照规定改变自己的姓名，不受其他限制。这种变更姓名的行为，虽然仅依单方意思表示就可以生效，但是不经过公示，不得对抗第三人。登记姓名的变更，也必须经过登记，非依变更登记程序不生效力。根据《民法典》第一千零一十六条的规定，自然人决定、变更姓名，应当依法向有关机关办理登记手续，但是法律另有规定的除外。民事主体变更姓名的，变更前实施的民事法律行为对其具有法律约束力。

当然，对于自然人姓名来说，名的变更与姓的变更规则应当有所区分，适用"改名从宽"原则更为适宜。因为名字本身仅仅是一符号，不应当过度限制个人变更名字的权利。但是，为了避免造成识别上的混淆、影响社会秩序及交易安全，对姓名变更权应予必要的限制。因为在实际生活中，一个人的姓名是与其所进行的经济或其他社会活动联系在一起的，频繁变更名字，容易造成民事主体进行民事活动的不确定性，带来不必要的麻烦和纠纷，也严重影响了该自然人的信用。

## 四、姓名权行使的限制

任何权利都有义务与其相对，姓名权也不例外，本条规定了自然人姓名权行使的一般限制"不得违背公序良俗"。具体来说，对于姓名权的限制主要体现在如下方面：②

---

① 参见黄薇主编：《中华人民共和国民法典解读 · 人格权编》，中国法制出版社 2020 年版，第 127 页。

② 参见最高人民法院民法典贯彻实施工作领导小组主编：《中华人民共和国民法典人格权编理解与适用》，人民法院出版社 2020 年版，第 192—194 页。

1. 任何人在从事重要法律行为时，负有使用其在户籍上登记的正式姓名的义务。如取得、转移或放弃某项权利，或在具有分离意义的证书、合同上签字时，必须使用经登记的姓名或与其身份证件上一致的姓名，避免权利义务关系不明确。笔者在审理一起产品合同质量纠纷时，一审原告起诉塑料厂时，设备厂到庭应诉，法院判决塑料厂承担民事责任。塑料厂上诉称一审程序违法，塑料厂与设备厂是两个独立的法人企业，塑料厂的法定代表人是赵某岑，设备厂的法定代表人是赵某昭。二审中，上诉人塑料厂的委托代理人坚持法定代表人是两个不同的自然人。笔者通知其法定代表人到庭接受询问，结果某昭是名，某岑是字，赵某昭与赵某岑系同一人。这就明白了为什么通知塑料厂参加诉讼，设备厂到庭应诉。这就说明了从事重要法律行为时要使用户籍登记簿上的名字，不可把“名”和“字”混同使用，造成不必要的麻烦。

2. 自然人不得基于不正当目的而取得与他人相同的名字，不得故意造成姓名权的冲突。目前看来，尚无国家或地区禁止自然人使用与他人姓名相同的姓名，重名的现象并不少见。在数人合法取得同一姓名的情况下，合法使用属于正常现象，但如以不正当使用为目的，如以使交易对方混淆的目的使用重名，即构成了对他人姓名权的侵害。此外，实践中出现故意将自己的宠物命名为他人姓名，以侮辱他人为目的的现象，也构成对他人姓名权的侵害。

3. 不得滥用姓名权。随意更改姓名造成权利义务关系混乱，以违背公共道德和善良风俗的方式允许他人使用自己的姓名，甚至非法转让姓名等，都可以构成滥用姓名权，如以重婚、偷税等恶意目的更改姓名。

4. 姓名的构成需要符合法律及相关行政法规。司法实践中，关于姓名构成的禁止性要件一直存有争议。发生于2006年的“赵C案”[①]被称为“全国

---

① 详见江西省鹰潭市中级人民法院（2008）鹰行终字第5号行政裁定书。该案在二审审理过程中，公安部专门回复江西省公安厅。批复意见为，根据《居民身份证法》及《国家通用语言文字法》规定精神，居民身份证姓名登记项目应当使用规范汉字填写，并与常住人口登记表和居民户口簿姓名登记项目保持一致。《公安部关于启用新的常住人口登记表和居民户口簿有关事项的通知》已明确要求姓名登记项目使用汉字填写。公安机关发现常住人口登记表、居民户口簿或居民身份证姓名登记项目未使用规范汉字填写的，应请本人协助更正，并免费为其办理更正后的居民户口簿、居民身份证等。

首例公民捍卫姓名权案"，其基本争点即是否允许在姓名中使用非汉字。后该案以和解结案，但其中的关于行政权力是否可以限制公民的姓名权的争论却一直未停息。目前，按照《居民身份证法》第四条规定："居民身份证使用规范汉字和符合国家标准的数字符号填写。民族自治地方的自治机关根据本地区的实际情况，对居民身份证用汉字登记的内容，可以决定同时使用实行区域自治的民族的文字或者选用一种当地通用的文字。"因此，自然人在决定选取姓名时，应当符合这一规定。

## 五、侵害姓名权的民事责任

《民法典》第一千零一十四条规定，任何组织或者个人不得以干涉、盗用、假冒等方式侵害他人的姓名权。自然人享有的姓名权除了体现在对姓名权有权依法决定、使用、变更或者许可他人使用方面外（学理上称之为姓名权的积极权能），还体现在任何组织或者个人不得以干涉、盗用、假冒等方式侵害自己的姓名权（学理上称之为姓名权的消极权能）。[①]

在司法实践中，干涉他人使用姓名、盗用和假冒他人姓名、不使用或歪曲使用他人姓名、以侮辱方式使用他人姓名、故意错误使用他人姓名、给他人取"诨名"或"绰号"等，均属于侵害他人姓名权的行为；盗用或假冒他人姓名上大学，或者发函电欺骗或愚弄他人的，也属于侵害姓名权的行为。

姓名权有两种属性，一为物质性即积极姓名权，二为精神性即消极姓名权。就消极姓名权而言，因为只限于精神利益，因而只能构成侵权行为。而积极姓名权主要用于商业用途。侵害姓名权的民事责任，具体而言：

1. 侵犯消极姓名权的民事责任。侵犯消极姓名权的行为是侵权行为，应适用一般侵权行为的构成要件，即：违法行为、损害事实、主观过错、因果关系。消极姓名权为人格权，其权利利益限于精神利益，故侵害消极姓名权的民事责任承担方式为：停止侵害、消除影响和赔礼道歉。当然，如果因侵权行为而受有物质上的损失，也可请求损害赔偿。

---

① 黄薇主编：《中华人民共和国民法典解读·人格权编》，中国法制出版社2020年版，第113页。

以盗用方式侵害姓名权的行为，表现为未经姓名权人本人的同意，擅自以该人的名义进行民事活动。盗用他人姓名，一般是借他人姓名抬高自己或者帮助自己达到某种目的，盗用行动造成的后果往往会影响盗用人和实际权利人。如：2006 年 9 月至 2007 年 8 月，张某在工程学校担任教师。在此期间，王某在工程学校学习。2006 年 9 月，张某捡到王某的身份证，在未经王某同意的情况下，擅自利用王某的身份证，同时伪造了王某的收入证明，通过网友向某银行提交了信用卡申请资料。同年 10 月，信用卡中心根据张某提供的申请资料，通过电话方式进行了审核，批准并发放了户主为王某的涉案信用卡。2007 年 1 月 9 日，张某用涉案信用卡恶意透支消费 2397.60 元，致使王某的姓名被列入银行不良信用记录。王某得知后向公安机关报案，此后张某向银行归还了该笔透支款。2007 年 10 月 26 日，信用卡中心删除了王某的银行不良信用记录。王某认为张某的行为侵犯了其合法权益，应当承担相应的责任。法院经审理认为，首先，张某侵犯王某的姓名权。张某在捡到王某遗失的身份证后，既未将身份证归还，也未征得同意，而是擅自使用王某的身份证，以王某的姓名申请办理信用卡，其行为即属于盗用、假冒他人姓名、侵犯他人姓名权的民事侵权行为。尽管从结果看，张某的上述行为还导致王某的姓名被列入中国人民银行征信系统的不良信用记录，而该不良信用记录在王某与其他商业银行发生信贷活动时，其他商业银行均可查阅，必然造成王某的信用污点，增大其从事商业交易活动和社会活动的成本，影响社会对王某作出公正的评价，实际导致王某的名誉受到损害，但结合案情全面分析，这一结果仍是张某侵犯王某姓名权的行为所导致的损害后果。其次，信用卡中心在涉案信用卡申办、发放过程中没有尽到合理审查义务，对于王某被侵权的后果具有过错，应当承担相应的法律责任。最后，关于王某提出的赔偿请求包括名誉损失 8000 元、精神损害抚慰金 5000 元、失业保险金 5400 元、交通费 964 元，以上总计 19364 元。王某因张某、信用卡中心的侵权行为，导致其在银行征信系统存有不良信用记录，该不良信用记录对王某从事商业活动及其他社会、经济活动具有重大不良影响。虽然在查清事实后，信用卡中心已经将不良信用记录删除，但损害已经实际发生，给王某实际造成了精神上的痛苦，妨碍了其内心的安宁，其社会评价也必然因此而降低，遂王某的精神损害抚慰金酌定支持 2000 元。[①]

2. 侵犯积极姓名权的民事责任。积极姓名权是自然人把自己姓名用于商业用途而产生的权利，性质上属财产权，其受到侵害与一般财产受到侵害并无二致，因而适用通常的财产损害赔偿方式。当然，积极姓名权多是名人把自己姓名用于商业用途而产生的权利，通常只有在被告擅自以商业目的进行使用的侵害方式下，才会造成损害，这种单纯的商业利用一般不会造成被告的精神损害；但毕竟积极姓名权具有人身依附性，与消极姓名权并非鸿沟大道，如果侵害人的行为中同时包含损害原告消极姓名权的行为因素，如治心脏病的药叫“心弃疾”，治疗淋病的药叫“克淋盾”，治疗痔疮的药叫“犯痔易”，猪饲料叫“猪食茂”或“催永圆”等，显然也侵犯了所对应的名人的消极姓名权。受害人也可同时要求精神损害赔偿。

## 六、对案例 22、案例 23、案例 24、案例 25 的简要评析

1. 对案例 22 的简要评析

在本案中，涉及肖像权、姓名权纠纷（肖像权问题暂不分析）。根据《民法典》第一千零一十四条的规定，任何组织或者个人不得以干涉、盗用、假冒等方式侵害他人的姓名权。自然人的姓名权系受法律保护的人格权，未经本人同意，他人不得擅自使用自然人的姓名。本案中，优佐公司未经陈某恩同意，在其产品宣传时使用陈某恩姓名，利用陈某恩作为影视明星的影响力对其产品进行推广，以达到商业宣传目的，该行为已侵害了陈某恩的合法权益，显然构成了侵权行为，应当承担侵权责任。

优佐公司应承担的侵权责任的范围及大小的问题。根据《民法典》第九百九十八条“认定行为人承担侵害除生命权、身体权和健康权外的人格权的民事责任，应当考虑行为人和受害人的职业、影响范围、过错程度，以及行为的目的、方式、后果等因素”的规定，陈某恩作为具有一定知名度的公众人物，其姓名已含有一定的商业价值，优佐公司使用其姓名可提升产品或服务的知名度，获得经济利益，法院结合涉案行为的持续时间、

---

① 王某诉张某、某职业学校、某银行股份有限公司分行、某银行股份有限公司信用卡中心侵权纠纷案，载《最高人民法院公报》2008 年第 10 期（总第 144 期）。

损害后果，行为人的过错程度等，认定优佐公司承担本案侵权责任的方式及金额是适当的。

2. 对案例 23 的简要评析

在本案中，是司法实践中常见的因离婚后未成年子女跟随父或者母进行生活，母亲将其子女的姓名改为母姓，未成年子女的父亲不情愿，又让孩子的姓名改回到原来的姓名。姓名改来改去，改得未成年子女不情愿，而引发了本案的诉讼。《民法典》第一千零一十二条规定："自然人享有姓名权，有权依法决定、使用、变更或者许可他人使用自己的姓名，但是不得违背公序良俗。"涉案的未成年子女已经是限制民事行为能力人，具有一定表达真实意思的表示，法院从保护未成年人利益最大化角度出发，同时尊重该未成年子女的意愿，判决被告配合原告将户籍登记姓名变更为"郑某文"。

本案系适用民法典保护未成年人合法姓名变更权的典型案例。实务中，因夫妻离异后一方变更未成年人姓名而频频引发纠纷。本案审理法院坚持以未成年人利益最大化为原则，将民法典人格权编最新规定与《未成年人保护法》有机结合，充分听取具有一定判断能力和合理认知的未成年人的意愿，尊重公民姓名选择的自主权，最大限度地保护了未成年人的人格利益，收到了良好的社会效果。①

在司法实践中值得注意的是，夫妻双方在离婚协议书中约定，婚后子女由女方抚养，不得更改其子女的姓名。我们知道，姓名权是人格权的一个部分，《民法典》第九百九十二条规定："人格权不得放弃、转让或者继承。"第一千零一十二条规定："自然人享有姓名权，有权依法决定、使用、变更或者许可他人使用自己的姓名，但是不得违背公序良俗。"离婚协议书约定不得更改未成年子女姓名的约定，对于离婚的父母双方具有法律约束力，离婚双方当事人应当按照双方离婚的约定处理。但是，当子女系限制民事行为能力人时，变更子女的姓名应当征求该子女的意见。当子女系完全民事行为能力人时，该子女自己完全拥有姓名的权利，姓氏选择严格按照《民法典》第

---

① 最高人民法院 2022 年 4 月 11 日发布的《民法典颁布后人格权司法保护典型民事案例》。

一千零一十五条[①]的规定进行，名字只要不违背公序良俗即可。

3. 对案例 24 的简要评析

我国法律保护公民的姓名权，包括依法享有、决定、使用和改变自己姓名的权利。对公民姓名权的侵害方式通常包括干涉、盗用、假冒等方式，歪曲使用和侮辱性使用他人姓名也被认为是侵害他人姓名权的行为。最高人民法院曾在司法解释中指出：盗用、假冒他人姓名的，应当认定为侵害姓名权的行为。[②]

最高人民法院对本案研究后认为：当事人齐某苓主张的受教育权，来源于我国《宪法》第四十六条第一款的规定。根据本案事实，陈某琪等以侵犯姓名权的手段，侵犯了齐某苓依据宪法规定所享有的受教育的基本权利，并造成了具体的损害后果，应承担相应的民事责任。据此，最高人民法院以法释〔2001〕25 号司法解释批复了山东省高级人民法院的请示。

齐某苓通过初中中专预选后，填报了委培志愿，并被安排在统招兼委培考场，表明其有接受委培教育的愿望。齐某苓统考的分数超过了委培分数线，某商校已将其录取并发出了录取通知书。由于八中未将统考成绩及委培分数线通知到齐某苓本人，且又将录取通知书交给前来冒领的陈某琪，才使得陈某琪能够在陈某政的策划下有了冒名上学的条件。又由于某商校对报到新生审查不严，在既无准考证又无有效证明的情况下接收陈某琪，才让陈某琪冒名上学成为事实，从而使齐某苓失去了接受委培教育的机会。陈某琪冒名上学后，教委帮助陈某政伪造体格检查表；八中帮助陈某政伪造学期评语表；某商校违反档案管理办法让陈某琪自带档案，给陈某政提供了撤换档案材料的机会，致使陈某琪不仅冒名上学，而且冒名参加工作，使侵权行为得到延续。该侵权是由陈某琪、陈某政、八中、教委的故意和某商校的过失造成的。这种行为从形式上表现为侵犯齐某苓的姓名权，其实质是侵犯齐某苓依照宪法所享有的公民受教育的基本权利。各侵权人对该侵权行为所造成的后果，

---

① 《民法典》第一千零一十五条规定："自然人应当随父姓或者母姓，但是有下列情形之一的，可以在父姓和母姓之外选取姓氏：（一）选取其他直系长辈血亲的姓氏；（二）因由法定扶养人以外的人扶养而选取扶养人姓氏；（三）有不违背公序良俗的其他正当理由。少数民族自然人的姓氏可以遵从本民族的文化传统和风俗习惯。"

② 《民法通则意见》（已失效）第一百四十一条。

应当承担民事责任。

由于各侵权人侵犯了齐某苓的姓名权和受教育的权利，才使得齐某苓为接受高等教育另外再进行复读，为将农业户口转为非农业户口交纳城市增容费，为诉讼支出律师费。这些费用都是其受教育的权利被侵犯而遭受的直接经济损失，应由陈某琪、陈某政赔偿，其他各侵权人承担连带赔偿责任。齐某苓后来就读于邹城市劳动技校所支付的学费，是其接受该校教育的正常支出，不是侵权造成的经济损失，不应由侵权人承担赔偿责任。

为了惩戒侵权违法行为，陈某琪在侵权期间的既得利益（即以齐某苓的名义领取的工资，扣除陈某琪的必要生活费）应判归齐某苓所有，由陈某琪、陈某政赔偿，其他被上诉人承担连带责任。各侵权人侵犯齐某苓的姓名权和受教育的权利，使其精神遭受严重的伤害，应当按照山东省高级人民法院规定的精神损害赔偿最高标准，给齐某苓赔偿精神损害费。

4. 对案例 25 的简要评析

2014 年 11 月 1 日，第十二届全国人民代表大会常务委员会第十一次会议通过了《全国人民代表大会常务委员会关于〈中华人民共和国民法通则〉第九十九条第一款、〈中华人民共和国婚姻法〉第二十二条的解释》。该立法解释规定："公民依法享有姓名权。公民行使姓名权，还应当尊重社会公德，不得损害社会公共利益。公民原则上应当随父姓或者母姓。有下列情形之一的，可以在父姓和母姓之外选取姓氏：（一）选取其他直系长辈血亲的姓氏；（二）因由法定扶养人以外的人扶养而选取扶养人姓氏；（三）有不违反公序良俗的其他正当理由。少数民族公民的姓氏可以从本民族的文化传统和风俗习惯。"该立法解释后被《民法典》第一千零一十五条所吸收。

本案不存在选取其他直系长辈血亲姓氏或者选取法定扶养人以外的扶养人姓氏的情形，案件的焦点就在于原告法定代理人吕某峰提出的理由是否符合上述立法解释规定的"有不违反公序良俗的其他正当理由"。首先，从社会管理和发展的角度，子女承袭父母姓氏有利于提高社会管理效率，便于管理机关和其他社会成员对姓氏使用人的主要社会关系进行初步判断。倘若允许随意选取姓氏甚至恣意创造姓氏，则会增加社会管理成本，不利于社会和他人，不利于维护社会秩序和实现社会的良性管控，而且极易使社会管理出现混乱，增加社会管理的风险性和不确定性。其次，公民选取姓氏涉及公序良俗。在中华传统文化中，“姓名”中的“姓”，即姓氏，主要来源于客观上的承袭，系先祖所传，承载了对先祖的敬重、对家庭的热爱等，体现着血缘传承、伦理秩序和文化传统。而“名”则源于主观创造，为父母所授，承载了个人喜好、人格特征、长辈愿望等。公民对姓氏传承的重视和尊崇，不仅体现了血缘关系、亲属关系，更承载着丰富的文化传统、伦理观念、人文情怀，符合主流价值观念，是中华民族向心力、凝聚力的载体和镜像。公民原则上随父姓或者母姓，符合中华传统文化和伦理观念，符合绝大多数公民的意愿和实际做法。反之，如果任由公民仅凭个人意愿喜好，随意选取姓氏甚至自创姓氏，则会造成对文化传统和伦理观念的冲击，违背社会善良风俗和一般道德要求。最后，公民依法享有姓名权，公民行使姓名权属于民事活动，应当尊重社会公德，不得损害社会公共利益。通常情况下，在父姓和母姓之外选取姓氏的行为，主要存在于实际抚养关系发生变动、有利于未成年人身心健康、维护个人人格尊严等情形。本案中，原告“北雁云依”的父母自创“北雁”为姓氏、选取“北雁云依”为姓名给女儿办理户口登记的理由是“我女儿姓名‘北雁云依’四字，取自四首著名的中国古典诗词，寓意父母对女儿的美好祝愿”。此理由仅凭个人喜好愿望并创设姓氏，具有明显的随意性，不符合法律规定，不应给予支持。

## 第二节 名称权

### 一、问题的提出

我们知道，自然人拥有姓名，而法人、非法人组织不得拥有姓名权，但拥有名称。名称，又称字号，是特定团体为与其他团体相区别而使用的文字语言符号。名称是法人、非法人组织特定化的最重要的标志，是法人或者非法人组织从事民事活动的前提和基础。任何合法设立的法人或者非法人组织都享有名称权。

在研究名称权之前，先看两则案例：

## 案例26：网络竞价排名侵害名称权还是名誉权[①]

某虎公司系某搜索引擎运营商，旗下拥有搜索广告业务。甲公司为宣传企业购买了上述服务，并在3年内间断使用同行业“乙公司”的名称为关键词对甲公司进行商业推广。通过案涉搜索引擎搜索乙公司关键词，结果页面前两条词条均指向甲公司，而乙公司的官网词条却相对靠后。乙公司认为甲公司在网络推广时，擅自使用乙公司名称进行客户引流，侵犯其名称权，某虎公司明知上述行为构成侵权仍施以帮助，故诉至法院，要求甲公司、某虎公司停止侵权，赔礼道歉，消除影响并连带赔偿损失30万元。

生效裁判认为，依照《民法典》第一千零一十三条、第一千零一十四条的规定，法人、非法人组织享有名称权，任何组织或者个人不得以干涉、盗用、假冒等方式侵害其名称权。乙公司作为具有一定知名度的企业，其名称具有一定的经济价值。甲公司擅自使用乙公司名称进行营销，必然会对其造成经济损失，已侵犯其名称权。某虎公司作为案涉搜索引擎运营商，对外开展付费广告业务，其对甲公司关键词设置的审查义务，应高于普通网络服务提供者。因某虎公司未正确履行审查义务，客观上对案涉侵权行为提供了帮助，构成共同侵权。遂判决甲公司、某虎公司书面赔礼道歉、澄清事实、消除影响并连带赔偿65000元。

## 案例27：擅自使用他人企业名称构成侵权[②]

原告天津中国青年旅行社（以下简称天津青旅）诉称：被告天津国青国际旅行社有限公司在其版权所有的网站页面、网站源代码以及搜索引擎中，非法使用原告企业名称全称及简称“天津青旅”，违反了反不正当竞争法的规定，请求判令被告立即停止不正当竞争行为、公开赔礼道歉、赔偿经济损

---

① 最高人民法院于2022年4月11日发布的《民法典颁布后人格权司法保护典型民事案例》。

② 详见最高人民法院指导案例29号。该案裁判要点：1.对于企业长期、广泛对外使用，具有一定市场知名度、为相关公众所知悉，已实际具有商号作用的企业名称简称，可以视为企业名称予以保护。2.擅自将他人已实际具有商号作用的企业名称简称作为商业活动中互联网竞价排名关键词，使相关公众产生混淆误认的，属于不正当竞争行为。

失 10 万元，并承担诉讼费用。

被告天津国青国际旅行社有限公司（以下简称天津国青旅）辩称："天津青旅"没有登记注册，并不由原告享有，原告主张的损失没有事实和法律依据，请求驳回原告诉讼请求。

法院经审理查明：天津中国青年旅行社于 1986 年 11 月 1 日成立，是从事国内及出入境旅游业务的国有企业，直属于共青团天津市委员会。共青团天津市委员会出具证明称，"天津青旅"是天津中国青年旅行社的企业简称。2007 年，《今晚报》等媒体在报道天津中国青年旅行社承办的活动中已开始以"天津青旅"简称指代天津中国青年旅行社。天津青旅在报价单、旅游合同、与同行业经营者合作文件、发票等资料以及经营场所各门店招牌上等日常经营活动中，使用"天津青旅"作为企业的简称。天津国青国际旅行社有限公司于 2010 年 7 月 6 日成立，是从事国内旅游及入境旅游接待等业务的有限责任公司。

2010 年底，天津青旅发现通过 Google 搜索引擎分别搜索"天津中国青年旅行社"或"天津青旅"，在搜索结果的第一名并标注赞助商链接的位置，分别显示"天津中国青年旅行社网上营业厅 www.lechuyou.com 天津国青网上在线营业厅，是您理想选择，出行提供优质、贴心、舒心的服务"或"天津青旅网上营业厅 www.lechuyou.com 天津国青网上在线营业厅，是您理想选择，出行提供优质、贴心、舒心的服务"，点击链接后进入网页是标称天津国青国际旅行社乐出游网的网站，网页顶端出现"天津国青国际旅行社—青年旅行社青旅 / 天津国旅"等字样，网页内容为天津国青旅游业务信息及报价，标称网站版权所有：乐出游网—天津国青，并标明了天津国青的联系电话和经营地址。同时，天津青旅通过百度搜索引擎搜索"天津青旅"，在搜索结果的第一名并标注推广链接的位置，显示"欢迎光临天津青旅重合同守信誉单位，汇集国内出境经典旅游线路，100% 出团，天津青旅 400–611–5253 022.ctsgz.cn"，点击链接后进入网页仍然是上述标称天津国青国际旅行社乐出游网的网站。

法院生效裁判认为：根据《最高人民法院关于审理不正当竞争民事案件应用法律若干问题的解释》第六条第一款规定："企业登记主管机关依法登记注册的企业名称，以及在中国境内进行商业使用的外国（地区）企业名称，应当认定为反不正当竞争法第五条第（三）项规定的'企业名称'。具有一定的市场知名度、为相关公众所知悉的企业名称中的字号，可以认定为反不正当竞争法第五条第（三）项规定的‘企业名称’。”因此，对于企业长期、广泛对外使用，具有一定市场知名度、为相关公众所知悉，已实际具有商号作用的企业名称简称，也应当视为企业名称予以保护。“天津中国青年旅行社”是原告1986年成立以来一直使用的企业名称，原告享有企业名称专用权。“天津青旅”作为其企业名称简称，于2007年就已被其在经营活动中广泛使用，相关宣传报道和客户也以“天津青旅”指代天津中国青年旅行社，经过多年在经营活动中使用和宣传，已享有一定市场知名度，为相关公众所知悉，已与天津中国青年旅行社之间建立起稳定的关联关系，具有可以识别经营主体的商业标识意义。所以，可以将“天津青旅”视为企业名称与“天津中国青年旅行社”共同加以保护。

《反不正当竞争法》第五条第（三）项规定，经营者不得采用擅自使用他人的企业名称，引人误认为是他人的商品等不正当手段从事市场交易，损害竞争对手。因此，经营者擅自将他人的企业名称或简称作为互联网竞价排名关键词，使公众产生混淆误认，利用他人的知名度和商誉，达到宣传推广自己的目的的，属于不正当竞争行为，应当予以禁止。天津国青旅作为从事旅游服务的经营者，未经天津青旅许可，通过在相关搜索引擎中设置与天津青旅企业名称有关的关键词并在网站源代码中使用等手段，使相关公众在搜索“天津中国青年旅行社”和“天津青旅”关键词时，直接显示天津国青旅的网站链接，从而进入天津国青旅的网站联系旅游业务，达到利用网络用户的初始混淆争夺潜在客户的效果，主观上具有使相关公众在网络搜索、查询中产生误认的故意，客观上擅自使用“天津中国青年旅行社”及“天津青旅”，利用了天津青旅的企业信誉，损害了天津青旅的合法权益，其行为属于不正当竞争行为，依法应予制止。天津国青旅作为与天津青旅同业的竞争者，在明知天津青旅企业名称及简称享有较高知名度的情况下，仍擅自使用，有借他人之名为自己谋取不当利益的意图，主观恶意明显。依照《民法通则》第一百二十条规定，天津国青旅应当承担停止侵害、消除影响、赔偿损失的法律责任。至于天津国青旅在网站网页顶端显示的“青年旅行社青旅”字样，并非原告企业名称的保护范围，不构成对原告的不正当竞争行为。

天津市第二中级人民法院于2011年10月24日作出（2011）二中民三知初字第135号民事判决：一、被告天津国青国际旅行社有限公司立即停止侵害行为；二、被告于本判决生效之日起三十日内，在其公司网站上发布致歉声明持续15天；三、被告赔偿原告天津中国青年旅行社经济损失30000元；四、驳回原告其他诉讼请求。宣判后，天津国青旅提出上诉。天津市高级人民法院于2012年3月20日作出（2012）津高民三终字第3号民事判决：一、维持天津市第二中级人民法院上述民事判决第二项、第三项、第四项；二、变更判决第一项“被告天津国青国际旅行社有限公司立即停止侵害行为”为“被告天津国青国际旅行社有限公司立即停止使用‘天津中国青年旅行社’‘天津青旅’字样及作为天津国青国际旅行社有限公司网站的搜索链接关键词”；三、驳回被告其他上诉请求。

上述案例，均涉及侵害名称权问题。试问：如何理解名称权的法律意义？名称权的具体内容有哪些？侵害名称权如何承担民事责任？

## 二、名称权的法律意义

名称，是法人或者非法人组织在社会活动中用以代表自己并区别于其他法人或者非法人组织的文字符号和标记。[①]《民法典》第一千零一十三条规定，法人、非法人组织享有名称权，有权依法决定、使用、变更、转让或者许可他人使用自己的名称。据此，名称权是指自然人以外的其他民事主体在社会活动中依法享有的决定、使用、变更、转让或者许可他人使用自己的名称，并排除他人非法干涉的一种民事权利。名称权的法律特征表现在：[②]

1. 名称权主体的特定性。依据《民法典》的规定，名称权的主体是法人和非法人组织。法人包括营利法人[③]、非营利法人[④]和特别法人[⑤]。非法人组织

---

① 黄薇主编：《中华人民共和国民法典解读·人格权编》，中国法制出版社2020年版，第106页。

② 参见何志：《侵权责任判解研究与适用》，人民法院出版社2009年版，第254页。

③ 《民法典》第七十六条规定：“以取得利润并分配给股东等出资人为目的成立的法人，为营利法人。营利法人包括有限责任公司、股份有限公司和其他企业法人等。”

④ 《民法典》第八十七条规定：“为公益目的或者其他非营利目的成立，不向出资人、设立人或者会员分配所取得利润的法人，为非营利法人。非营利法人包括事业单位、社会团体、基金会、社会服务机构等。”

⑤ 《民法典》第九十六条规定：“本节规定的机关法人、农村集体经济组织法人、城镇农村的合作经济组织法人、基层群众性自治组织法人，为特别法人。”

包括个人独资企业、合伙企业、不具备法人资格的专业服务机构等。

2. 名称权具有专有性。名称权属于法人等社会组织专有，非经转让等合法转移方式，其他经营单位不得使用。基于此，名称权具有可转让性这一显著特征，以区别于其他人格权，也区别于姓名权。

3. 名称权的客体具有间接的财产利益。人格权以不具有直接的财产因素或不具有财产因素为基本特征，名称权属于前者。这主要表现在商业名称上，老字号、老商号、名牌企业效益好、信誉高，因而其名称具有较高的使用价值。

4. 名称权取得的法定性。名称权的取得必须依照法定程序进行，如企业法人的名称必须依法进行工商登记，方能有效成立。企业名称的简称，若能够代表该企业，同样受到法律的保护。如，最高人民法院山东起重机有限公司与山东山起重工有限公司侵犯企业名称权纠纷案中的裁判摘要是：企业名称的简称源于语言交流的方便。企业简称的形成与两个过程有关：一是企业自身使用简称代替其正式名称；二是社会公众对于企业简称的认同，即认可企业简称与其正式名称所指代对象为同一企业。由于简称省略了正式名称中某些具有限定作用的要素，可能会不适当地扩大正式名称所指代的对象范围。因此，企业简称能否特指该企业，取决于该企业简称是否为相关社会公众所认可，并在相关社会公众中建立起与该企业的稳定的关联关系。对于具有一定的市场知名度、为相关社会公众所熟知并已经实际具有商号作用的企业或者企业名称的简称，可以视为企业名称。如果经过使用和社会公众认同，企业的特定简称已经在特定地域内为相关社会公众所认可，具有相应的市场知名度，与该企业建立了稳定的关联关系，具有识别经营主体的商业标识意义，他人在后擅自使用该知名企业简称，足以使特定地域内的相关社会公众对在后使用者和在先企业之间发生市场主体的混淆、误认，在后使用者就会不恰当地利用在先企业的商誉，侵害在先企业的合法权益。具有此种情形的，应当将在先企业的特定简称视为企业名称，并根据《反不正当竞争法》第五条第（三）项的规定加以保护。①

---

① 《最高人民法院公报》2010 年第 3 期（总第 161 期）。

## 三、名称权的内容

### （一）名称设定权

法人、非法人组织享有名称权的最基本内容，就是为自己设定名称的权利，他人不得强制干预。法人或者非法人组织通过决定名称对外表征其行业、组织形式等相关信息。对于名称的设定是否存在限制，各国采取不同做法：一是采取自由主义，法律不加限制，可以自行选定自己的名称；二是采取限制主义，法律规定商号、法人的名称应当表明其经营种类、组织形式，非经登记不发生效力，甚至规定对未设定名称的，法院因利害关系人或检察官的请求，应予以规定。对此，我国立法采折中主义，即对法人尤其是企业法人，必须设定名称，并且依照法律的规定设定，非经依法登记，不发生效力，不取得名称权。[①] 对于非法人组织如个人独资企业、合伙企业等自然人组合，依其自愿，可以设定名称，也可以不设定名称。

### （二）名称使用权

名称权主体对其名称享有独占使用的权利，排除他人非法干涉和非法使用。名称经依法登记，即产生名称权主体的独占使用效力，法律予以保护，在登记的地区内，他人不得再登记经营同一营业性质的该名称；未经登记而使用者，为侵害名称权。在同一地区内，数个单位曾使用同一名称，其中一方经登记后，其他单位不得再使用该名称，否则亦为侵权。名称使用的范围，应以其登记核准的范围为限，限于在本省、本市、本县以至本镇内使用，在核准使用的范围内，该名称独占使用。使用“中国”“中华”等字样的企业名称，在全国范围内使用，其他单位均不得在国内使用同一名称。名称的独占使用，限于同一行业，不排除不同行业使用，但使用时必须标明行业的性质，如南阳制药有限责任公司与南阳粮油贸易有限责任公司。

微信公众号服务在我国处于快速发展期，同样应当适用名称权的法律制

---

① 《民法典》第五十八条规定：“法人应当依法成立。法人应当有自己的名称、组织机构、住所、财产或者经费。法人成立的具体条件和程序，依照法律、行政法规的规定。设立法人，法律、行政法规规定须经有关机关批准的，依照其规定。”

度予以保护。如尚客圈（北京）文化传播有限公司诉为你读诗（北京）科技有限公司、首善（北京）文化产业有限公司擅自使用知名服务特有名称纠纷案中认为，首先，为你读诗公司、首善文化公司与尚客圈公司具有竞争关系。为你读诗公司、首善文化公司与尚客圈公司提供的服务都是以移动客户端如手机为载体，服务对象都是移动平台用户，服务内容都是与诗歌有关的主题，故为你读诗公司和首善文化公司与尚客圈公司提供的是类似的服务，构成竞争关系，应受反不正当竞争法的调整。其次，尚客圈公司的微信公众号“为你读诗”构成知名服务特有的名称。根据查明的事实可以认定在被控侵权行为发生时，尚客圈公司的“为你读诗”微信公众号服务在我国已具有一定的市场知名度，属于相关公众所知悉的服务。最后，为你读诗公司和首善文化公司的被诉行为构成不正当竞争。根据相关法律规定，所述混淆或误认是指发生混淆或者误认的可能性，而不需要实际发生混淆或误认，且不以实际发生损害后果为前提。为你读诗 APP 和“为你读诗”微信公众号的名称完全相同，二者均是以移动客户端如手机为载体，且“为你读诗”微信公众号提供的核心服务为朗诵诗歌供订阅者收听，可完全被为你读诗 APP 提供的服务所涵盖，上述情形使得相关公众在接受为你读诗 APP、“为你读诗官方客户端”微信公众号的服务时，容易认为该服务系由尚客圈公司提供，从而产生混淆或误认。该案的典型意义在于：本案的焦点问题涉及知名微信公众号名称的不正当竞争保护，由于移动互联网络具有受众范围广、传播速度快等特点，故其产业经营特点、竞争方式有别于传统产业。对于涉互联网不正当竞争纠纷案件的处理，既要准确理解、适用法律，也要充分了解特定产业的特点。对于互联网环境下的竞争纠纷，要结合网络本身所具有的特点，充分考量互联网软件产品或服务的模式创新以及市场主体的劳动付出，通过司法裁判，促进和规范市场竞争秩序。①

### （三）名称变更权

名称权主体在使用其名称的过程中，可以依法变更自己登记使用的名称。名称变更，可以部分变更，也可以全部变更。变更名称必须依法进行变

---

① 2018 年 8 月 16 日《最高人民法院发布第一批涉互联网典型案例》。

更登记，其程序与设定名称相同。名称一经变更登记后，原登记的名称视为撤销，不得继续使用，应当使用新登记的名称进行经营活动。名称变更应依主体意志而为，他人不得强制干涉。

### （四）名称转让权

法人或者非法人组织对其名称享有转让的权利，这是名称权与姓名权的重要区别。名称转让可以是部分转让，即将名称使用权转让于他人使用；也可以是全部转让，即将名称权全部转让于他人享有。部分转让者，名称权人仍享有名称权，仍得自行使用名称，但名称使用人依其使用权的转让，而依约定使用该名称。全部转让者，原名称权人丧失名称权，不得继续使用；受让人成为该名称的权利人，享有专有使用权及名称权的一切权利。

名称权转让时是否连同营业一并转让？对此存在两种观点：一是绝对转让主义，及法人或者非法人组织转让其名称时应当连同其营业同时转让，或者在其终止营业时转让名称。转让名称后，受让人独占该名称，原名称权人不再享有该名称。二是相对转让主义，即法人或者非法人组织可以将其名称权与其营业相分离单独转让，并可以由多个民事主体使用同一名称，转让人也可以继续享有原名称的名称权。在实践中和现有立法也基本上采用了绝对转让主义。[①] 法人或者非法人组织名称权的转让，涉及原名称权主体的债权债务问题，应当遵循转让人与受让人、债权人或者债务人有约定按照约定处理，没有约定按照法定处理（受让人在受让名称时一并承受债权债务）。

## 四、侵害名称权的民事责任

### （一）侵害名称权的构成要件

侵害名称权的构成，如同侵害他人姓名权，应当具备一般侵权行为的四个要件，即主观过错、违法行为、损害事实、违法行为与损害事实之间的因果关系。

---

① 黄薇主编：《中华人民共和国民法典解读·人格权编》，中国法制出版社 2020 年版，第 110 页。

违法行为，即侵害名称权的行为，是指加害人实施的非法侵害他人名称权的一项或数项权能的行为。剥夺他人的名称或非法禁止主体享有某一合法名称，为侵害行为；破坏他人的名称的排他行使权，而非法使用与他人名称相同的名称，为侵害行为；假冒他人名称（字号）的行为，属于侵害他人名称权的行为；非法禁止或限制他人部分或全部转让名称的使用，或接受使用转让后不支付相应的费用，为侵害行为；非法干涉或限制他人起名（包括字号），为侵害行为；非法限制或禁止他人改变名称，也为侵害行为。干涉、盗用、假冒、歪曲使用、侮辱使用他人名称，均构成侵害他人名称权的行为。

侵害名称权，直接侵害的是当事人的人身权，但由于当事人多为营利性的企业法人、个体工商户、个人合伙，其名称受到侵害，往往导致其财产上的损失。因此，加害人必须赔偿由此而产生的经济损失。如《最高人民法院公报》刊登一则案例：[①] 原告俱乐部系社团法人，某足球队是其下属。被告特某通公司是外商独资企业。3 月 12 日，特某通公司与某广告公司签订了一份广告合约，约定广告公司为特某通公司在上海《某体育报》上制作 10 厘米 ×35 厘米黑色通栏广告两次，广告内容是北欧风情家具，广告资料由特某通公司提供，广告总价 24000 元，折扣 50%，计价 12000 元，付款日期 3 月 22 日，刊出日期 3 月 22 日和 4 月 5 日。合同签订后，特某通公司的商业广告如约在 3 月 22 日、3 月 25 日、4 月 2 日的《某体育报》上刊发，其中一次属错刊。广告内容中，除了介绍特某通公司的家具产品外，还有“99 某花搬新家，那你呢？”“甲 A 冠军”等词句。俱乐部发现该广告后，即与特某通公司交涉，要求特某通公司立即停止侵害、赔礼道歉并赔偿经济损失。特某通公司不同意，俱乐部遂提起诉讼。原告俱乐部下属的足球队曾在 1995 年度的全国足球甲 A 联赛中获得冠军。1999 年度全国足球甲 A 联赛时，俱乐部将主赛场搬迁至虹口足球场，搬迁时间是 1999 年 3 月 21 日。生效裁判认为：《民法通则》第九十九条第二款规定：“法人、个体工商户、个人合伙享有名称权。企业法人、个体工商户、个人合伙有权使用、依法转让自己的名称。”《民法通则意见》第 141 条规定：“盗用、假冒他人姓名、名称造成损害的，应当认定为侵犯姓名权、名称权的行为。”“某花”是原告俱乐部的名称，俱乐部对此享有

① 案例来源于《最高人民法院公报》2001 年第 1 期（总第 66 期）。

法人名称权，有权使用这一名称，其他人不得盗用、假冒。俱乐部下属的足球队在 1995 年度的全国足球甲 A 联赛中获得冠军，提高了“某花”的知名度，使这一名称不再仅仅是俱乐部享有独立法人人格的标志，还具有了象征荣誉，在一定条件下能够发挥号召公众作用的属性。在商品经济社会中，由于名称的这种属性能够带来商业上的利益，使名称成为名称权人的一项无形财产。任何人想通过使用他人名称获取商业利益，必须经过名称权人的同意，否则即构成对名称权人的侵权。被告特某通公司在宣传自己经销的北欧风情家具的广告中，本无任何必要向公众传播某花足球队曾获甲 A 冠军和比赛场地搬家的事实。该公司将这一事实写进广告，把自己宣传的产品与原告俱乐部享有的荣誉结合起来，无非是想达到促销自己产品的目的。特某通公司为了扩大商业广告效应以获取商业利益，在未经名称权人同意的情况下，将专属于俱乐部所有的“某花”名称使用在其商业广告中，造成了俱乐部无法控制自己这一项无形财产并从中受益的损害。特某通公司的行为，对俱乐部的名称权已构成侵害，应当承担侵权的民事责任。原告俱乐部在自己的名称权受到侵害后，诉请判令被告特某通公司立即停止侵害，公开赔礼道歉，于法有据，应当支持。但是，俱乐部诉请判令特某通公司赔偿经济损失 300000 元，则因证据不足，不能全部支持。对于赔偿数额，将根据特某通公司使用俱乐部名称的次数、传播范围、过错程度以及侵权行为所造成的后果、社会影响等因素，酌情决定赔偿 50000 元。

### （二）司法实践中的常见问题

#### 1. 侵害名称（字号）权与侵害商标专用权

在实践中，有的法人、非法人组织所使用的商标与其名称（字号）相同，并进行了商标注册。如南阳啤酒厂使用的“南阳”商标。于此情形，对主体名称（字号）的侵害，也可能侵害其商标权，反之亦然。主体可就名称权受到侵害而起诉，也可以商标权受到侵害而起诉，也可以二者均受到侵害为由而起诉。有的主体的名称与所使用的商标并不相同。在这种情况下，主体可分别对侵害其名称（字号）或侵害其商标专用权请求保护。

在实践中，主体的商品或服务使用与其名称（字号）相同的文字，但没有进行商标注册。如果他人以相同的文字标在其商品或服务上，受害人则不可能通过商标专用权的诉讼而获得保护。这时受害人仍可以名称（字号）被侵害而请求法律救济，法院应支持其主张。这对于保护某些传统名优商品、保护老字号等，是十分重要的。

2. 关于名称（字号）之转让与继承

某些法人、非法人组织的名称（字号）与特定的产品和服务相联系。某些字号或经过历代相传或经过经营者的努力开拓而在消费者中负有盛名。这种名称（字号）既是名称权的内容，也是一种无体财产权，因此应当允许其继承转让。这种转让与继承与其说是名称权的转让与继承，毋宁说是依附于名称（字号）之上的无体财产权的转让与继承。但这种无体财产权在历史的形成过程中即依附于名称（字号），我们无法从其所依附的名称（字号）上剥离下来而使其独立存在。因此，其转让和继承带有名称（字号）权转让和继承的表象。我国法律保护这种转让和继承。对其合法转让和继承进行侵害的，也认定为侵害名称权的行为。当然，法人之名称不存在继承问题，一旦法人解散，名称也不再存在。但附着于其名称（字号）之上的无体财产权，可以在法人解散时转移出去。

## 五、对案例 26、案例 27 的简要评析

1. 对案例 26 的简要评析

根据《民法典》第一千零一十三条的规定，法人、非法人组织享有名称权，有权依法决定、使用、变更、转让或者许可他人使用自己的名称。名称权是企业从事商事活动的重要标识性权利，已逐渐成为企业的核心资产。根据《民法典》第一千零二十四条的规定，名誉是对民事主体的品德、声望、才能、信用等的社会评价。民事主体享有名誉权。任何组织或者个人不得以侮辱、诽谤等方式侵害他人的名誉权。在本案中，甲公司以乙公司的名义推销产品，是因为乙公司有“名气”能蹭热度，故构成侵害名称权，并非名誉权。因为，甲公司并没有诋毁乙公司的名誉。

本案立足于数字经济发展新赛道，通过揭示竞价排名广告的商业逻辑，明确他人合法注册的企业名称受到保护，任何人不得通过“蹭热点”“傍名牌”等方式侵害他人企业名称权。同时，本案还对网络服务提供者的审查义务进行了厘定，敦促其利用技术优势实质性审查“竞价排名”关键词的权属

情况等，对制约商标侵权、不正当竞争行为，规范行业竞争秩序，构筑健康的品牌经济具有积极作用。[①]

2. 对案例 27 的简要评析

2014 年 6 月 26 日，最高人民法院发布指导案例 29 号天津中国青年旅行社诉天津国青国际旅行社擅自使用他人企业名称纠纷案。该指导案例旨在明确：第一，企业在业务介绍、宣传广告中恶意使用他人企业名称或名称简称，构成不正当竞争，应承担的民事责任。第二，具有商号作用的企业名称的简称，可以作为企业名称保护；擅自在商业活动中使用他人具有商号作用的企业名称的简称，属于不正当竞争行为。该指导案例的发布有利于加强网络环境下企业名称权的保护，依法制止利用他人的知名度和商誉的不正当竞争行为，维护公平竞争的市场秩序。[②]

该指导案例裁判要点确认：企业名称的简称对于一个已经成立多年，并具有一定社会影响力的企业而言，不仅具有较强的标志性，而且具有与其知名度相称的财产价值。如果将他人企业名称的简称作为自己企业的商号使用时，同样侵犯了他人企业名称的专用权，属于民事侵权。

商业标记是指市场交易者在商品或服务上使用的各种标记，主要包括商标、商号、姓名、商品包装与装潢、营业场所的外观、特有商品的名称、域名等。其中商标的不法使用由《商标法》专门调整，其他商业标记的使用均由《反不正当竞争法》进行兜底处理。不正当竞争，是指经营者违反该法规定，损害其他经营者的合法权益，扰乱社会经济秩序的行为。因此，在企业业务介绍、宣传广告中恶意使用他人企业名称或名称简称，构成不正当竞争，应承担民事责任。

不正当竞争的本质是侵权，因此构成不正当竞争的要素与一般的侵权责任一致。按照四要件说，首先，有侵权行为。即未经许可擅自使用他人商业标记的行为。使用的范围可做广义的解释，不仅仅局限于使用商业标记本身，还可以是与商标标记相近的形式，以及缩写或简称等形式，判断时以是否能

---

① 最高人民法院于 2022 年 4 月 11 日发布的《民法典颁布后人格权司法保护典型民事案例》。

② 袁定波:《最高法发布第七批指导性案例》，载《法制日报》2014 年 7 月 4 日。

引起公众误认为准。其次，不正当竞争人主观有恶意。恶意可以从两个方面判断。客观上，与其他企业名称相同或近似。主观上，有故意混淆误导消费者，或者故意减损商业标记价值，进行不正当竞争的意图。再次，侵权结果。侵犯企业名称权的后果须达到一定的程度才能认定为不正当竞争。一般认为侵权结果应从是否使相关公众误认或使被侵权商业标记价值减损两个方面判断，只要满足其一即可。就其效果而言，不要求实际发生了误认或价值减损，只要求足以具有这种可能性即可。如《最高人民法院关于审理不正当竞争民事案件应用法律若干问题的解释》第四条第一款规定：足以使相关公众对商品的来源产生误认，包括误认为与知名商品的经营者具有许可使用、关联企业关系等特定联系的，应当认定为反不正当竞争法第五条第（二）项规定的“造成和他人的知名商品相混淆，使购买者误认为是该知名商品”。本案例中，天津国青国际旅行社擅自将他人已实际具有商号作用的企业名称简称作为商业活动中互联网竞价排名关键词，使相关公众产生混淆误认，即具备了不正当竞争行为的侵权后果。最后，侵权行为和结果有因果关系。具备了这四个方面，即可判定已经构成不正当竞争。

企业名称权属于企业人格权，可以参照民法关于人格权侵权救济方法，采用停止侵害、排除妨碍、恢复名誉、消除影响等保护企业的精神利益。也可以按照不正当竞争的责任体系，责令侵权人停止侵害并赔偿损失。具体的赔偿金额，可以依据《反不正当竞争法》第二十条：“经营者违反本法第八条规定对其商品作虚假或者引人误解的商业宣传，或者通过组织虚假交易等方式帮助其他经营者进行虚假或者引人误解的商业宣传的，由监督检查部门责令停止违法行为，处二十万元以上一百万元以下的罚款；情节严重的，处一百万元以上二百万元以下的罚款，可以吊销营业执照。经营者违反本法第八条规定，属于发布虚假广告的，依照《中华人民共和国广告法》的规定处罚。”确定《反不正当竞争法》第五条、第九条、第十四条规定的不正当竞争行为的损害赔偿额，可以参照确定侵犯注册商标专用权的损害赔偿额的方法进行。本指导案例中，被告天津国青国际旅行社有限公司最后承担了停止侵害、恢复名誉和赔偿损失三种民事责任。

第四章

# 肖像权

### 本章概要

肖像是通过影像、雕塑、绘画等方式在一定载体上所反映的特定自然人可以被识别的外部形象。自然人享有肖像权，有权依法制作、使用、公开或者许可他人使用自己的肖像。本章共计6个条文，对肖像的定义和肖像权的权能、禁止侵害肖像权、合理使用肖像权的情形、肖像许可使用合同、声音的保护等内容作了规定。

本章规定的主要内容：任何组织或者个人不得以丑化、污损，或者利用信息技术手段伪造等方式侵害他人的肖像权。未经肖像权人同意，不得制作、使用、公开肖像权人的肖像，但是法律另有规定的除外。未经肖像权人同意，肖像作品权利人不得以发表、复制、发行、出租、展览等方式使用或者公开肖像权人的肖像。合理使用肖像，可以不经肖像权人同意。当事人对肖像许可使用合同中关于肖像使用条款的理解有争议的，应当作出有利于肖像权人的解释。当事人对肖像许可使用期限没有约定或者约定不明确的，任何一方当事人可以随时解除肖像许可使用合同，但是应当在合理期限之前通知对方。当事人对肖像许可使用期限有明确约定，肖像权人有正当理由的，可以解除肖像许可使用合同，但是应当在合理期限之前通知对方。因解除合同造成对方损失的，除不可归责于肖像权人的事由外，应当赔偿损失。

# 第一节　肖像权概说

## 一、问题的提出

肖像是通过影像、雕塑、绘画等方式在一定载体上所反映的特定自然人可以被识别的外部形象。这种表现形式是多种多样的，包括照片、图画、雕塑、录像、录影等。而在科技高度发展的今天，也可以将公民的肖像资料输入计算机。计算机显示人的肖像，成为肖像的表现形式之一。肖像是公民形态和神态的客观真实反映，肖像应当反映公民的真实面貌，而公民创作的某些艺术形象（如猪八戒、孙悟空），并非创作者（演员）的形态和神态的客观真实反映，因而不能认为这种艺术形象为其肖像。随着年龄的增长，公民的形态和神态可能发生一些变化，其肖像也随之变化。不同时期的肖像反映公民不同时期的神形特征，它们既有差别，又有相似性。自然人享有肖像权，有权依法制作、使用、公开或者许可他人使用自己的肖像。

在研究肖像权概说之前，先看两则案例：

### 案例 28：擅自使用自然人形象创设虚拟人物，是否构成侵害肖像权[①]

被告运营某款智能手机记账软件，在该软件中，用户可以自行创设或添加“AI 陪伴者”，设定“AI 陪伴者”的名称、头像、与用户的关系、相互称谓等，并通过系统功能设置“AI 陪伴者”与用户的互动内容，系统称之为“调教”。本案原告何某系公众人物，在原告未同意的情况下，该软件中出现了

① 最高人民法院 2022 年 4 月 11 日发布的《民法典颁布后人格权司法保护典型民事案例》。

以原告姓名、肖像为标识的“AI 陪伴者”，同时，被告通过算法应用，将该角色开放给众多用户，允许用户上传大量原告的“表情包”，制作图文互动内容从而实现“调教”该“AI 陪伴者”的功能。原告认为被告侵害了原告的姓名权、肖像权、一般人格权，故诉至法院，要求其赔礼道歉并赔偿经济损失、精神损害抚慰金等。

北京互联网法院经审理认为，案涉软件中，用户使用原告的姓名、肖像创设虚拟人物，制作互动素材，将原告的姓名、肖像、人格特点等综合而成的整体形象投射到 AI 角色上，该 AI 角色形成了原告的虚拟形象，被告的行为属于对包含原告肖像、姓名的整体人格形象的使用。同时，用户可以与该 AI 角色设定身份关系、设定任意相互称谓、通过制作素材“调教”角色，从而形成与原告真实互动的体验，被告对于案件的上述功能设置还涉及自然人的人格自由和人格尊严。虽然具体图文由用户上传，但被告的产品设计和对算法的应用实际上鼓励、组织了用户的上传行为，直接决定了软件核心功能的实现，被告不再只是中立的技术服务提供者，应作为内容服务提供者承担侵权责任。因此，被告未经同意使用原告姓名、肖像，设定涉及原告人格自由和人格尊严的系统功能，构成对原告姓名权、肖像权、一般人格权的侵害。遂判决被告向原告赔礼道歉、赔偿损失。

## 案例 29：具备明显可识别性的肖像剪影是否属于肖像权的保护范畴①

被告某生物科技公司在其公众号上发布的一篇商业推广文章中，使用了一张对知名艺人甲某照片进行处理后形成的肖像剪影，文章中介绍公司即将迎来一名神秘“蓝朋友”并提供了大量具有明显指向性的人物线索，该文章评论区大量留言均提及甲某名字或其网络昵称。原告甲某认为被告侵犯其肖像权、姓名权，遂诉至法院要求被告立即撤下并销毁相关线下宣传物料、公开赔礼道歉、赔偿经济损失等。被告辩称，肖像剪影没有体现五官特征，不能通过其辨识出性别、年龄、身份等个人特征，不具备可识别性，不具备肖像的属性，被告未侵犯原告肖像权，且

① 最高人民法院 2022 年 4 月 11 日发布的《民法典颁布后人格权司法保护典型民事案例》。

涉案文章刊载时间很短，影响范围较小，未给原告造成任何经济损失，不应承担侵权责任。

生效裁判认为，民法典以“外部形象”“载体反映”“可识别性”三要素对肖像进行了明确界定，尤以可识别性作为判断是否为肖像的最关键要素。本案中，即便被告对原告照片进行了加工处理，无法看到完整的面部特征，但剪影所展现的面部轮廓（包括发型）仍具有原告的个人特征，属于原告的外部形象，而案涉文章的文字描述内容具有较强的可识别性，通过人物特征描述的“精准画像”，大大加强了该肖像剪影的可识别性，案涉文章部分精选出的大量留言均评论该肖像剪影为甲某，更加印证了该肖像剪影的可识别性。综上，案涉文章中的肖像剪影在结合文章内其他内容情况下，具有明显可识别性，因此构成对原告肖像权的侵害，遂判决被告赔礼道歉并向原告支付经济损失 10 万元。

上述案例，均是侵害了肖像权的案例，但又不同于传统意义上的侵害肖像权的案例。试问：如何理解肖像权的法律意义？肖像权的具体内容有哪些？侵害肖像权如何承担民事责任？姓名许可和声音保护如何参照适用？

## 二、肖像权的法律意义

何谓肖像？这是规定肖像权的首要问题。依据《民法典》第一千零一十八条第二款规定，肖像是通过影像、雕塑、绘画等方式在一定载体上所反映的特定自然人可以被识别的外部形象。立法机构认为，首先，肖像的范围不应限于自然人的面部特征。肖像是一个自然人形象的标志，除面部特征外，任何足以反映或者可以识别特定自然人的外部形象如不纳入肖像权的保护范围，都很有可能对该自然人的人格尊严造成威胁。肖像的范围过小，不利于保护肖像权人的利益。其次，肖像是指通过一定载体所能够客观真实地反映出的自然人外部形象，这种载体可以是艺术作品，艺术作品是典型的形式，但并不限于艺术作品，任何可以反映自然人外部形象的物质手段都可以纳入这种载体，可以体现为图片、照片、绘画、雕塑等任何形式。最后，肖像应当具有较为清晰的可识别性。法律保护自然人肖像的目的是保护其外部形象不被他人混淆从而贬损或者滥用，因此通过一定载体所呈现出的外部形象一定具有较为清晰的指向性和识别性，如果通过载体呈现出的外部形象无法指向或者识别出特定自然人则不应纳入肖像的范围。因此说，肖像有自然人外部形象、外部形象载体和可识别性三个构成要件。[①]

肖像权，是指自然人所依法享有的，以与自己的肖像有关的人格利益为客体的人格权。肖像上所体现的人格利益包括精神利益和物质利益两部分。[②]英美侵权行为法中，肖像属于名誉方面的利益，侵害他人肖像权一般归入侵害名誉权，而仅公开他人肖像则被认为是侵害隐私权。[③]我国《民法通则》第一百条规定："公民享有肖像权，未经本人同意，不得以营利为目的使用公民的肖像。"《民法典》第一千零一十八条第一款规定，自然人享有肖像权，有权依法制作、使用、公开或者许可他人使用自己的肖像。

肖像权的法律特征表现为：

1. 肖像权包含的是一种精神方面的利益。自然人的肖像包括具有证明和体现其独立人格的功能，事关其人格尊严。因此，法律保护权利人对自己形象享有的维护其完美性的权利，保护权利人禁止他人非法毁损、恶意玷污和歪曲自己肖像的权利。

2. 肖像权还体现了一定的物质利益。自然人的肖像具有美学价值，好的肖像作品会给人带来美的享受。在市场经济条件下，这种美学价值可以被利用，可以转化为财产上的利益。但应当明确的是，这种物质利益是由肖像权人的精神利益所派生得来的。

3. 肖像权是自然人专属享有的民事权利。肖像权的主体只能是自然人，法人和其他社会组织因为不具备自然人的形态、神态特征而无从构成其肖像，当然也就不享有肖像权。肖像权具有专属性。这种专属性首先体现在形象再现上，即只有权利人自己有权决定制作或者不制作自己的肖像，他人再现权利人的形象只有获得权利人的同意才可以进行，而无权自行决定。

---

① 参见黄薇主编：《中华人民共和国民法典解读·人格权编》，中国法制出版社2020年版，第134页。

② 何志：《侵权责任判解研究与适用》，人民法院出版社2009年版，第260页。

③ 张新宝：《侵权责任法原理》，中国人民大学出版社2005年版，第197页。

肖像权的专属性还表现为对肖像使用权处分的专有性上。只有肖像权人才可以将自己肖像的使用权转让给他人，且受转让人可以在何种范围内使用该肖像，也必须由转让人决定。实际上，肖像权的使用是通过一种合同的形式来实现的。

4. 肖像权的专有性具有相对性。即指肖像权的合理使用。也就是说，他人虽未经权利人同意而使用其肖像，但法律规定不构成侵权的情形。《民法典》第一千零二十条规定，合理实施[①]下列行为的，可以不经肖像权人同意：

（1）为个人学习、艺术欣赏、课堂教学或者科学研究，在必要范围内使用肖像权人已经公开的肖像。使用他人肖像有两个前提条件：一是在必要范围内使用肖像，如个人学习、艺术欣赏、课堂教学或者科学研究；二是使用的肖像必须是肖像权人已经公开的肖像，未公开的肖像不得使用。

（2）为实施新闻报道，不可避免地制作、使用、公开肖像权人的肖像。为行使舆论监督权、保障社会公众的知情权，新闻媒体进行新闻报道时，经

---

① 《民法典》关于肖像合理实施的规定在我国法律体系中是前所未有的创举。该条是在借鉴《著作权法》关于合理使用立法经验的基础上，结合肖像权的权利属性的特点作出的规定。《著作权法》第二十四条规定："在下列情况下使用作品，可以不经著作权人许可，不向其支付报酬，但应当指明作者姓名或者名称、作品名称，并且不得影响该作品的正常使用，也不得不合理地损害著作权人的合法权益：（一）为个人学习、研究或者欣赏，使用他人已经发表的作品；（二）为介绍、评论某一作品或者说明某一问题，在作品中适当引用他人已经发表的作品；（三）为报道新闻，在报纸、期刊、广播电台、电视台等媒体中不可避免地再现或者引用已经发表的作品；（四）报纸、期刊、广播电台、电视台等媒体刊登或者播放其他报纸、期刊、广播电台、电视台等媒体已经发表的关于政治、经济、宗教问题的时事性文章，但著作权人声明不许刊登、播放的除外；（五）报纸、期刊、广播电台、电视台等媒体刊登或者播放在公众集会上发表的讲话，但作者声明不许刊登、播放的除外；（六）为学校课堂教学或者科学研究，翻译、改编、汇编、播放或者少量复制已经发表的作品，供教学或者科研人员使用，但不得出版发行；（七）国家机关为执行公务在合理范围内使用已经发表的作品；（八）图书馆、档案馆、纪念馆、博物馆、美术馆、文化馆等为陈列或者保存版本的需要，复制本馆收藏的作品；（九）免费表演已经发表的作品，该表演未向公众收取费用，也未向表演者支付报酬，且不以营利为目的；（十）对设置或者陈列在公共场所的艺术作品进行临摹、绘画、摄影、录像；（十一）将中国公民、法人或者非法人组织已经发表的以国家通用语言文字创作的作品翻译成少数民族语言文字作品在国内出版发行；（十二）以阅读障碍者能够感知的无障碍方式向其提供已经发表的作品；（十三）法律、行政法规规定的其他情形。前款规定适用于对与著作权有关的权利的限制。"

常制作、使用、公开肖像权人的肖像。例如，新闻媒体报道见义勇为的英雄模范时，不可避免地制作、使用、公开英雄模范的肖像。在此情况下，不构成侵害肖像权。

（3）为依法履行职责，国家机关在必要范围内制作、使用、公开肖像权人的肖像。这种情形比较常见，但国家机关制作、使用、公开肖像的权力并不是没有边界的，必须是为依法履行职责的行为，而且还应当是在必要范围之内。

（4）为展示特定公共环境，不可避免地制作、使用、公开肖像权人的肖像。例如，旅行的游客在人群密集的风景点拍摄以风景为画面主体而不是以特定自然人为画面主体的风景照，不可避免地会将在场其他游客的肖像摄入照片之中，此类行为不存在不正当性，不属于侵害肖像权的行为。

（5）为维护公共利益或者肖像权人合法权益，制作、使用、公开肖像权人的肖像的其他行为。该项规定包括两个方面的内容：一是维护公共利益的免责条款，为维护公共利益，可以不经肖像权人同意，制作、使用、公开其肖像；二是维护权利人合法权益条款，为维护肖像权人合法权益，可以不经肖像权人同意制作、使用、公开其肖像。该类情况的典型行为就是刊登“寻人启事”。

## 三、肖像权的具体内容

根据《民法典》第一千零一十八条第一款“自然人享有肖像权，有权依法制作、使用、公开或者许可他人使用自己的肖像”的规定，肖像权的具体内容包括：

1. 依法制作自己肖像的权能。制作肖像权能又称之为形象再现权能，即自然人有权自己或者许可他人通过造型艺术形式或者其他形式再现自己的外部形象。这项权能是肖像权的基本权能，也是肖像权中的其他权能的基础和前提。[①] 具体而言，一是自然人依法享有制作自己肖像的权能，包括决定是否制作、在什么时间和条件下制作、采取什么方式制作等，他人不得干预或

---

① 黄薇主编：《中华人民共和国民法典解读 · 人格权编》，中国法制出版社 2020 年版，第 132 页。

禁止；二是肖像权人有权禁止他人非法制作自己的肖像。未经肖像权人的同意，任何人不得擅自制作其肖像。对此，《民法典》第一千零一十九条第一款规定，任何组织或者个人不得以丑化、污损，或者利用信息技术手段伪造等方式侵害他人的肖像权。未经肖像权人同意，不得制作、使用、公开肖像权人的肖像，但是法律另有规定的除外。

2. 依法使用肖像的权能。肖像权人有权将自己的肖像用于任何合法的目的，这种目的既可以是精神上的愉悦，也可以是获得一定的财产利益。肖像权人使用肖像的方式可以是多样的，既可以用复制、展示的方式使用，也可以是以销售的方式使用。肖像权的权能体现了一定的财产利益并可以与肖像权人相分离，但他人利用肖像权人的肖像应当获得肖像权人的同意或者许可。

3. 依法公开肖像的权能。肖像权人对于已经制作的肖像，可以自己对外公开或者许可他人公开，禁止他人擅自公开。

4. 许可他人使用肖像的权能。《民法典》第一千零二十一条规定，当事人对肖像许可使用合同中关于肖像使用条款的理解有争议的，应当作出有利于肖像权人的解释。第一千零二十二条规定，当事人对肖像许可使用期限没有约定或者约定不明确的，任何一方当事人可以随时解除肖像许可使用合同，但是应当在合理期限之前通知对方。当事人对肖像许可使用期限有明确约定，肖像权人有正当理由的，可以解除肖像许可使用合同，但是应当在合理期限之前通知对方。因解除合同造成对方损失的，除不可归责于肖像权人的事由外，应当赔偿损失。从上述规定来看，许可他人使用肖像，应当通过肖像许可使用合同的形式予以确定。

## 四、侵害肖像权的民事责任

肖像权的权能可以分为积极权能和消极权能。《民法典》第一千零一十八条第一款“自然人享有肖像权，有权依法制作、使用、公开或者许可他人使用自己的肖像”的规定，即为积极权能。《民法典》第一千零一十九条“任何组织或者个人不得以丑化、污损，或者利用信息技术手段伪造等方式侵害他人的肖像权。未经肖像权人同意，不得制作、使用、公开肖像权人的肖像，但是法律另有规定的除外。未经肖像权人同意，肖像作品权利人不得以发表、复制、发行、出租、展览等方式使用或者公开肖像权人的肖像”的规定，即为消极权能。①

## （一）侵害肖像权的构成要件

作为一般侵权行为，侵害肖像权应当具备一般侵权行为的四个构成要件，即主观过错、违法行为、损害事实、违法行为与损害事实之间的因果关系。具体来说：

1. 侵害肖像权是否以财产损害为前提。《民法典》第九百九十五条规定：“人格权受到侵害的，受害人有权依照本法和其他法律的规定请求行为人承担民事责任。受害人的停止侵害、排除妨碍、消除危险、消除影响、恢复名誉、赔礼道歉请求权，不适用诉讼时效的规定。”第九百九十六条规定：“因当事人一方的违约行为，损害对方人格权并造成严重精神损害，受损害方选择请求其承担违约责任的，不影响受损害方请求精神损害赔偿。”按照上述规定，侵害肖像权的赔偿损失请求权，不以造成财产损害为前提要件。肖像权是一种典型的人格权，自然人因肖像权遭受非法侵害，可以向人民法院起诉请求赔偿精神损害。

① 家住北京某胡同的李某摊上了一件烦心事，邻居吴某一家的一些行为严重影响了他的生活。吴某一家喜欢将挡板等杂物堆放在公共区域里，使本就狭窄的胡同更加拥堵，给李某的出行带来了极大不便。而且吴某一家还违规搭建小厨房，也影响到了李某家的采光和通风。虽然李某多次上门与吴某一家协商，但吴某一方拒绝沟通，且未履行违法建筑限期拆除公告所明确的拆除义务。随着双方矛盾不断升级，李某一气之下便将双方对峙现场的视频截图发布在了个人抖音号上。画面中是吴某一家，并配文“这两个人的低素质，违法逃不出法律的制裁”，以发泄自己的不满。后因吴某两次向平台投诉，视频发出后不久就被下架。法院认为，在本案中，李某擅自拍摄并在网络上公开发布含有吴某肖像的视频内容，构成了肖像权侵权。法官解释，自然人享有肖像权，未经权利人同意，他人不得擅自使用自然人的肖像。当公民肖像权受到侵害时，有权要求停止侵害、消除影响、赔礼道歉，并可要求赔偿损失。网络用户将个人纠纷暴露在公共网络空间后，时常会带来肖像权、名誉权侵权的法律风险。对于肖像权，《民法典》第一千零一十八条、第一千零一十九条规定了肖像权的消极权能，未经肖像权人同意，不得制作、使用、公开肖像权人的肖像。此外，“以营利为目的”也不是认定侵权的必要条件，加强了对每个人“面部”“外形”等肖像权利的保护。因此，并非只有具有经济价值的名人肖像才有得到保护的权利，作为普通群众，我们的肖像权受到不法侵害时，同样可以起诉、维权。张静姝:《在短视频平台“曝光”邻居“不讲理”，法院判拍摄者侵害肖像权》，载《新京报》2022 年 11 月 11 日。

2. 侵害肖像权之责任是否以过错为前提。肖像权是事关人格尊严的基本权利，作为一种绝对权，具有排除一切侵害行为的法律效力。原《侵权责任法》第二条规定："侵害民事权益，应当依照本法承担侵权责任。本法所称民事权益，包括生命权、健康权、姓名权、名誉权、荣誉权、肖像权、隐私权、婚姻自主权、监护权、所有权、用益物权、担保物权、著作权、专利权、商标专用权、发现权、股权、继承权等人身、财产权益。"按照上述规定，我国将肖像权纳入了侵权责任法的保护范围，但原《侵权责任法》是将侵害肖像权的行为作为一般侵权行为对待，并没有将侵害肖像权作为特殊侵权行为予以规定。在原《侵权责任法》和其他法律均没有对侵害肖像权作出特别规定的情况下，其侵权责任构成要件只需要符合一般的侵权责任构成要件即可。《民法典》第一千零一十九条第一款规定的"不得制作、使用、公开肖像权人的肖像"，以及该条第二款规定的"肖像作品权利人不得以发表、复制、发行、出租、展览等方式使用或者公开肖像权人的肖像"，其前提均是"未经肖像权人同意"，实际上凡未经肖像权人同意者当然均具主观过错，仍满足一般侵权构成要件对主观过错的要求。

3. 赔偿责任是否以侵权人的过错程度等因素为考量。侵害肖像权赔偿责任的确定要考虑侵权人的过错程度等因素。《民法通则意见》第 150 条规定："公民的姓名权、肖像权、名誉权、荣誉权和法人的名称权、名誉权、荣誉权受到侵害，公民或者法人要求赔偿损失的，人民法院可以根据侵权人的过错程度、侵权行为的具体情节、后果和影响确定其赔偿责任。"《民法典》第九百九十八条规定："认定行为人承担侵害除生命权、身体权和健康权外的人格权的民事责任，应当考虑行为人和受害人的职业、影响范围、过错程度，以及行为的目的、方式、后果等因素。"不同侵害肖像权行为的过错程度、具体情节、损害后果是有差异的，确定赔偿责任时应当考虑侵权人的过错程度、侵权行为的具体情节、后果和影响等因素。

### （二）以营利为目的侵害他人肖像权的行为

在实践中以营利为目的包括这样一些情形：（1）以他人的肖像直接做商品广告；（2）以他人的肖像直接作为商品，如挂历；（3）以他人的肖像作书籍等的装潢、封面；（4）将他人的肖像用于展览橱窗或者其他营利性的陈列；

（5）将他人的肖像用于商品或者服务的商标或者标记；等等。未经本人同意，以营利为目的利用他人肖像构成侵权行为自不待言。我国民法有明确规定，司法实践中也多有出现。

构成此种侵权行为，除了“以营利为目的”之外，还需要满足“未经自然人同意”的要件。如果该公民已经同意利用其肖像做广告或其他营利用途，则不认为是对肖像权的侵害。经本人同意有偿利用肖像的，如果未按约定支付使用费，不属于侵害肖像权，而是违反合同。

### （三）不以营利为目的侵害他人肖像权的行为

在实践中下列行为，虽然不以营利为目的，但出于保护公民肖像权和人格尊严考虑，也通常应当被认为是侵害肖像权的行为或者是以他人肖像为侵害对象的侵害他人名誉权、隐私权的行为。

1. 非法制作和拥有他人肖像。未经本人同意，擅自拍摄其照片、给受害人画肖像或者复制受害人的照片，均属于侵权行为。强迫他人拍照、画像等应认为是侵害肖像权的行为。拥有他人肖像构成侵害行为还需要更严格的要件，即拥有为非法拥有而不是合法享有所有权；而且还附带有展示等行为。应当指出的是，在创作自由与肖像权保护这一对矛盾中，肖像权的保护应具有更高地位，不得以“创作自由”为由侵害他人肖像权。但如果只是将某人作为照片或图画的一部分，其作品所突出的不是该人物的肖像，一般不认为是侵害肖像权。经本人同意，制作或拥有他人肖像，不认为是侵害肖像权的行为。

2. 侮辱、毁损他人肖像。侮辱他人肖像，如在肖像上进行涂抹、歪曲丑化肖像，应认为是侵害肖像权的行为。故意毁损他人肖像，损害他人人格尊严者，应当认为是侵害肖像权的行为或者侵害名誉权的行为。

3. 未经本人同意利用他人肖像。未经本人同意，不以营利为目的利用他人肖像，一般也构成侵害肖像权或隐私权。但这种利用是为了社会公益且无损于本人的人格尊严者可作为例外。经本人同意，不以营利为目的利用他人肖像，不构成侵权。

无论是否经本人同意，也无论是否以营利为目的利用他人肖像，如果在利用过程中有侮辱、丑化等情节，或者超出了本人同意的方式和范围，应认为是侵权行为。[①]

### （四）司法实践中的几个常见问题

1. 新闻出版自由与肖像权保护。新闻出版部门刊登、发表社会公众人物的肖像，无须事先征得本人同意，但须无恶意且无侮辱、丑化等情节。某些漫画作品不认为是侵害肖像权的行为。在新闻图片中，虽有某人的形象，但该图片的主题不在于其肖像，而是体现某一事件、场面或背景，不认为该行为是侵害肖像权的行为。即使该人为非公众人物，也不认为新闻报道为侵害肖像权。新闻出版部门为行使舆论监督职能，而拍摄、刊登某人在从事违法犯罪或损害公益、社会公德时的图片，即使该图片有肖像属性且客观上不利于当事人的名誉，也不认为是侵害肖像权的行为。

2. 司法行为与肖像权保护。为了司法目的而拍摄有关人员的照片、公告被通缉者的肖像等，不认为是侵害他人肖像权的行为。但司法行为一定应依照法定程序合法进行。

3. 角色形象与肖像权保护。角色形象是指演员和其他文艺工作者在文艺作品（如电影、电视、戏曲、戏剧等）中创造出的艺术形象。如猪八戒、孙悟空、包公等。一般而言，这些形象不是演员真实肖像的表现，因此对这些形象的侵害一般不构成对肖像权的侵害。如果他人以营利为目的加以利用，权利人可依著作权法的有关规定起诉。因为这种角色形象实质上是一种艺术创作品。但是，如果角色形象与演员的真实肖像并无区别，他人非法侮辱、丑化、毁损该形象，致使受害人受到精神损害时，受害人也可以主张侵害肖像权。

4. 裸体图片与肖像权保护。公民本人制作、保存自己的裸体图片或允许他人（如摄影师、画师）为其制作裸体图片，均属不违法的行为。但是，为社会风化考虑，这种制作必须于非公开场合进行，这种图片不得在社会上传播。为了未成年人的健康成长，未成年人的监护人有责任禁止未成年人从事这种行为。公民本人或允许他人在社会上传播自己的裸体乃至淫秽图片，有关部门得依法收缴、查处。这种收缴、查处行为为合法行为，不是侵害肖像

---

① 何志:《侵权责任判解研究与适用》，人民法院出版社 2009 年版，第 264 页。

权的行为。

5. 图片移制与肖像权保护。有人利用传统（如绘画）或现代技术（如光学显影、计算机绘图）等方式将某人的肖像移花接木，如将甲的头像与乙的身躯图片相拼凑。这种图片移制，如果未经本人许可而且有侮辱人格尊严的，应该认为是侵害肖像权。如果在行为过程中还有其他情节的，该行为可能与侵害名誉权或侵害隐私权相竞合，受害人得有权自由选择，主张相应的民事责任。①

## 五、姓名许可和声音保护的参照适用

姓名、名称和肖像一样都是民事主体的外在标识和特征，都属于标表型人格权。这些标表型人格权的客体都具有一定的经济价值，可以被许可使用。② 对姓名许可和声音如何保护，《民法典》第一千零二十三条第一款规定："对姓名等的许可使用，参照适用肖像许可使用的有关规定。"第二款规定："对自然人声音的保护，参照适用肖像权保护的有关规定。"

《民法典》人格权编第三章"姓名权和名称权"并没有对姓名、名称等被许可使用的规则作出具体规定，考虑到姓名、名称与肖像被许可使用的相似性，《民法典》第一千零二十三条第一款规定，对姓名等的许可使用，参照适用肖像许可使用的有关规定。之所以在"姓名"后面加一个"等"，主要是考虑到还有名称等也可以被许可使用；之所以规定"参照"适用肖像许可使用的有关规定，而非直接适用肖像许可使用的有关规定，主要是考虑到姓名、名称与肖像虽都可以被许可使用，但毕竟是不同的人格权，还存在不同之处，如姓名有较强的伦理和身份性，但肖像却不具有这些特征，因此还不能完全适用肖像许可使用的相关规定，只能"参照"适用。③

对于是否将肖像权的保护延伸到对声音的保护，存在不同意见。立法机构认为，声音还不足以构成一种具体的人格权，但若对声音一概不予保护，

---

① 何志：《侵权责任判解研究与适用》，人民法院出版社 2009 年版，第 265—266 页。

② 参见黄薇主编：《中华人民共和国民法典解读 · 人格权编》，中国法制出版社 2020 年版，第 148 页。

③ 黄薇主编：《中华人民共和国民法典解读 · 人格权编》，中国法制出版社 2020 年版，第 148 页。

任由他人随意复制、模仿、伪造特定自然人的声音，确有可能对该自然人的人格尊严造成较大的损害，特别是随着人工智能技术和大数据技术的发展，利用信息技术手段“深度伪造”他人声音的情形不但会严重损害该自然人的人格尊严，而且还有极大的社会危害性。因此，《民法典》第一千零二十三条第二款规定：“对自然人声音的保护，参照适用肖像权保护的有关规定。”据此，对自然人的声音应当加以保护，但受到保护的声音应当足以识别到特定自然人，且考虑到声音毕竟还不能构成一种具体人格权，所以只能参照适用肖像的保护规则，不能完全适用肖像保护的规则。[①]

## 六、对案例 28、案例 29 的简要评析

1. 对案例 28 的简要评析

在本案中，一是网络技术服务提供者在算法设计和规则设定中嵌套其主观价值和主观目的，不适用“技术中立”的原则。从表面来看，被告仅提供技术服务，但是其在产品的规则设计和算法应用中嵌套的主观价值和主观目的，直接决定产品服务核心功能实现，其提供的技术服务不仅是简单的“通道”服务，网络服务提供者也不再中立，应作为内容服务提供者承担侵权责任。二是自然人“虚拟形象”所包含的姓名、肖像、人格特点等人格要素是自然人的人格权客体，因此，未经许可创设、使用自然人虚拟形象的，构成对自然人人格权的侵害。自然人的人格权包括具体人格权和一般人格权。具体人格权，如肖像权、姓名权等，其权利客体和权能内容是具体而确定的。而一般人格权则是一种框架性权利，权利客体是除具体人格权外，自然人基于人身自由、人格尊严产生的其他人格权益。具体适用时，一般人格权主要是对具体人格权保护的补充，当被侵害的人格权益无法完全被具体人格权所涵盖时，权利人就可以主张同时适用一般人格权的保护规则对其加以救济。[②]

随着后疫情时代互联网产业模式的进一步创新，虚拟现实等新技术的不

---

① 黄薇主编：《中华人民共和国民法典解读·人格权编》，中国法制出版社 2020 年版，第 149 页。

② 北京互联网法院：《2023 中国互联网法治大会丨法官讲案例（四）：制作名人 AI 形象陪伴，小心侵权》。

断发展，自然人人格要素被虚拟化呈现的应用日益增多。本案明确自然人的人格权及于其虚拟形象，同时对算法应用的评价标准进行了有益探索，对人工智能时代加强人格权保护具有重要意义。①

2. 对案例 29 的简要评析

本案系民法典实施后的新类型侵犯肖像权案件，被告试图利用规则的模糊地带非法获取知名艺人的肖像利益，引发了社会关注。本案适用了民法典人格权编的最新规定进行审理，体现了对公民肖像权进行实质、完整保护的立法精神，有利于社会公众知悉、了解肖像权保护的积极变化，也促使社会形成严格尊重他人肖像的知法守法氛围。②

# 第二节　肖像许可使用合同

## 一、问题的提出

肖像许可使用合同是肖像权人许可他人使用自己肖像的最为典型的同意方式，是指肖像权人与他人通过签订合同的方式约定他人在特定期限、特定范围以特定方式使用自己的肖像。③ 肖像许可使用合同作为合同的一种，仍然适用《民法典》总则编、合同编规定的一些基本原则和规则，如合同自愿原则、公序良俗原则、诚实信用原则、民事法律行为无效情形等。但是，作为肖像许可使用合同依然有其特殊的地方，即肖像许可使用合同涉及肖像权人的人格利益。因此，《民法典》第一千零二十一条对肖像许可使用合同解释规则作出了规定，即"当事人对肖像许可使用合同中关于肖像使用条款的

---

① 最高人民法院 2022 年 4 月 11 日发布的《民法典颁布后人格权司法保护典型民事案例》。

② 最高人民法院 2022 年 4 月 11 日发布的《民法典颁布后人格权司法保护典型民事案例》。

③ 黄薇主编：《中华人民共和国民法典解读 · 人格权编》，中国法制出版社 2020 年版，第 145 页。

理解有争议的，应当作出有利于肖像权人的解释”。第一千零二十二条对肖像许可使用合同解除权作了规定，即“当事人对肖像许可使用期限没有约定或者约定不明确的，任何一方当事人可以随时解除肖像许可使用合同，但是应当在合理期限之前通知对方。当事人对肖像许可使用期限有明确约定，肖像权人有正当理由的，可以解除肖像许可使用合同，但是应当在合理期限之前通知对方。因解除合同造成对方损失的，除不可归责于肖像权人的事由外，应当赔偿损失”。

在研究肖像许可使用合同之前，先看一则案例：

## 案例 30：肖像使用条款存在争议时如何解释①

于某艺名为于小某，根据于某提供的“于小某”百度百科截图显示，于小某系知名演员，曾出演多部影视作品。微信视频号“米氧”曾发布涉案视频，涉案视频主要内容系对涉案商品的介绍。涉案视频中有添加字幕、“演员于小某”字样以及“米氧”的 LOGO。取证时间为 2021 年 1 月 14 日。沃某公司认可微信视频号“米氧”系其在运营。沃某公司是涉案产品“米氧葛根植物饮品”的生产厂家。2020 年 12 月 2 日，微信用户“陈某”联系乾某公司员工，声称于某想在乾某公司的杂志上做宣传，并发送了于某的个人简历；2020 年 12 月 17 日，双方沟通翻包视频事宜，乾某公司员工向“陈某”发送了“米氧”产品的介绍。“陈某”询问“那我们是要怎么操作”，乾某公司员工向陈某发送微博小程序链接……发布人为艺乐时尚影视杂志。双方于 2020 年 12 月 22 日再次沟通翻包的话术；2020 年 12 月 31 日，微信用户“海某传媒姗姗”与乾某公司员工沟通确认拍摄翻包视频话术，乾某公司员工表示翻包视频只在微博微信发布；2021 年 1 月 2 日，“海某传媒姗姗”将拍好的视频素材发送给乾某公司员工；2021 年 1 月 7 日，乾某公司员工与“海某传媒姗姗”沟通翻包视频要发布了，“海某传媒姗姗”回复“视频 OK”；2021 年 1 月 9 日，名叫“张小某”的《艺乐杂志》编辑在“艺乐 ELE& 于小某 1229 拍摄”的微信群转发“艺乐时尚影视”新浪微博号发布的一条帖子，其标题为“艺乐翻包记丨于小某：虚怀若谷，安然前行”。“张小某”@“海

---

① 参见北京市第四中级人民法院（2022）京 04 民终 397 号民事判决书。

某传媒姗姗”让其确认翻包推送，后者回复“OK”。乾某公司表示“陈某”和“海某传媒姗姗”均为于某委托的宣传公司员工。于某在质证意见中不认可前述微信聊天记录的真实性，并称乾某公司未与于某协商确认视频发布范围，微信中的“视频OK”并不代表于某同意乾某公司将涉案视频转交他人使用。蓝色星空公司与乾某公司签订《品牌赞助及版权许可合作协议》。该协议1（1）款载明，双方约定乾某公司利用自身优势邀约艺人于小某参与媒体平台的平面形象拍摄及视频拍摄，蓝色星空无偿为艺人提供拍摄所需产品，作为回报，乾某公司同意通过“品牌赞助”翻包的方式进行合作宣传；1（2）款载明，蓝色星空赞助品牌名称为米氧；2（1）款载明，为推广宣传蓝色星空公司的产品，乾某公司同意将拍摄的翻包视频及至少1张手持/同款照片授权给蓝色星空公司进行宣传使用；2（3）款载明，使用授权视频的范围为由蓝色星空公司注册并运营的微博、微信，非商业用途；2（4）款载明，授权方式为普通许可且不含转授权，未经乾某公司书面同意，蓝色星空公司不得将授权照片再次转授给其他第三方使用。沃某公司提交了与微信用户“晗晗（市场总监）”的微信聊天记录截图，并声称该用户为蓝色星空公司的员工。截图记载了该微信用户与沃某公司沟通于某拍摄涉案翻包视频的沟通过程，沃某公司向该用户发送了翻包视频的话术。庭审中，于某认可同意拍摄涉案视频，但未同意将涉案视频用于涉案微信公众号等平台。

生效裁判认为，自然人享有姓名权，任何组织或者个人不得以干涉、盗用、假冒等方式侵害他人的姓名权或者名称权。自然人享有肖像权，未经肖像权人同意，不得制作、使用、公开肖像权人的肖像，但是法律另有规定的除外。对姓名等的许可使用，参照适用肖像许可使用的有关规定。本案中，于某对其肖像及姓名享有肖像权及姓名权，有权提起本案诉讼。乾某公司等认可在涉案微信公众号等平台传播了涉案视频，而涉案视频中出现了于某的肖像及艺名于小某，是对于某肖像及姓名的使用行为。一是涉案行为是否征得了于某的许可。根据本案查明的事实，于某许可乾某公司拍摄涉案视频，故可以据此认定于某与乾某公司成立了关于使用于某肖像权的协议。根据民法典的相关规定，合同生效后，当事人就质量、价款或者报酬、履行地点等内容没有约定或者约定不明确的，可以协议补充；不能达成补充协议的，按照合同相关条款或者交易习惯确定。当事人对肖像许可使用合同中关于肖像使用条款的理解有争议的，应当作出有利于肖像权人的解释。本案中，于某认可同意拍摄涉案视频，但双方对于某肖像权的使用范围存在争议且不能达成一致，双方在沟通过程中，乾某公司曾告知只在微博微信发布涉案视频，并提供了发布在艺乐时尚影视杂志微博账号的示范翻包视频，故在案证据不足以证明双方就在该微博账号之外的范围使用涉案视频达成合意，且在案证据不足以认定涉案对于某肖像的传播行为属于双方协议约定的使用范围。乾某公司关于涉案行为已征得于某许可的抗辩理由缺乏依据，不予支持。进而，乾某公司将涉案视频授权给蓝色星空公司使用、蓝色星空公司将涉案视频授权给沃某公司使用的行为，均未征得肖像权人于某的许可。综上，涉案行为系未经许可使用他人肖像的行为，构成对于某肖像权的侵犯。蓝色星空公司与乾某公司签订的《品牌赞助及版权许可合作协议》以及沃某公司与蓝色星空公司签订的《艺人植入广告业务合同》虽均载明不得将涉案视频用于商业用途，但涉案视频的主要内容系对涉案商品的推介，乾某公司及蓝色星空公司在签订合同时应当能够预见作为涉案商品的品牌方，沃某公司会将涉案视频发布于其运营的账号，用于对涉案商品的宣传。故“米氧”视频号中对涉案视频的传播行为属于侵权行为，二者应当对此承担侵权责任。此外，蓝色星空公司提交的涉案视频中并未标注于某艺名，因沃某公司实施了将于某的艺名标注于涉案视频的行为，故沃某公司应当就侵害于某姓名权的行为承担侵权责任。二是乾某公司、蓝色星空公司、沃某公司应当承担何种责任。根据民法典的相关规定，人格权受到侵害的，受害人有权请求行为人承担停止侵害、排除妨碍、消除危险、消除影响、恢复名誉、赔礼道歉等民事责任。乾某公司、蓝色星空公司及沃某公司通过签订授权合同的方式传播涉案视频，共同侵害了于某的肖像权。于某关于沃某公司赔礼道歉的请求具有事实和法律依据，予以支持。但沃某公司赔礼道歉的方式应与侵权的具体方式和所造成的影响范围相当，故人民法院综合考虑前述因素，依法确定沃某公司在微信公众号“米氧”上发布致歉声明，向于某赔礼道歉。关于赔偿经济损失的诉讼请求，于某作为艺人，其肖像、姓名具有一定商业价值，但其未提供证据证明其因本次侵权行为造成的实际损失数额，或者乾某公司、蓝色星空公司和沃某公司使用于某姓名及涉案肖像照片视频所获得的经济利益，故人民法院综合考虑于某的知名度，乾某公司、蓝色星空公司、沃某公司的过错程度，涉案姓名及肖像被使用的数量、范围、用途等因素，酌情确定乾某公司、蓝色星空公司和沃某公司就侵害于某肖像权的行为赔偿其经济损失50000元，沃某公司就侵害于某姓名权的行为赔偿其经济损失10000元。

上述案例，涉及肖像许可使用合同存在争议时如何解释的问题。试问：肖像许可使用合同的解释规则有哪些？肖像许可使用合同解除权如何行使？

## 二、肖像许可使用合同的解释规则

《民法典》第一千零二十一条规定："当事人对肖像许可使用合同中关于肖像使用条款的理解有争议的，应当作出有利于肖像权人的解释。"该条是对肖像许可使用合同发生争议如何解释作出的原则性规定。我们知道，肖像许可使用合同的解释规则对于合同解释的一般规则同样适用。结合《民法典》第四百六十六条"当事人对合同条款的理解有争议的，应当依据本法第一百四十二条第一款的规定，确定争议条款的含义。合同文本采用两种以上文字订立并约定具有同等效力的，对各文本使用的词句推定具有相同含义。各文本使用的词句不一致的，应当根据合同的相关条款、性质、目的以及诚信原则等予以解释"的规定，肖像许可使用合同的解释应当遵循下列规则：

### （一）文义解释原则

文义解释原则，就是"应当按照合同使用的词句"确定该条款的真实意思。合同条款由语言文字构成。确定合同条款的含义，必须首先确定词句的含义。文字是当事人意思之外在表现形式，通常情况下，文字能够较为准确地表达当事人的意思。因此，合同解释一般是先由文义解释开始，探求当事人的真意，而"所谓当事人之真意，不是指当事人主观内心之意思，而是从意思表示受益人立场去认定之客观表示价值"[①]。

适用文义解释原则时，应当注意的是：一是一般以普遍字面含义解释合同条款的含义，即以一般公众理解的含义和价值作为判断标准。二是约定的特殊含义优先于一般含义。有的合同用语除一般含义外，还有特殊含义。当

① 王泽鉴：《民法债编总论》（第一册），三民书局1996年版，第178页。

事人赋予合同用语以特殊含义时，如无其他证据，应先按照特殊含义进行解释。三是手写体优先于打印体和印刷体，因为手写的内容更能反映当事人的意思。四是大写优先于小写。五是双方对合同用语本身有不同理解时，有内心保留的，不得以其内心保留为由而主张以自己的内心保留确定合同条款的含义；一方有误解的，应按误解方当事人对合同用益的理解来解释其含义。

### （二）整体解释原则

整体解释原则，又称之为体系解释原则。即“应当依照所使用的词句、结合相关条款”，它要求将争议的条款视为意思表示的一个有机组成部分，该条款与其他条款的关系，在整个意思表示中的位置等方面阐释意思表示用语的真实意思。无论是大陆法系国家还是英美法系国家，立法上均普遍采用整体解释原则。如《法国民法典》第1161条规定：“契约之诸条款可互为解释，以赋予每一条款依据整个契约而产生的意义。”1942年《意大利民法典》第1363条规定：“契约条款要被相互对照着解释，给每一个条款以来源于行为整体性的含义。”美国《合同法重述》第235条第2款规定：“文书之解释，应就其全部作为整体而为之。同一交易行为，有多种文书形成其部分者，应合并解释。”

整体解释原则之所以必要，第一，是因为合同条款及用语是有组织的，而不是毫无联系、彼此分离的无序排列。因此，如果孤立地去探求争议条款或用语的一般意思或可能具有的意思，而不将其与上下文所使用的其他词语联系起来，就很难合理地、正确地确定当事人的真实意图。第二，合同内容通常不是由单纯的合同文本所能完全涵盖的，当事人之间的会谈纪要、信函、电报、传真等，也可能构成对合同文本的补充或修订，此时，在确定某一条款或词语的意思过程中，应该将这些材料融合在一起进行解释，以便通过其他合同或证据材料的帮助，明确争议内容所具有的本来意义。

### （三）目的解释原则

所谓目的解释原则，是指合同的解释应当符合当事人缔约的目的，它是合同解释的核心原则。目的解释原则亦为各国所确立，如《法国民法典》第1158条规定：“用语可作两种解释时，应取最适于契约之实际目的的解释。”1942 年《意大利民法典》第 1369 条规定：“在有疑问的情况下，对有多重意思的表达应当取其更符合契约性质和目的的意思。”自德国学者耶林于 1871 年发表《法的目的》，提倡目的解释以来，目的解释已成为法律解释和合同解释的重要方法。[①]

法官在解释合同时，应采取最适合合同目的的解释。适用合同目的解释原则时，应注意：一是在合同条款有不同意思时，应当按照符合合同目的含义解释，排除与合同目的相反的含义。二是在合同内容不明或矛盾时，应当通过解释予以协调统一，使之符合合同目的。三是在某一合同用语表达的意思与合同目的相反时，应当通过解释更正合同用语。四是合同文本采用两种文字订立并约定具有同等效力的，各文本使用的词不一致的，应当根据合同目的予以解释。

### （四）习惯解释原则

所谓习惯解释原则，就是指按照“交易习惯”确定合同争议条款的真实意思。此处所谓的“交易习惯”包括两层意思：一是当事人之间的交易习惯，即双方当事人之间已确立的任何习惯做法，包括在以前的系列交易中形成的习惯做法。二是其他交易习惯，即人们在长期反复实践的基础上形成的，能被广大合同当事人所认知、接受和遵从的，在某一地域、某一行业或某一类经济流转关系中普遍采用的做法。

习惯解释原则亦为各国普遍承认的解释合同的原则。《法国民法典》第 1159 条规定：“有歧义的文字，依契约缔结地习惯上的意义解释之。”第 1160 条规定：“属于契约习惯上的条款，即使在契约中未予写明，应以此种条款作为补充。”《意大利民法典》第 1368 条规定：“模棱两可的条款要根据契约缔结地的一般惯例进行解释。在契约中，若当事人一方是企业主，则模棱两可的条款要根据企业所在地的一般惯例进行解释。”在英美法系，习惯或惯例对合同解释的作用，不仅有众多的例子予以确认和限定，而且美国《统一商法典》（第 1—205 条，第 2—317 条）等制定法也作了明确规定。如今，这

---

① 梁慧星：《民法解释学》，中国政法大学出版社 1995 年版，第 25 页。

种解释原则已经冲破国别、法系的界限，成为国际贸易中合同解释的通则。①

运用交易习惯或惯例原则时，应当注意以下几点：一是这种习惯或惯例应当是客观存在的，主张一方当事人对此负有举证责任。二是习惯或管理必须适法。正如《民法典》第十条规定："……法律没有规定的，可以适用习惯，但是不得违背公序良俗。"三是当事人双方知道或应当知道这种习惯或惯例而且没有明示排斥适用的。四是双方当事人处于不同的国家或地区的，兼顾双方的贸易习惯或惯例。

### （五）诚信解释原则

诚信解释原则，就是按照"诚实信用原则"确定合同争议条款的真实意思。按照诚信解释原则，在合同用语有疑义时，应依诚实信用原则确定其正确意思，合同内容有漏洞时，应依诚实信用原则予以补充。诚信解释原则要求合同解释的结果不得显失公平。

《民法典》第七条将诚实信用原则作为民法的基本原则，合同订立到终止应当始终遵循这一原则。在解释合同争议条款时，诚实信用原则要求法官实事求是地考虑各种因素，将自己作为一个诚实守信的当事人来理解争议条款的内容，平衡双方当事人的利益，合理地判断、确定争议条款的含义。②

### （六）不利解释原则

不利解释原则，是指当事人对格式条款发生争议时，应作出不利于提供格式条款一方的解释。我国《民法典》第四百九十八条规定："对格式条款的理解发生争议的，应当按照通常理解予以解释。对格式条款有两种以上解释的，应当作出不利于提供格式条款一方的解释。格式条款和非格式条款不一致的，应当采用非格式条款。"该法条即为不利解释原则的法律根据。

基于格式条款的特殊性，解释格式条款时除适用合同解释原则外，还具有自身特有的原则，即应做歧义不利于处于强势方的解释原则。因为格式条款的强势方限制了弱势方的意思表示，强势方在拟定合同条款时存在将免责

① 王利明、崔建远：《合同法新论·总则》，中国政法大学出版社 1996 年版，第 49 页。

② 黄薇主编：《中华人民共和国民法典释义》，法律出版社 2020 年版，第 895 页。

条款及其他有违反诚信原则的条款写入合同的可能性。故解释合同时应遵循不利于强势方原则。

适用不利解释原则应当注意：一是《民法典》第四百六十六条关于合同解释的原则亦适用于格式合同的解释，而不利解释原则仅适用于对格式条款的解释。二是只要对格式条款有两种以上解释的，就应当作出不利于提供格式条款一方的解释；只要格式条款和非格式条款出现不一致时，就应当采用非格式的条款。

### （七）有利于肖像权人解释原则

肖像许可使用合同是肖像权人通过合同的方式将其肖像在一定期限和范围内许可给被许可人进行商业利用，比如做各种广告、作为形象代言人等，从而实现肖像中的财产价值。随着市场经济和大众消费社会的高度发展，包括肖像权在内的部分人格权的人格要素越来越具有了经济利用的价值，成为商品促销的重要手段以及众多厂商的商业名片，在广告、展览、传媒、网络、商品包装等各种商业场合的使用层出不穷，尤其是名人的肖像。对肖像权人而言，这种经济利用也能够为其带来可观的经济收益。但是，肖像权首先是一种具体人格权，肖像首先是一种具体人格要素，其主要体现的还是肖像权人的人格利益，涉及肖像权人的人格尊严、人格自由，具有至高无上的价值，不可放弃、不可剥夺。上述商业利用现象只不过是肖像权在商业社会中积极利用权能的扩张，其核心利益仍然是人格利益，权利性质仍然主要是一项人格权，而非纯粹的财产权。所以，在肖像权商业化利用的过程中，不能脱离人格权的基本定位，不能完全适用合同法中的财产权交易规则，仍然需要注重对人格利益的保护。这就需要在肖像权许可使用合同中设计出有利于肖像权人人格利益保护的规则。而《民法典》第一千零二十一条就是在合同解释方面作出的有利于肖像权人人格利益保护的合同解释规则。所以，该特殊的合同解释方法就是为了避免在合同解释中出现对肖像权人人格利益的侵害，侧重于维护肖像权人的人格尊严、人格自由。

所谓有利于肖像权人，就是当合同中有关肖像使用的具体权能、效力范围、使用范围、利用方式、许可期限等条款的约定有歧义时，对其解释出现两种或两种以上结果，双方对此又无法达成一致意见时，应当采纳更有利于保护肖像权人利益的解释结果。例如，许可使用的效力范围是独占许可还是非独占许可，如果合同对此约定存在歧义，无法作出清晰认定，在解释为独占许可或非独占许可均有一定道理的情况下，应当解释为非独占许可，这样才有利于保护肖像权人的利益。[①]

## 三、肖像许可使用合同解除权

《民法典》第一千零二十二条第一款规定："当事人对肖像许可使用期限没有约定或者约定不明确的，任何一方当事人可以随时解除肖像许可使用合同，但是应当在合理期限之前通知对方。"该条第二款规定："当事人对肖像许可使用期限有明确约定，肖像权人有正当理由的，可以解除肖像许可使用合同，但是应当在合理期限之前通知对方。因解除合同造成对方损失的，除不可归责于肖像权人的事由外，应当赔偿损失。"据此，基于肖像许可使用合同的特点，以合同是否约定有许可使用期限为标准，规定了两种不同的合同解除规则。

1. 许可使用期限没有约定或约定不明确情况下的合同解除

《民法典》第一千零二十二条第一款规定了在当事人未对肖像许可使用期限作出约定或者约定不明确的情况下，当事人双方均有权随时解除合同。该种解除不附有任何条件，不基于任何理由，也不存在当事人是否违约、是否承担违约责任的问题，而且无解除权行使时间限制，故可以被称为任意解除。《民法典》合同编中的第五百六十三条第二款规定了不定期的持续性合同的解除，即"以持续履行的债务为内容的不定期合同，当事人可以随时解除合同，但是应当在合理期限之前通知对方"。本条规定与该不定期的持续性合同的解除规则是一致的，目的是允许当事人可以根据其意愿尽早结束债权债务关系，从不定期之债的法锁中解放出来，恢复正常的生活与法律秩序。

2. 许可使用期限有明确约定情况下的合同解除

《民法典》第一千零二十二条第二款规定了肖像许可使用合同对于肖像许可使用期限有明确约定的情况下，肖像权人特有的解除合同的规则。需要

---

① 最高人民法院民法典贯彻实施工作领导小组主编：《中华人民共和国民法典人格权编理解与适用》，人民法院出版社2020年版，第253—254页。

注意的是，本条规定的解除权人仅仅是肖像权人，而不包括被许可使用人，这一点与第一款是不同的。

一是适用本条规定时需要注意把握其立法目的。《民法典》合同编中的第五百六十三条规定了合同的法定解除，其中规定的法定解除事由包括因不可抗力不能实现合同目的、预期违约、迟延履行主要债务经催告仍不履行、迟延履行债务或有其他违约行为导致合同目的无法实现四种具体事由。由于合同法主要规范了财产权交易规则，以鼓励市场交易、维护交易的安全性为主要价值取向，所以在合同的法定解除规则上对解除事由进行严格限制，尽量维持合同关系的稳定性。但在肖像许可使用合同的解除上不能完全适用《民法典》第五百六十三条的法定解除规则，而是立足于保护人格利益的宗旨，结合人格权本身的特点，从放宽法定解除事由的目的出发，在合同法定解除规则之外，再行设计出肖像权人解除合同的法定事由，即本条规定。所以，本条是全新的肖像许可使用合同法定解除规则，与已有的合同解除规则显著不同，在审判实务中适用本条规定时一定要注意把握本条的立法目的。

二是本条规定与《民法典》合同编中的第五百六十三条规定的关系。从法律体系解释角度来看，肖像许可使用合同既然是合同的一种，那么通常情况下，《民法典》合同编通则部分的规定在肖像许可使用合同中当然应当得到适用。所以，第五百六十三条规定的合同法定解除事由同样是肖像许可使用合同的法定解除事由，在出现这些解除事由时，解除权人（无论是肖像权人还是被许可人）均有权援引该条规定主张解除合同。而且，从本条上述立法目的来看，本条规定是为了扩大肖像许可使用合同的法定解除事由，给肖像权人更多的合同解除权，所以不能因为本条规定而否定肖像权人根据《民法典》第五百六十三条规定享有的合同解除权。故，在肖像许可使用合同解除纠纷案件中，第五百六十三条规定和本条规定都是当事人主张解除合同的请求权基础，只不过是两者所规定的解除事由、享有解除权的当事人不同而已。在具体案件中，由当事人根据案件具体情况，判断其主张的解除事由属于何种解除合同的法定事由，从而选择具体的请求权基础。[①]

---

① 参见最高人民法院民法典贯彻实施工作领导小组主编：《中华人民共和国民法典人格权编理解与适用》，人民法院出版社2020年版，第258—259页。

## 四、对案例 30 的简要评析

自然人享有姓名权，任何组织或者个人不得以干涉、盗用、假冒等方式侵害他人的姓名权；自然人享有肖像权，未经肖像权人同意，不得制作、使用、公开肖像权人的肖像。公民的姓名权和肖像权受到侵害的有权要求停止侵害，恢复名誉，消除影响，赔礼道歉，并可以要求赔偿损失。

本案争议的焦点是：乾某公司向蓝色星空公司提供的涉案视频及蓝色星空公司向沃某公司提供的涉案视频是否侵犯了于某的肖像权；沃某公司使用涉案视频时是否侵犯了于某的姓名权；法院判决沃某公司向于某赔礼道歉的方式，乾某公司、沃某公司、蓝色星空公司共同赔偿于某经济损失和合理支出的金额以及判决沃某公司单独赔偿于某经济损失的金额是否符合法律规定。

于某与乾某公司合议拍摄涉案视频，并约定了乾某公司只在微博微信发布，故乾某公司将涉案视频授权给蓝色星空公司，蓝色星空公司又授权给沃某公司的行为已经超过了于某与乾某公司约定的范围，上述三公司未经于某同意使用涉案视频的行为侵犯了于某的肖像权。沃某公司使用涉案视频时又未经于某同意，将于某的姓名标注于视频上，该行为又侵犯了于某的姓名权。上述三公司对侵犯于某肖像权、沃某公司对侵犯于某姓名权的行为应当承担相应侵权责任，于某为演员，具有一定的社会知名度，其肖像和姓名具有一定的商业价值，上述三公司对侵权行为导致于某人格权权能中包含经济性利益的损害应予赔偿。法院考虑涉案侵权行为已停止，另考虑于某的知名度、上述三公司的过错程度，于某肖像照片、姓名被使用的数量、范围、用途等因素后，酌情判决沃某公司向于某赔礼道歉，以及在法定幅度内酌情判决三公司共同赔偿于某的经济损失以及沃某公司因侵犯于某姓名权单独赔偿于某经济损失，是恰当的。

第五章

# 名誉权和荣誉权

## 本章概要

名誉是对民事主体的品德、声望、才能、信用等的社会评价。民事主体享有名誉权。任何组织或者个人不得以侮辱、诽谤等方式侵害他人的名誉权。民事主体享有荣誉权。任何组织或者个人不得非法剥夺他人的荣誉称号，不得诋毁、贬损他人的荣誉。本章共计8个条文，对名誉权和荣誉权进行了规定。

本章的主要内容包括：行为人为公共利益实施新闻报道、舆论监督等行为，影响他人名誉的，不承担民事责任，但存在捏造或歪曲事实、对他人提供的严重失实内容未尽到合理核实义务、使用侮辱性言辞等贬损他人名誉的情形之一的，应当承担民事责任。合理核实义务包括内容来源的可信度、必要的调查、内容的时限性、内容与公序良俗的关联性、受害人名誉受贬损的可能性、核实能力和核实成本等因素。行为人发表的文学、艺术作品以真人真事或者特定人为描述对象，含有侮辱、诽谤内容，侵害他人名誉权的，受害人有权依法请求该行为人承担民事责任。民事主体有证据证明报刊、网络等媒体报道的内容失实，侵害其名誉权的，有权请求该媒体及时采取更正或者删除等必要措施。民事主体可以依法查询自己的信用评价。发现信用评价不当的，有权提出异议并请求采取更正、删除等必要措施。信用评价人应当及时核查，经核查属实的，应当及时采取必要措施。获得的荣誉称号应当记载而没有记载的，民事主体可以请求记载；获得的荣誉称号记载错误的，民事主体可以请求更正。

# 第一节　名誉权概说

## 一、问题的提出

《民法典》第一千零二十四条第二款规定，名誉是对民事主体的品德、声望、才能、信用等的社会评价。大陆法系一般认为，所谓名誉是一个人在社会上的评价，并非指名誉感情（名誉感），而是由第三人的评价，对人的评价不限于道德方面，也包括技术方面。英美法系一般认为，名誉是具有良好的地位、声望，并为他人所尊重，或者对于人的道德品质、能力和其他品质（他的名声、荣誉、信誉或身份）的一般评价。非法损坏他人名誉可以构成诽谤（或书面诽谤或口头诽谤），受到诽谤的可以提出控告。王泽鉴先生认为，名誉系人在社会上的评价，通常指其人格在社会生活上所受的尊重。① 《民法典》第一千零二十四条第一款规定，民事主体享有名誉权。任何组织或者个人不得以侮辱、诽谤等方式侵害他人的名誉权。因此，民事主体的名誉受到损害，可依法维权。

在研究名誉权概说之前，先看两则案例：

### 案例 31："雷锋会员""雷锋社群"是否侵害雷锋的人格利益②

杭州某网络科技有限公司为会员搭建信息中介、资源共享平台，其将付费会员称为"雷锋会员"，将提供服务的平台称为"雷锋社群"，将自己注册运营的微信公众号称为"雷锋哥"，在微信公众号上发布有"雷锋会员""雷锋社群""雷锋书架""雷锋资源"文字的宣传海报和文章，并在公司住所地悬挂"雷锋社群"文字标识，根据级别收取不同年费。据"雷锋哥"微信公

---

① 王泽鉴：《侵权行为法》（第一册），中国政法大学出版社 2001 年版，第 114 页。

② 最高人民法院 2023 年 8 月 2 日发布的《人民法院抓实公正与效率践行社会主义核心价值观典型案例》。

众号文章介绍，微信公众号有“30 万 +”粉丝，“雷锋社群”有 1 万多名会员。该公司以“雷锋社群”的名义多次举办“创业广交会”“电商供应链大会”及“全球云选品对接会”等商业活动。该公司还以“雷锋社群会费”“雷锋社群推广费”“雷锋社群年会参会费”等名目收取客户费用 30 多万元。杭州市某人民检察院提起公益诉讼，请求判令杭州某网络科技有限公司停止在经营项目中以雷锋的名义进行宣传，并在浙江省内省级媒体就使用雷锋姓名赔礼道歉。

生效裁判认为，杭州某网络科技有限公司使用雷锋同志姓名的行为是一种商业行为，侵害了雷锋同志的人格利益，曲解了真正的雷锋精神，损害了社会公共利益，有悖于社会主义核心价值观，依法应当承担法律责任。法院判决杭州某网络科技有限公司停止使用雷锋同志姓名的行为并在浙江省内省级报刊向社会公众发表赔礼道歉的声明。

## 案例 32：擅自发布不实言论是否构成侵害名誉权[①]

原告安徽某医疗科技公司与被告安徽某健康科技公司均生产防护口罩。2021 年 7 月，安徽某健康科技公司向安徽省商务厅投诉称，安徽某医疗科技公司盗取其公司防护口罩的产品图片等宣传资料，并冒用其公司名义在国际电商平台上公开销售产品。随后，安徽某医疗科技公司收到安徽省商务厅的约谈通知。与此同时，该公司不断接到客户电话反映称，安徽某健康科技公司在公司官网、微信公众号上发布指责其盗用防护口罩名称、包装的文章，被各大网络平台转载。经查，涉案国际电商平台设立在东南亚某国，安徽某医疗科技公司从未在该平台上注册企业用户信息，也不是该平台的卖家商户，虽然平台上确有安徽某健康科技公司防护口罩的产品信息，但网页配图中安徽某医疗科技公司的厂房和车间图片系被盗用和嫁接。为了维护自身合法权益，安徽某医疗科技公司诉至法院，请求判令安徽某健康科技公司立即停止侵犯名誉权行为并赔礼道歉。安徽某健康科技公司提起反诉，要求安徽某医疗科技公司立即停止在国际电商平台销售和宣传

---

① 最高人民法院 2023 年 1 月 12 日发布的《人民法院贯彻实施民法典典型案例（第二批）》。

侵权产品，并赔礼道歉。

生效裁判认为，涉案国际电商平台上涉及两家公司的商品信息均为网站用户在其个人终端上自主上传，安徽某医疗科技公司没有在该平台上注册过企业用户信息，不具备在该电商平台上销售产品的前提条件，网页配图系被他人盗用。安徽某健康科技公司发现平台用户存在侵权行为后，应当第一时间向该电商平台要求采取删除、屏蔽、断开链接等必要措施，并查清实际侵权人。但安徽某健康科技公司未核实信息来源，仅凭配发的安徽某医疗科技公司图片即向有关部门投诉。在投诉尚无结论时，安徽某健康科技公司即在公司官网及微信公众号发布不实言论，主观认定安徽某医疗科技公司假冒、仿冒其公司产品，文章和声明被各大网络平台大量转载和传播，足以引导阅读者对安徽某医疗科技公司产生误解，致使公司的商业信誉降低，社会评价下降。安徽某健康科技公司的行为严重侵犯安徽某医疗科技公司的企业名誉，构成侵权，应当承担相应的民事责任。据此，依法判决安徽某健康科技公司停止侵害、删除发布在网站上的不实信息并登报赔礼道歉，驳回安徽某健康科技公司的反诉。

上述案例，均涉及名誉权问题。试问：如何理解名誉权的法律意义？名誉权的具体内容有哪些？侵害名誉权如何承担民事责任？

## 二、名誉权的法律意义

我国民法学界普遍认为名誉是一种社会评价。《民法典》第一千零二十四条第二款规定名誉是对民事主体的品德、声望、才能、信用等的社会评价，即认定名誉是一种社会评价。同时，这一社会评价既是良好的，也是客观的。该条款列举了构成名誉的社会评价的常见要素，包括品德、声望、才能和信用。同时本条在“信用”后面增加“等”字，也即不限于以上社会评价对象要素，说明涉及对民事主体的社会评价类似要素都可构成民事主体的名誉。品德指道德品质，是民事主体行动所根据的内在原则。声望指受众人仰慕的名声，反映社会对民事主体的认可程度。信用指民事主体一般经济能力的社会评价。在民事主体一般经济能力中，民事主体的偿债能力应特别关注。信用包括对民事主体客观经济能力和主观偿债意愿的社会评价。①

所谓名誉权，是指民事主体就其自身属性和价值所获得的社会评价，并享有保有和维护的一种人格权。名誉权是民事主体所享有的一种重要人格权，其关系到一个民事主体在社会经济生活中的地位以及应受到的信赖和受到尊重的程度，是民事主体进行民事活动，乃至其他社会活动的基本条件。②

我国法律历来对名誉权有较为详细的规定，以原《民法通则》和《民法通则意见》最为集中。《民法通则》第一百零一条规定，“公民、法人享有名誉权，公民的人格尊严受法律保护，禁止用侮辱、诽谤等方式损害公民、法人的名誉”。这是法律对于名誉权作为一种民事权利的确认，是保护名誉权的法律根据。《民法通则意见》第 140 条则对侵害名誉权作出相关规定：“以书面、口头等形式宣扬他人的隐私，或者捏造事实公然丑化他人人格，以及用侮辱、诽谤等方式损害他人名誉，造成一定影响的，应当认定为侵害公民名誉权的行为。以书面、口头等形式诋毁、诽谤法人名誉，给法人造成损害的，应当认定为侵害法人名誉权的行为。”根据这一规定，一般认为侵害名誉权方式有侮辱、诽谤以及侵害隐私等。同时，司法解释对于侵害名誉权的认定有专门规定，主要集中在 1993 年《名誉权解答》（现已失效），该司法解释第七条规定：“是否构成侵害名誉权的责任，应当根据受害人确有名誉被损害的事实、行为人行为违法、违法行为与损害后果之间有因果关系、行为人主观上有过错来认定。以书面或者口头形式侮辱或者诽谤他人，损害他人名誉的，应认定为侵害他人名誉权。对未经他人同意，擅自公布他人的隐私材料或者以书面、口头形式宣扬他人隐私，致他人名誉受到损害的，按照侵害他人名誉权处理。因新闻报道严重失实，致他人名誉受到损害的，应按照侵害他人名誉权处理。”此条是司法实践中法官认定侵权行为的基本标准，然而，这一标准细化了《民法通则意见》中所规

---

① 最高人民法院民法典贯彻实施工作领导小组主编：《中华人民共和国民法典人格权编理解与适用》，人民法院出版社 2020 年版，第 267 页。

② 黄薇主编：《中华人民共和国民法典解读 · 人格权编》，中国法制出版社 2020 年版，第 150 页。

定的侵害名誉权的行为认定标准，但仍旧过于粗线条，在司法实践中缺乏可操作性。1998 年《名誉权解释》（现已失效）则规定了一些特殊的侵害名誉权的认定，包括内部刊物和内部资料引起的名誉权纠纷，新闻媒介和出版机构转载作品引起的名誉权纠纷，因检举、控告引起的名誉权纠纷，新闻单位报道国家机关公开的文书和职权行为引起的名誉权纠纷，因提供新闻材料引起的名誉权纠纷，因医疗卫生单位公开患者病情引起的名誉权纠纷，对产品质量、服务质量进行批评、评论引起的名誉权纠纷等。这一司法解释实际上是在尝试将侵害名誉权的行为进行类型化，但由于只是简单地以行为的外观为标准而没有深入到行为的实质，因此不可能真正揭示各种侵害名誉权行为之间的区别。《民法典》人格权编第五章“名誉权和荣誉权”从基本法的层面专章对名誉权作了规定。《民法典》第一百一十条规定，自然人、法人和非法人组织都享有名誉权，该法第一千零二十四条将“自然人、法人和非法人组织”概括为民事主体。

## 三、名誉权的法律特征

法律上的名誉是一个人的社会评价，并不是一个人对名誉的个人感受。名誉权的法律特征表现为：

1. 名誉权的取得具有法定性和社会性。名誉权作为人格权，不是与生俱来的自然权利，而是法定的权利。名誉权的客体范围、权利限制等问题都需法律规定。名誉权民事主体经过一定社会活动后，由社会公众对其进行一定评价后才产生，体现了名誉权的社会性。

2. 名誉权的非财产性以及与财产的关联性。名誉是人格利益，本身不是财产，不能直接表现为一定的财产利益，也不能直接用货币计算价值。但名誉权具有非财产性不代表名誉权与财产利益无关。名誉权常常是民事主体从事正常经济活动，开展社会交往的前提。对以企业为代表的营利法人而言，名誉权与财产利益关联更密切。民事主体获得名誉权后不能随意抛弃，法人的名誉权不能像名称权一样转让。

3. 名誉权主体的普遍性和特定性。名誉权主体的普遍性在于，自然人、法人和非法人组织都可以拥有名誉权。不同类型的民事主体的名誉权又有各自的特征。自然人的名誉权更注重精神利益的维护，而法人的名誉权更注重财产利益的维护。名誉权主体的特定性在于，名誉权是特定主体维护自身名誉，排除他人侵害的权利。侵害名誉权的行为必须是在针对特定人时才损害特定主体的名誉权。如果行为人的行为指向不特定的主体，则不能认为该行为侵害了他人的名誉权。

4. 名誉权内容的综合性。名誉权的基本内容是保有和维护自己的社会评价。名誉本身具有综合性，是社会对特定主体各项行为的综合评价，包括能力、品德和信用等社会生活的诸多方面。①

当然，名誉权与信用权是不同的，信用权是以经济活动上的可靠性及支付能力为内容的权利，又称之为经济上的信誉权。信用权系经济上的评价，名誉权是社会上的评价。② 侵害他人信用权，可以向侵权人请求精神损害赔偿。如：当事人因他人盗用、冒用自己姓名申办信用卡并透支消费的侵害姓名权行为，导致其在银行征信系统存有不良信用记录，对当事人从事商业活动及其他社会、经济活动具有重大不良影响，给当事人实际造成精神痛苦，妨碍其内心安宁，降低其社会评价，当事人就此提出精神损害赔偿诉讼请求的，人民法院应予支持。③

---

① 参见最高人民法院民法典贯彻实施工作领导小组主编：《中华人民共和国民法典人格权编理解与适用》，人民法院出版社 2020 年版，第 268 页。

② 王泽鉴：《侵权行为法》（第一册），中国政法大学出版社 2001 年版，第 125 页。

③ 法院认为，原告王某生提出的赔偿请求包括名誉损失 8000 元、精神损害抚慰金 5000 元、失业保险金 5400 元、交通费 964 元，以上总计 19364 元。原告同时要求撤销其在银行的不良信用记录。就本案而言，王某生因被告张某峰、信用卡中心的侵权行为，导致其在银行征信系统存有不良信用记录，该不良信用记录对王某生从事商业活动及其他社会、经济活动具有重大不良影响。虽然在查清事实后，信用卡中心已经把王某生的不良信用记录删除，但损害已经实际发生，给王某生实际造成了精神上的痛苦，妨碍了其内心的安宁，其社会评价也必然因此而降低。因此，王某生在姓名权受到侵犯、导致名誉受损的情况下，提出精神损害赔偿的诉讼请求，应予支持。参照《名誉权解释》的相关规定，综合考虑侵权人的过错程度、侵权行为的具体情节、给受害人造成精神损害后果以及本地区的平均生活水平等情况，酌定王某生的精神损害抚慰金为 2000 元；关于王某生主张的交通费损失，考虑到王某生为解决本案纠纷必然支出一定的交通费用，根据其相应的乘车次数和路线，酌定其交通费损失为 164 元；鉴于信用卡中心已经将其姓名从银行征信系统不良信用记录中删除，故王某生关于撤销其银行不良信用记录的诉讼请求已经得到满足，不必再行判决。详见《最高人民法院公报》2008 年第 10 期（总第 144 期）。

## 四、名誉权的具体内容

根据《民法典》的有关规定，名誉权的具体内容包括：

1. 名誉保有权

即指民事主体通过自己的行为使自己的名誉处于最佳状态的权利。名誉是民事主体在社会上的评价，权利人无法以主观的力量人为地去改变它、支配它，只能对已获得名誉予以保有。一是保持自己的名誉不降低、不丧失。二是在知悉自己的名誉处于不佳状态时，可以以自己的实际行动改进它。名誉的保有是通过自己的行为、业绩、创造性成果作用于社会，使公众对自己的价值予以公正的评价。[①]

名誉保有权与新闻舆论监督是一对具有相互性的权利。处理这类纠纷，关键是要看所报道的内容是否失实。若内容失实，就损害了他人应有的客观公正的社会评价。如何某明撰写长篇报告文学《科学大师的名利场》，文中有损害李某之父李四光名誉的情节，而且何某明未能提供证明都是客观事实的证据。该文在《新生界》杂志上发表。李某起诉何某明、《新生界》杂志社侵害其父的名誉权。公民的名誉即使在其死后也不应受到侵害。如果公民的名誉在其死后受到侵害，其近亲属有权提起诉讼。《科学大师的名利场》一文的发表，客观上影响了公众对李四光的公正评价。何某明的行为已损害了李四光的名誉，同时也给李四光之女李某造成了一定的精神痛苦，何某明应当依法承担侵权的民事责任。《新生界》杂志社未尽审查职责，在其主办的《新生界》杂志上发表明显带有侵权内容的作品，也应依法承担相应的民事责任。[②]

2. 名誉维护权

即指名誉权人维护自己名誉不受非法侵犯的权利。当名誉权受到侵害时，首先可以请求侵权人消除影响、恢复名誉、赔礼道歉，赔礼道歉可以当面或公开等道歉方式，如果被侵权人不执行，法院可以通过在报

---

① 杨立新：《人身权法论》（第三版），人民法院出版社 2006 年版，第 588 页。

② 详见《李某诉〈新生界〉杂志社、何某明侵害名誉权纠纷案》，载《最高人民法院公报》1998 年第 1 期。

刊、网络平台等发布公告的行为进行；其次，如果因为其侵权行为导致经济损失的，可以请求侵权人赔偿其经济损失；最后，如果因名誉侵权行为给被侵权人带来严重精神损害的，可以请求精神损害赔偿。因此在实务中，被侵权人可以结合自身诉求和实际损失，固定证据，合法合理提出诉讼请求。

如，人民法院在范某某与毕某某、易某德公司侵犯名誉权纠纷案中生效裁判认为，在一定情况下，毁损性陈述有可能隐含在表面陈述中（即影射）。这时并不要求毁损性陈述指名道姓，只要原告证明在特定情况下，具有特定知识背景的人有理由相信该陈述针对的对象是原告即可。从毕某某发布微博的时间、背景来看，易让读者得出“Miss F”涉及章某某报道一事。从毕某某该微博下的评论、《内幕》一文以及后续大量网友的评论和相关报道来看，多数人认为“Miss F”所指即是范某某。毕某某虽于2012年6月4日发表微博，称其未指名道姓说谁黑章某某，但该微博下的大量评论仍显示多数网友认为仍是范某某实施的所谓诬陷计划，而毕某某并未就此作出进一步明确的反驳，否认“Miss F”是范某某。毕某某提交的证据未能证明“诬陷计划”以及莉莉·科林斯与“诬陷计划”的关系，且毕某某在诉讼前面对大量网友认为“Miss F”就是指范某某时，也从未提及“Miss F”是指莉莉·科林斯，故毕某某有关“Miss F”的身份解释明显缺乏证据支持。易某德公司作为网络服务提供者应对其主办的“黔讯网”发布的新闻负审查、核实义务，《内幕》一文系由易某德公司主动编辑、发布，但事前未经审查、核实，故由此所产生的责任理应由易某德公司自行承担。综上，毕某某和易某德公司应分别承担赔礼道歉、赔偿精神抚慰金3万元和2万元。该案的典型意义在于：在利用信息网络侵害他人名誉权等人身权益的案件中，侵权信息往往具有“含沙射影”“指桑骂槐”的特征，并不明确指明被侵权人，尤其是在针对公众人物的情况下。如何判断网络信息针对的对象就是原告？如何判断原告因这些信息受到损害？本案的结论是，要从信息接收者的角度判断，即“并不要求毁损性陈述指名道姓，只要原告证明在特定情况下，具有特定知识背景的人有理由相信该陈述针对的对象是原告即可”。这种判断标准实质性地把握了损害后果、损害后果与侵权信息之间的因果关系，对于利用网络信息侵害名誉权案件的审理，具有启示意义。[①]

3. 名誉支配权

即指名誉权人对于名誉权所体现出来的利益所享有的支配权。民事主体可以利用自己良好的名誉，与他人进行广泛的政治、经济交往，使自己获得更好的社会效益和财产效益。名誉的支配权，不包括抛弃权、处分权，不能将名誉利益任意抛弃，也不得任意转让，更不能由继承人继承。[②]

## 五、侵害名誉权的民事责任

### （一）侵害名誉权的构成要件

《民法典》第一千零二十四条将侵害名誉权的行为概括为：行为人因为故意或过失对他人实施侮辱、诽谤等行为，致使他人名誉遭受损害。[③]因此，侵害名誉权的行为应当具备下列要件：

1. 主观过错

侵害名誉权的侵权行为，作为基于过错责任原则的一般侵权行为，加害人的过错就是构成侵害名誉权的必备要件。对一般自然人的名誉侵害，只要加害人有过错（故意、一般过失、重大过失均可）即可。对于公职人员或者社会公众人物的名誉侵害，要求加害人具有故意或者重大过失才可以。

2. 加害人实施了侮辱、诽谤等违法行为

名誉权的侵害，是加害人因故意或过失的积极作为。侵害名誉权的主要类型是：侮辱、诽谤。

（1）侮辱。即指故意以暴力、语言、文字等方式贬低他人人格、毁损他

① 2014年10月10日《最高人民法院发布8起利用信息网络侵害人身权益典型案例》。

② 杨立新：《人身权法论》（第三版），人民法院出版社2006年版，第588页。

③ 最高人民法院指导案例143号北京兰某达光电科技有限公司、黄某兰诉赵某名誉权纠纷案的裁判要点：1. 认定微信群中的言论构成侵犯他人名誉权，应当符合名誉权侵权的全部构成要件，还应当考虑信息网络传播的特点并结合侵权主体、传播范围、损害程度等具体因素进行综合判断。2. 不特定关系人组成的微信群具有公共空间属性，公民在此类微信群中发布侮辱、诽谤、污蔑或者贬损他人的言论构成名誉权侵权，应当依法承担法律责任。

人名誉。第一，侮辱是侵害名誉权的一种行为，对于行为进行价值判断，只有违法与不违法之分，不存在有无过错的问题。第二，侮辱是一种毁损他人名誉的行为，行为本身就是一种对他人名誉的损害。第三，由于名誉权既有客观性又有主观性，而侮辱行为本身即具有损害他人名誉之特性，因此即使未被第三人知悉，也有可能造成对他人名誉权的损害，即侵害他人名誉。但是，这种受侵害的名誉权是社会评价所承认的名誉权，因此，并非所有未被第三人知悉的侮辱行为都侵害了他人的名誉权，对此必须在构成要件中做出一定限制。

（2）诽谤。即指行为人散布某种虚假的事实，损害他人名誉。诽谤的要件包括：第一，行为人有散布虚假事实的行为。这就要求行为人要进行一定的散布行为，使其言论公之于众；同时这一言论必须是对于事实的陈述，所陈述的事实是虚假的；而且这一陈述是针对特定的人，包括可特定化的一定范围的人。第二，该行为造成了损害他人名誉的后果。所谓他人名誉的损害后果，既包括名誉的客观方面，即社会评价降低，也包括名誉的主观方面，即名誉权的受损。第三，损害行为与损害后果之间有因果关系。如果行为人的行为符合诽谤的构成要件，则可以推定行为人的行为构成诽谤，需要承担民事责任。

3. 侵害名誉权的损害事实

一是受害人社会评价的降低是侵害名誉权的主要后果。加害人实施侮辱、诽谤等行为是否公开，只要为第三人知道，不影响名誉权受损的事实。二是受害人社会评价的降低，进而带来受害人的精神痛苦，自然使受害人的精神受到损害。三是受害人附带的财产受到损害。如受害人为了治疗精神损害而支付的医疗费用、咨询费用；受害人名誉受到损害后随之带来的财产性收入的减少或丧失；受害人为维护其因名誉所遭受的损害而付出的有关费用。

4. 侵害名誉权的因果关系

加害人侵害受害人名誉权的违法行为与受害人的损害事实之间存在因果关系，由于侵害名誉权适用过错责任原则，故应当由受害人承担因果关系的举证责任。

在司法实践中，无中生有、无病呻吟的案例，屡见不鲜，名人之间有借诉讼而炒作的，普通百姓也有以侵害名誉权而恶意诉讼的。[①]

### （二）侵害名誉权民事责任的承担

1. 停止侵害

当加害人正在对受害人实施侵害时，受害人得依法请求停止侵害。停止侵害适用于各种正在进行的侵权行为，对于已经终止和尚未实施的侵权行为，不适用停止侵害的民事责任方式。停止侵害的请求权由权利受到侵害的当事人或者其监护人、利害关系人提出。这种请求首先可以直接向加害人提出，以图迅速、及时制止侵害行为，防止损害后果的扩大。当事人也可以直接向人民法院提出，请求加害人停止侵害。在诉讼实践中，人民法院得依当事人的申请或依职权先行作出停止侵害的裁定。停止侵害可以单独适用，也可以与其他承担侵权的民事责任的方式合并适用。如果侵害尚未造成任何实际损失，可以单独适用停止侵害；如果侵害行为已经造成财产损失或者精神损害，停止侵害可以与赔偿损失或者其他民事责任方式合并适用。

2. 消除影响、恢复名誉

加害人的行为侵害他人人格权，在一定范围内造成了不良影响，有损受

---

① 如笔者所审理的一起案件：2008 年 4 月 30 日，原告何某在被告《南阳日报》A2—A3 版中缝位置刊登广告："怡苑舞场五一开业，周一、三、五日晚 6：00—7：30 教交谊舞，周二、四、六晚 6：00—7：30 教拉丁舞。地址：卧龙大桥南头小花园。"同日，《南阳日报》社会早刊都市版 C3 版《热线民声》栏目刊登读者呼吁建言"街头游园不可商业化经营，市城区特教职业学校一先生说：'前几天，我和几位老年朋友去卧龙大桥南头东侧的小游园晨练，发现游园里贴着通知，说平日打太极的场地已承包给了个人舞场，我觉得街头游园是供市民休闲、娱乐的公共场所，不能实行商业化经营。'"该读者所说的通知确系原告发布，其发布内容为："舞讯，各界舞友，大家好：衷心感谢大家在本舞场各方面尚未完善之际前来捧场，欢迎大家多提宝贵意见与建议。为感谢大家对本舞场的支持，本舞场决定在'五一'节前继续免票迎宾，并在正式营业前特别推出酬宾优惠票适量。望大家相互告知，踊跃购买！票价：月卡 9 元（30 格，早场一月量晚场半月量）。祝大家健康、快乐！怡苑舞场，2008 年 4 月 25 日。"原告据此认为被告《南阳日报》侵犯了其名誉权，要求被告赔偿损失 1 万元。原审法院认为：被告《南阳日报》的热线内容属来自市民的个人观点，该热线是新闻媒体的正常刊登，其文章反映的内容没有侮辱诋毁侵犯原告个人及怡苑舞场的语言，对原告不构成侵权，且该热线与原告发布的开业广告并无关联性，故原告所称的被告侵犯其名誉权的理由不能成立，不予支持。原审法院依据《民法通则》第一百二十条、《名誉权解释》第七条、第九条之规定，判决：驳回原告的诉讼请求。原告不服判决，提起上诉。二审法院判决驳回上诉，维持原判。

害人名誉的，受害人得请求消除影响、恢复名誉。消除影响、恢复名誉是承担侵权的民事责任的方式之一。一般而言，这种方式适用于侵害他人名誉、隐私、姓名、肖像等方面人格权的侵权行为，尤其适用于侵害他人名誉权的行为。消除影响、恢复名誉可以采用书面形式，也可以采用口头形式。一般来说，消除影响、恢复名誉都应当是公开进行的，其内容须事先经过人民法院审查。恢复名誉、消除影响的范围，一般应当与侵权行为造成不良影响的范围相当。在侵害名誉权的案件中，侵权行为人拒不执行生效判决，不为受害人消除影响、恢复名誉的，人民法院可以采取公告、登报方式，将判决的主要内容和有关情况公之于众，达到消除影响、恢复名誉的目的。公告、登报的费用由加害人承担。消除影响、恢复名誉可以与赔礼道歉合并适用。如果侵害名誉权的行为给受害人造成财产或者精神损害的，该民事责任方式还可以与赔偿损失合并适用。如果加害行为处于持续状态，该民事责任方式还应当与停止侵害合并适用。消除影响、恢复名誉，既是对受害人外部名誉受到损害的救济，也是对受害人内部名誉受到损害的救济。

3. 赔礼道歉

加害人的行为侵害他人名誉权，给受害人造成损害的，受害人得请求赔礼道歉。赔礼道歉是承担侵害名誉权的民事责任的方式之一。赔礼道歉的内容须事先经过人民法院审查，形式可以是书面的也可以是口头的。赔礼道歉是否以公开或者秘密的方式进行，由人民法院的判决或者当事人的约定来决定。如果赔礼道歉是以公开的方式进行的，这种民事责任方式也就具有了消除影响、恢复名誉的功能。如果侵害名誉权的行为处于持续状态，赔礼道歉应与停止侵害合并适用。此外，赔礼道歉还可以与消除影响、恢复名誉合并适用。在诉讼过程中，加害人以赔礼道歉方式承担了侵权的民事责任的，而且为受害人接受、为人民法院认可的，应当将这一情节明确载入法院的判决或者调解书中。赔礼道歉主要是对受害人内部名誉受到损害的补救，但是如果是以公开方式进行，它就不仅是对受害人内部名誉受到损害的救济，也是对受害人外部名誉受到损害的救济。

4. 赔偿损失

依据《民法典》第一百七十九条的规定，名誉权受到侵害的受害人也可请求赔偿损失。在名誉权受到损害的案件中，受害人受到的损害包括人格损害（社会评价的降低）、可能的精神损害（受害人心理方面的痛苦等）和可能的附带财产损害。单纯的人格损害或者说对受害人社会评价的降低，是不能通过赔偿的方式进行救济的。无论赔偿多少金钱也无法解决受害人的社会评价方面的问题。就名誉权受到侵害的受害人而言，此处的“赔偿损失”是对其精神损害和附带的财产损失的赔偿，而不是对其外部名誉受到损害（社会评价的降低）的赔偿。金钱不能与人格交易，金钱也买不来好名声。

## 六、对案例 31、案例 32 的简要评析

### 1. 对案例 31 的简要评析

《民法典》第九百九十四条规定，死者的姓名、肖像、名誉、荣誉、隐私、遗体等受到侵害的，其配偶、子女、父母有权依法请求行为人承担民事责任；死者没有配偶、子女且父母已经死亡的，其他近亲属有权依法请求行为人承担民事责任。该条明确了以下内容：一是对于死者的姓名、肖像、名誉、荣誉、隐私、遗体等权益受到侵害的，近亲属享有请求权，得请求行为人承担民事责任。二是明确了请求权人的权利顺位。明确死者配偶、子女、父母作为第一顺位人有权请求；没有第一顺位人的，其他近亲属也可以请求行为人承担民事责任。当然，对于死者人格权益保护，还包括对英雄烈士人格权益的保护问题。

近年来，侵害英雄烈士姓名、肖像、名誉、荣誉等人格利益的案件时有发生，社会希望用立法来保护英烈人格利益的呼声日益高涨。为此，《民法典》第一百八十五条和《英雄烈士保护法》专门对英烈人格名誉保护作出了规定。《英雄烈士保护法》第二十二条第二款规定，英雄烈士的姓名、肖像、名誉、荣誉受法律保护。……任何组织和个人不得将英雄烈士的姓名、肖像用于或者变相用于商标、商业广告，损害英雄烈士的名誉、荣誉。对侵害英雄烈士名誉、荣誉等行为，英雄烈士的近亲属可以依法向人民法院提起诉讼。英烈近亲属没有提起民事诉讼时，检察机关可以提起公益诉讼。最高人民检察院发布的第十三批指导性案例中第 51 号指导案例即明确，对侵害英雄烈士的姓名、肖像、名誉、荣誉，损害社会公共利益的行为人，英雄烈士近亲属不提起民事诉讼的，检察机关可以依法向人民法院提起公益诉讼，要求侵权人承担侵权责任。在实体审理方面，最高人民法院发布第十九批指导性

案例中第 99 号指导案例即葛某生诉洪某快名誉权、荣誉权纠纷案中也明确，人民法院审理侵害英雄烈士名誉、荣誉等案件，不仅要依法保护相关个人权益，还应发挥司法彰显公共价值功能，维护社会公共利益。任何组织和个人以细节考据、观点争鸣等名义对英雄烈士的事迹和精神进行污蔑和贬损，属于歪曲、丑化、亵渎、否定英雄烈士事迹和精神的行为，应当依法承担法律责任。

英雄的事迹和精神是中华民族共同的历史记忆和精神财富，雷锋同志的姓名作为一种重要的人格利益，应当受到保护。《英雄烈士保护法》第二十二条第二款规定："任何组织和个人不得将英雄烈士的姓名、肖像用于或者变相用于商标、商业广告，损害英雄烈士的名誉、荣誉。"杭州某网络科技有限公司使用的"雷锋"文字具有特定意义，确系社会公众所广泛认知的英雄姓名。为了商业目的，在"雷锋哥"微信公众号中使用"雷锋社群"和"雷锋会员"，宣传"资源共享，互帮互助的雷锋精神"口号，明知英雄的姓名具有特定的意义，仍擅自将其用于商业组织和商业活动行为，侵犯了英雄的人格利益，实际曲解了社会公众所广泛认知的雷锋精神。[①]

2. 对案例 32 的简要评析

《民法典》第一百一十条确认法人、非法人组织享有名誉权，第一千零二十四条规定任何组织和个人不得以侮辱、诽谤等方式侵害他人名誉权。侵犯名誉权适用过错责任归责原则，即侵权人存在主观过错、侵权人实施了违法行为、侵害名誉权的损害事实、侵权行为与损害事实之间存在因果关系。在本案中，安徽某健康科技公司未经核实，采取投诉、公开发布指责声明的方式，主观上存在故意的过错行为，实施了投诉、公开发布指责的违法行为，侵犯同行业安徽某医疗科技公司名誉，致使其商业信誉降低，原告所受到的损害与被告的侵权行为存在因果关系，因此说，本案的被告构成了侵犯企业名誉权。

党的二十大报告强调要优化民营企业发展环境，依法保护民营企业产权和企业家权益，促进民营经济发展壮大。企业名誉是企业赖以生存和发展的

① 最高人民法院 2023 年 8 月 2 日发布的《人民法院抓实公正与效率践行社会主义核心价值观典型案例》。

重要基础，依法保护企业名誉权是构建法治化营商环境的应有之义。人民法院依法判决安徽某健康科技公司停止侵害、删除发布在网站上的不实信息并登报赔礼道歉，既保护了被侵权企业的合法权益，也有利于维护市场竞争秩序，促进行业在良性竞争中发展。[①]

## 第二节　侵害名誉权行为的司法认定

### 一、问题的提出

在现实生活中，对于自然人而言，名誉权关乎其人格尊严；对于法人、非法人组织而言，名誉权关乎其社会信誉，这种信誉是法人、非法人组织在较长时间内、在它的整个活动中逐步形成的，特别是企业法人、非法人组织的名誉，反映了社会对它在生产经营等方面表现的总的评价，往往会对其生产经营和经济效益产生重大影响。因此，对于民事主体来说，名誉权的地位极为重要。在司法实践中，最高法院通过司法解释对侵害名誉权的情形作出了认定，《民法典》专章用了7个条文对名誉权作出了立法规定，可谓“浓墨重彩”。

在研究侵害名誉权的司法认定之前，先看三则案例：

#### 案例33：未超出必要限度的负面评价能否构成名誉侵权[②]

原告某物业公司为某小区提供物业管理服务，被告吴某、案外人徐某系该小区业主。2020年12月11日，徐某在业主微信群内发了15秒的短视频，并在群内发表“小区大门口动用该房屋维修金，你们大家签了字，同意了吗”？被告吴某接着发表“现在一点这个东西就这么多钱，到时电梯坏

① 最高人民法院2023年1月12日发布的《人民法院贯彻实施民法典典型案例（第二批）》。

② 最高人民法院2022年4月11日发布的《民法典颁布后人格权司法保护典型民事案例》。

了，楼顶坏了等咋办，维修基金被物业套完了，拍拍屁股走人了，业主找谁去”“真要大修没钱就自生自灭了，太黑心了”“所以这个小区成立业主委员会是迫在眉睫”“不管怎样你们签的字违规，我们不认可，要求公示名单”等言论，某物业公司工作人员在该群内制止吴某并要求吴某道歉，吴某继续发表“凭什么跟你道歉”“我说的是事实”等。原告某物业公司认为被告吴某的言论侵害其名誉权，遂诉至法院，要求吴某公开赔礼道歉并赔偿损失。

生效裁判认为，依据《民法典》第一百一十条、第一千零二十四条的规定，法人、非法人组织依法享有名誉权，任何组织或者个人不得以侮辱、诽谤等方式侵害他人名誉权。住宅专项维修资金的使用涉及业主的切身利益，被告吴某作为小区业主，在案涉业主微信群内围绕专项维修资金的申领、使用等不规范情形对原告某物业公司所作的负面评价，措辞虽有不文明、不严谨之处，但未超过必要的限度，不足以产生某物业公司社会评价降低的损害后果。物业公司系为业主提供服务的企业法人，对业主在业主群内围绕其切身权益所作发言应具有一定容忍义务。因此，被告吴某不构成对原告名誉权的侵害。同时，法院认为，业主在行使监督权利时应当理性表达质疑、陈述观点。综上，判决驳回原告某物业公司的诉讼请求。

## 案例 34：新闻报道未打“马赛克”，是否构成侵害名誉权[①]

2005 年 3 月 20 日，安徽省某镇发生一起强奸（未遂）案，被告公安分局立案后，于同年 4 月 13 日下午将犯罪嫌疑人朱某抓获。当晚，公安分局欲安排被害人对犯罪嫌疑人进行混合指认，要求被告实验学校予以协助，提出需要数名与犯罪嫌疑人朱某年龄相仿的初中男生配合指认。当天 21 时下自习时，实验学校教导主任对该校初二八（8）班班主任说明了此事，即带领原告李某峰等六人前往公安分局。该局民警向班主任及六原告说明了混合指认的相关内容，班主任在谈话笔录上签名后，六原告按民警要求手举号牌与犯罪嫌疑人朱某一起列队接受指认，这一过程被民警摄像和拍照。次日，被告电视台记者前往公安分局采集新闻，该局遂将本案指认过程的相关摄像资料等交给电视台记者，未作任何交代。2005 年 4 月 16 日，电视

① 详见《最高人民法院公报》2007 年第 2 期（总第 124 期）。

台“第一时间”栏目播报的新闻中，出现李某峰等六原告手持号牌参与辨认的图像，面部无任何技术遮盖，时间约2秒。电视台播报此新闻前未通知公安分局和实验学校。李某峰等六原告先后看到该条新闻，随后即向学校及公安分局提出异议，未果，后被同学和其他人以“嫌疑犯”和“几号强奸犯”等字眼称呼。公安分局于2005年7月2日向实验学校发出建议函，建议学校对六原告予以表扬。李某峰等六原告因与三被告未能就赔偿事宜达成一致意见，遂诉至法院。

生效裁判认为：公民、法人享有名誉权，公民的人格尊严受法律保护。被告公安分局依法具有刑事案件侦查权，在侦破强奸犯罪刑事案件过程中，因侦查需要安排原告李某峰等六名未成年人协助参与混合指认过程并拍照、录像，该行为本身并不违反法律规定。但在混合指认这一侦查活动终结后，在向被告电视台提供相关新闻资料时，作为公安分局应当认识到同时也有义务特别提醒电视台在播出时注意对图像进行相关技术处理，以保护六原告的合法权益。但公安分局未尽到该义务。电视台作为新闻机构，也应当在新闻报道中注意保护他人的合法权益，但在播放涉案新闻时，对犯罪嫌疑人朱某的脸部画面作了某种程度的技术处理，反而忽略了对六原告的脸部画面进行处理，使六原告的脸部未加遮掩直接显示于屏幕。尽管播出时间较短，也足以使对六原告熟悉的人从电视画面上将六原告认出。同时，由于电视这种大众传媒方式覆盖面非常广泛，该新闻内容传播到社会上产生了广泛影响。加之电视台播出该新闻时未对六原告协助公安机关进行混合指认的情况加以特别说明，使得不特定的群众产生误解，导致六原告被他人冠以“强奸犯”的称谓，其社会评价被严重降低，产生了一定的损害结果。对于该损害后果的发生电视台和公安分局主观上均存在过错，其行为侵犯了六原告的名誉权，应当对其侵权行为所造成的损害后果承担民事赔偿责任。据此判决：一、被告电视台和被告公安分局向原告李某峰等六人公开赔礼道歉，以消除影响、恢复名誉（内容须经该院审查许可）。两被告如不履行，该院将在省级报刊刊登该院生效判决书主文，相关费用由电视台与公安分局共同承担。二、被告电视台与被告公安分局共同向原告李某峰等六人各支付精神抚慰金人民币6000元，合计36000元。

## 案例35：金融机构长期怠于核查更正债务人信用记录能否认定侵害名誉权[1]

原告周某某为案外人莫某某向被告上林某银行的贷款提供连带保证担保，后经2018年作出的生效判决认定，周某某的保证责任被免除。三年后，周某某经所在单位领导提示，于2021年4月25日在中国人民银行征信中心查询个人信用，发现其已被列入不良征信记录，遂向上林某银行提出书面异议，并申请消除不良征信记录。但该银行在收到周某某提出的异议后未上报信用更正信息，导致周某某的不良征信记录一直未消除，周某某在办理信用卡、贷款等金融活动中受限制。周某某遂诉至法院，要求上林某银行协助撤销周某某的不良担保征信记录，赔偿精神损失和名誉损失费，并登报赔礼道歉、消除影响。

生效裁判认为，依据《民法典》第一千零二十九条的规定，信用评价关涉个人名誉，民事主体享有维护自己的信用评价不受他人侵害的权利，有权对不当信用评价提出异议并请求采取更正、删除等必要措施。上林某银行作为提供信用评价信息的专业机构，具有准确、完整、及时报送用户信用信息的权利和义务，发现信用评价不当的，应当及时核查并采取必要措施。本案中，上林某银行未及时核查周某某已依法免除担保责任的情况，在收到周某某的异议申请后，仍未上报信用更正信息，造成征信系统对周某某个人诚信度作出不实记录和否定性评价，导致周某某在办理信用卡、贷款等金融活动中受限制，其行为构成对周某某名誉权的侵害。遂判决被告向中国人民银行征信中心报送个人信用更正信息，因报送更正信息足以消除影响，故对周某某主张赔偿损失、赔礼道歉等诉讼请求不予支持。

上述三个案例，均涉及侵害名誉权的司法认定问题。试问：根据《民法典》关于名誉权的规定，并结合司法实践，如何认定侵害名誉权的行为？

---

① 最高人民法院2022年4月11日发布的《民法典颁布后人格权司法保护典型民事案例》。

## 二、新闻报道、舆论监督等行为与保护名誉权的关系

新闻报道，是指报纸、刊物、广播、电视等大众传媒将新闻事实予以公开和传播的行为，其是新闻单位对新近发生的事实的报道，这些事实包括有关政治、经济、军事、外交等社会公共事务以及有关社会突发事件。舆论监督，是指社会公众运用各种传播媒介对社会运行过程中出现的形象表达信念、意见和态度，对各种违法违纪行为所进行的揭露、报道、评论或者抨击的行为。[①] 实施新闻报道、舆论监督等行为，是保障媒体监督权、公民知情权和维护社会公平正义的重要手段和方式。如何处理好新闻报道、舆论监督等行为与保护名誉权之间的关系问题，《民法典》第一千零二十五条作出了规定，即："行为人为公共利益实施新闻报道、舆论监督等行为，影响他人名誉的，不承担民事责任，但是有下列情形之一的除外：（一）捏造、歪曲事实；（二）对他人提供的严重失实内容未尽到合理核实义务；（三）使用侮辱性言辞等贬损他人名誉。"

实施新闻报道、舆论监督等行为受法律保护，但并非没有边界。根据《民法典》第一千零二十五条的规定，有下列情形之一的，实施新闻报道、舆论监督等行为的行为人应当承担民事责任：

1. 捏造、歪曲事实。客观真实是对新闻报道、舆论监督最基本的要求，行为人在从事新闻报道、舆论监督中应当力求所报道的情况、所反映或者检举控告的情况客观真实。但是，若行为人在新闻报道、舆论监督中捏造或者歪曲事实，使得虚假信息得到传播，误导公众，显然不具有正当性，也是违反职业道德的行为，是对他人名誉权的侵害行为，应当承担侵权责任。

在司法实践中应当注意的是：正当的舆论监督与名誉侵权的界限；当事人所在单位依职权对个人的政绩、品德所作的考核、评价、审查与名誉侵权的界限；通过正当合法渠道向有关部门反映、检举揭发不道德行为、违法行为，甚至犯罪行为与名誉侵权的界限；邻里、同事、亲属之间因琐事相互贬损与名誉侵权的界限。

---

① 黄薇主编：《中华人民共和国民法典解读 · 人格权编》，中国法制出版社 2020 年版，第 156 页。

2. 对他人提供的严重失实内容未尽到合理核实义务。《中国新闻工作者职业道德准则》明确规定：真实是新闻的生命。新闻必须是真实的，新闻机构也是以报道新闻事实为己任的。而这些年来发生的新闻侵害名誉权案基本上都是以“新闻失实”为由提起诉讼的，新闻侵害名誉权的表现形式大多也是围绕“失实”而形成的，这似乎是个矛盾，却又是广大新闻单位和新闻工作者在新闻活动中不得不面对的现实。“新闻失实”主要表现在以下几个方面：（1）事实不真实导致新闻侵害名誉权，这是新闻传播中侵害名誉权最常见的一种情况。它通常表现为新闻作品主要内容不真实、采访不扎实造成失实、杜撰虚假新闻故意诽谤等。（2）评论失实导致新闻侵害名誉权，这主要反映在新闻报道的结论中或批评性新闻评论中，其结论或评论的内容可能有一定的事实依据，或者所依据的事实是真实的，但得出的结论却没有根据，是不真实的。如果结论或评论针对的是特定的对象，那么就会造成特定对象名誉减损的结果，就会构成侵权。（3）言辞失实导致新闻侵害名誉权，这类侵权中报道的主要内容一般是真实的，但在文中使用了有损他人名誉的带有侮辱性的言辞而造成侵害名誉权。

3. 使用侮辱性言辞等贬损他人名誉。新闻报道、舆论监督等行为应当尽量真实，评论也应当客观真实公正。但在实践中，言辞不真实以致他人名誉减损一般表现为以非人的言辞来形容他人，比如用“混蛋”“笨驴”“人妖”“狗腿子”之类的词语来侮辱他人；用特定的受到社会唾弃的身份词语来辱骂他人，比如“恶棍”“流氓”“色鬼”“荡妇”等；案件报道中的术语及其定性错误，比如被拘留或被逮捕的人本应称“嫌犯”或“犯罪嫌疑人”却被误称为“罪犯”“案犯”“犯罪分子”等。

## 三、新闻报道、舆论监督主体合理核实义务

新闻报道、舆论监督可以是记者深入调查后取得的第一手资料，也可以是根据其他组织或个人向新闻记者提供的新闻素材形成的。根据《新闻出版总署关于严防虚假新闻报道的若干规定》第二条的规定，新闻机构要规范使用消息来源。新闻报道、舆论监督主体的核实义务来自民法上的谨慎人注意义务。《民法典》第一千零二十六条规定了新闻报道、舆论监督主体合理核实义务，即：“认定行为人是否尽到前条第二项规定的合理核实义务，应当考

虑下列因素：（一）内容来源的可信度；（二）对明显可能引发争议的内容是否进行了必要的调查；（三）内容的时限性；（四）内容与公序良俗的关联性；（五）受害人名誉受贬损的可能性；（六）核实能力和核实成本。”具体而言：

1. 内容来源的可信度。内容来源可信度的认定可参考《新闻出版总署关于严防虚假新闻报道的若干规定》。《新闻出版总署关于严防虚假新闻报道的若干规定》第一条规定：“新闻记者开展新闻采访活动必须遵守国家法律法规，严禁编发虚假新闻和失实报道。（一）境内所有新闻机构的新闻记者从事新闻采访活动必须坚持持证采访。国家新闻出版总署核发的新闻记者证是全国新闻记者职务身份的有效证明，是境内新闻记者从事新闻采编活动的唯一合法证件。新闻记者在常规的新闻采访活动中应主动向采访对象出示新闻记者证表明身份，并自觉接受社会监督。（二）新闻记者从事新闻采访报道必须坚持真实、准确、全面、客观、公正的原则，深入新闻现场调查研究，充分了解事实真相，全面听取新闻当事人各方意见，客观反映事件各相关方的事实与陈述，避免只采用新闻当事人中某一方的陈述或者单一的事实证据。（三）新闻记者编发新闻报道必须坚持实事求是，不得发布虚假新闻，严禁依据道听途说编写新闻或者虚构新闻细节，不得凭借主观猜测改变或者杜撰新闻事实，不得故意歪曲事实真相，不得对新闻图片或者新闻视频的内容进行影响其真实性的修改。（四）新闻记者报道新闻事件必须坚持实地采访，采用权威渠道消息或者可证实的事实，不得依据未经核实的社会传闻等非第一手材料编发新闻。（五）新闻记者开展批评性报道至少要有两个以上不同的新闻来源，并在认真核实后保存各方相关证据，确保新闻报道真实、客观、准确，新闻分析及评论文章要在事实准确的基础上做到公正评判、正确引导。”该规定第二条规定：“……（二）新闻机构要规范使用消息来源。无论是自采的还是转发的新闻报道，都必须注明新闻消息来源，真实反映获取新闻的方式。除危害国家安全、保密等特殊原因外，新闻报道须标明采访记者和采访对象的姓名、职务和单位名称，不得使用权威人士、有关人士、消息人士等概念模糊新闻消息来源。（三）新闻机构要严格使用社会自由来稿和互联网信息制度，不得直接使用未经核实的网络信息和手机信息，不得直接采用未经核实的社会自由来稿。对于通过电话、邮件、微博客、博客等传播渠道获得的信息，如有新闻价值，新闻机构在刊播前必须派出自己的编辑记者逐一核实无误后方可使用。（四）新闻机构必须完善新闻转载的审核管理制度。转载、转播新闻报道必须事先核实，确保新闻事实来源可靠、准确无误后方可转载、转播，并注明准确的首发媒体……”

例如，2018年发生的重庆万州公交坠江事件，2018年10月28日上午，重庆万州区一辆大巴车行驶至万州长江桥上时，与一辆正常行驶的小轿车相撞，大巴车失控冲破护栏坠入长江。28日中午，“@平安万州”发出简短的警情通报，但这一最早的官方消息并未提及“女司机”和“逆行”的字眼，只说“两车相撞，大巴车坠入江中”。可在随后的新闻报道中，新某报发布标题为“重庆万州大巴坠江前曾与逆行轿车相撞”的新闻报道，称相撞事故，系“一小轿车女车主驾车逆行导致”。一时间，各大媒体以及网友开始对这名女司机进行谴责和谩骂。然而，情节反转开始纷纷“打脸”，重庆警方通报了公交坠江事件，“经初步事故现场调查，系公交客车在行驶过程中突然越过中心实线，撞击正常行驶的小轿车后冲上路沿，撞断护栏，坠入江中”。也就是说，小轿车司机系正常行驶，也是此次事件的受害方。一时间，各路媒体忙着删微博、删微信公众号的新闻，网友忙着删评论。在热点新闻曝出后，各种新闻媒体都想快速跟进，第一时间进行报道，若对一些明显失实的新闻进行转发，则会给当事人的名誉造成极大的损害。

2. 对明显可能引发争议的内容是否进行了必要的调查。某些内容容易引起社会争议，占用社会舆论空间，宜在真实性得到更高程度的确认后进行报道。媒体在报道此类内容时应负担更重的合理核实义务。一是要判断哪些内容明显可能引发争议，二是要对相关内容做必要的调查。根据《新闻出版总署关于严防虚假新闻报道的若干规定》，民意调查结果属于可能引发争议的内容。新闻机构对民意调查结果的刊播要更加谨慎。对于“明显可能引发争议的内容”，应由法官根据案件发生的具体情境认定，如热点民生事件。“必要的调查”应结合行为人的能力进行判断。

3. 内容的时限性。从维护社会公益目的出发，对内容时限性要求越强，媒体能够用于调查取证的时间就越少，相应地，合理核实义务的标准应该降低，以便充分保护民众的知情权。对重大自然灾害、恐怖袭击等重大突发事件，在保持谨慎的条件下，合理核实义务可适当降低。对于发生在过去的事实，行为人有充分的时间进行调查，且公众对事件真相的期待更高，此时的合理核实义务应要求较高。

4. 内容与公序良俗的关联性。《民法典》第八条要求民事主体从事民事活动不得违背公序良俗。公序良俗包括公共秩序（社会公共秩序和生活秩序）和善良风俗（社会公共道德，由全体社会成员所普遍认可、遵循的道德准则）。新闻报道、舆论监督等行为承担着维护、塑造公序良俗的功能。《民法典》第一千零二十五条规定“行为人为公共利益实施新闻报道、舆论监督”，这也说明与公序良俗联系越密切的事实往往与公共利益也联系密切。相关事实因与公共利益相关，媒体可在尽合理核实义务后发布。一般而言，与公序良俗联系越密切的事实，对行为人合理核实义务的要求也越高。同时，合理核实义务的标准也不应阻碍信息的正常流通，与公共利益联系密切的事实也需要尽快进入公众视野，此时合理核实义务标准可相应减低。即使发布的信息事后被证伪，履行了合理核实义务的媒体也可以不负责任。

5. 受害人名誉受贬损的可能性。若事实本身以及基于该事实的评论使得受害人名誉受贬损可能性越大，则合理核实义务的标准应越高。新闻报道、舆论监督的行为人应当预见到某些信息可能导致他人名誉受损，因而负有更高的核实义务。

例如，被告发布争议言论的账号系汽车方面的微博账号，在两年多时间里发布了 180 余条言论，其中大部分与汽车经营者原告相关，均与原告的产品、服务、整体形象存在较为紧密的联系，言论的受众阅读时能直接与原告产生关联。被告作为微博大 V，具有网络自媒体的属性，其发布的争议言论内容大量使用带有强烈的侮辱意味以及负面评价，按照一般人的理解，已经超出监督、评价的合理范围，确有侮辱、诋毁原告的故意；考量发布言论的密集性、持续性，这一行为整体上已经构成对原告的侮辱，足以降低原告的社会评价，导致原告的名誉权受损。被告作为专业车评人，在微博平台拥有大量关注和粉丝，更应当审慎使用其作为微博大 V 的影响力，谨言慎行，其认为原告存在骗取策划方案、原告车辆存在质量瑕疵等，应当使用更专业的方式进行表达，而不应当使用密集发表侮辱性词汇、负面评价的方式进行。最终法院判决：被告删除并停止继续发布侵权言论；在其新浪微博账户的首页置顶公开向原告书面赔礼道歉，持续时间不少于 90 日；原告主张的侵权损害赔偿，综合考量原告公司性质、被告职业、影响范围、过错程度，以及被告的行为、方式、后果等因素，法院酌定为 30 万元。[①]

6. 核实能力和核实成本。合理核实义务应与核实能力相适应，让新闻报道、舆论监督得以顺利进行。不应让媒体承担过高的核实成本，否则会阻碍信息的流通，损害公众的知情权，让全社会无法获得有效的舆论监督。因此，核实成本较高的情况下，相应的核实义务应降低。[②]

## 四、文学、艺术作品侵害名誉权的司法认定

文学艺术创作对于提高人民文化水平，繁荣我国文化，坚定文化自信具有重要意义。从事文学艺术创作是公民的一项权利，我国《宪法》第四十七条规定，中华人民共和国公民有进行科学研究、文学艺术创作和其他文化活动的自由。任何自由都有边界，都不能侵害他人权益。为此，《民法典》第一千零二十七条第一款规定："行为人发表的文学、艺术作品以真人真事或者特定人为描述对象，含有侮辱、诽谤内容，侵害他人名誉权的，受害人有权依法请求该行为人承担民事责任。"第二款规定："行为人发表的文学、艺术作品不以特定人为描述对象，仅其中的情节与该特定人的情况相似的，不承担民事责任。"

1. 行为人以发表的文学、艺术作品以真人真事或者特定人为描述对象的侵权认定

对于文学、艺术作品的划分，依据不同的标准可以划分不同的种类。从立法和审判工作实际需要出发，可以将文学作品划分为以真人真事作为描写对象的文学作品和非以真人真事作为描写对象的文学作品这样两大类。有人将前一种文学作品称为纪实文学作品，后一种称为纯文学作品。非以真人真事作为描写对象的文学作品是文学作品的主流；以真人真事作为描写对象的文学作品，是近些年来流行的一种新的文学作品体裁，一般通称为纪实文学，它以描写真人真事、基本事实不得虚构为特点。以真人真事作为描写对象的文学作品所描写的人物，就是生活中特定的人物。对这种文学作品的人物排

---

① 参见上海市嘉定区人民法院（2020）沪 0114 民初 6780 号民事判决书。

② 参见最高人民法院民法典贯彻实施工作领导小组主编：《中华人民共和国民法典人格权编理解与适用》，人民法院出版社 2020 年版，第 290—291 页。

他性，是容易确定的。

侵害人格权，故意、过失均可构成。文学作品侵权，同样如此，这种故意、过失需要有确定的内容。故意以文学作品侵害人格权的，作者应当有确定的动机、目的。故意侵害他人人格权，行为人必然有其确定的内心起因和追求的损害他人人格权的目的。文学作品创作是高尚的艺术创作活动，如果在文学作品创作中有败坏他人人格的动机和目的，就背离了文学作品创作的艺术宗旨，就是以文学作品作为工具去侵害他人的合法权利，这就具有侵权的故意。有的作家对自己的主观创作意图归结为高尚的艺术创作，但实际上隐藏着自己侵害他人人格权的秘密意图，这需要认真审查。要通过举证、查证过程和审查文学作品的具体内容去发现，证明他的真实意图，能够证明其真实动机目的的，应当确认该作者的侵权故意。如何去查清作者的动机、目的呢？这种情况可以就事实来定。文学作品在客观上造成了侵权的后果，就按后果定。这样做，有两点根据，一是侵权行为与犯罪行为不同，可以就客观结果确定民事责任；二是过失同样可以构成侵权，可以从损害后果来证明作者的过失。

文学作品侵权中过失的确定性，主要表现在作者对他人人格权保护义务的违反。人格权是绝对权，任何人都负有不得侵害的义务。违反这一义务，无意中侵害了他人人格权，就是对这种注意义务的违反，就构成了侵权的过失。这种情况，大部分是作者掌握、熟悉受害人的生活，在创作时以受害人作为创作的原型或模特，以受害人的经历作为创作的素材，在创作过程中暴露了受害人的生活隐私，或者在受害人生活经历的描绘中加入了侮辱、诽谤的情节描写或言辞，无意中造成了侵权的后果。这种情况，就是对创作素材处理不当的过失。

文学作品中确有侮辱、诽谤他人或宣扬他人生活隐私的违法内容。就是通过文学作品中的人物，对该人物进行侮辱、诽谤或宣扬隐私，使现实中人物的人格因此而受到损害。显然，这种做法违反法律的规定，具有这种违法内容的文学作品，可以认定其侵害了人格权。在文学作品中侮辱，是指文学作品在描写中谴责特定人物的某种缺陷和对特定人物一般性的侮辱性言辞。它包括对某种缺陷的暴露、谴责，包括一般性的侮辱语言。在文学作品中诽谤，指的是文学作品在描写和叙述中把某些事实归罪于特定人物的詈骂。这就是编造足以丑化人格的事实对他人进行人格攻击。[1] 文学作品中具有上述性质的描写或言语，又是针对现实中的特定的人，应当认定文学作品的内容具有违法性。

2. 行为人发表的文学、艺术作品不以特定人为描述对象的侵权认定

对于非以真人真事作为描写对象的文学作品，如何确定文学作品中的人物确指现实人物，应当分为以下四种情况来分析：（1）用了现实人物的真实姓名，或者对真实姓名作了一些艺术上的处理，但仍以该人物的真实经历来描写的。这种文学作品，多数是以历史的真实事件作为文学作品的主体事件或主要线索，使用真实人物进行创作，只是在创作过程中无意地暴露了该人物的生活隐私，或者虚构的情节、细节造成了真实人物的人格权损害，过失地侵害了他人的人格权。对此，应当认定文学作品中的人物具有排他性，确与现实中的原告具有一致性。（2）不用真实姓名，地点也是虚构的文学作品，确定文学作品中的人物确指原告，必须具备三个条件：一是文学作品人物与现实人物的基本特征必须相同。基本特征，就是能够将一人与他人区别开来的主要标志，如职业、经历、外貌等特征。二是文学作品人物与现实人物所处的特定环境必须相同，即生活、工作环境以及人物之间的关系应当相一致。三是熟悉现实人物的人读后公认文学作品人物是指现实人物。这三个条件都具备的，就可以确认文学作品中的人物具有排他性，确系描写现实人物。法院在具体审理案件中，确定这类文学作品中人物排他性，采取“纵横比较法”，值得借鉴。纵向比较，即将文学作品人物与现实人物的纵向经历划分为几个主要的阶段，每一个阶段都以一个典型的事件作为标志，分析对照；横向比较，则将文学作品人物与现实人物在横的方面划分出几个部分，如婚恋、婚变史、特殊的历史事件、外形特征、人际关系、生活环境等几个部分，分析对照。纵向、横向的分析比较，在主要方面都相同或相似的，再加上读者公认，就可以认定文学作品中的人物具有排他性。（3）在历史文学作品中影射现实人物，确定其排他性，在采用以上条件进行分析时，必须紧密结合作者的侵权故意来认

① 最高人民法院民法典贯彻实施工作领导小组主编：《中华人民共和国民法典人格权编理解与适用》，人民法院出版社 2020 年版，第 299 页。

定。作者没有侵权的故意，只有过失，不能认定其侵害名誉权。对此，在司法实践中，必须慎重对待。（4）使用素材不当。如果作者采用数人的经历、事件创作成一个人物，但在使用某一个人的特定事件足以与其他人区别开，并且又泄露其生活隐私或进行侮辱、诽谤的，也应认定文学作品的人物具有排他性。①

## 五、媒体报道内容失实侵害名誉权的补救

新闻媒体在报道消息的时候，应当承担合理核实义务。该义务应当达到的程度，就是事实基本真实，新闻报道如果达到了事实基本真实的程度，应当认为新闻媒体已经尽到了合理核实义务，就不存在侵权问题。新闻真实就是事实基本真实。但应注意，事实基本真实不是基本事实属实。新闻真实也不是法律真实和客观真实，后两者是证据法所使用的概念。客观真实就是客观发生的事实，法律真实是证据所能够证明的事实，是对案件事实的高度盖然性的证明，并不能保证证据所证明的事实能够完全还原于客观真实，那是永远也不可能做到的。法院裁判尚且只能基于高度接近但可能不与客观真实完全一致的法律真实进行法律适用，对于新闻媒体报道自然不能以法律真实甚至客观真实为标准，即使要求也是做不到的，所以新闻真实即事实基本真实的规定是合理的。因此，《民法典》第一千零二十八条规定："民事主体有证据证明报刊、网络等媒体报道的内容失实，侵害其名誉权的，有权请求该媒体及时采取更正或者删除等必要措施。"本条规定的关于媒体失实报道的更正权、删除权等权利，就是在名誉权领域对恢复名誉、消除影响等人格权请求权的细化和体现。从学理上，恢复名誉的具体措施是否合理，一般应根据侵害名誉权所造成的不良影响的范围来确定，恢复名誉的措施应与损毁名誉行为所影响的范围一致，所以在报刊、网络媒体报道失实导致侵害名誉权的，应当在报刊、网络媒体上更正撤回。②

---

① 参见最高人民法院民法典贯彻实施工作领导小组主编：《中华人民共和国民法典人格权编理解与适用》，人民法院出版社 2020 年版，第 298—299 页。

② 最高人民法院民法典贯彻实施工作领导小组主编：《中华人民共和国民法典人格权编理解与适用》，人民法院出版社 2020 年版，第 304 页。

媒体报道的内容失实是指媒体报道偏离客观事实，对事件作出了不准确的、歪曲的甚至是虚假的描述。应当注意的是，只有媒体报道的内容与事实严重不符，才可认定为内容失实。媒体是舆论监督机构，缺乏相应的公共权力，在某些情况下无法广泛、深入、全面地查清事实的真相，可能在个别细节上出现与事实不完全相符的情况。特别是在互联网时代，信息的获取更加便捷，媒体报道更加讲求时效性，如果过于严苛地要求媒体追求绝对事实真相，媒体将难以高效地充分发挥其舆论监督功能，甚至在极端情况下，还可能刺激部分媒体不择手段“挖掘真相”，反而导致他人的权利受到损害。

在民事诉讼中举证责任的分配至关重要，它不仅决定了当事人的举证行为，影响法官对证据的法律评价和心证，还决定了案件事实真伪不明时，由哪一方当事人承担实体法上的不利法律后果，因此必须受制度的刚性约束和程序的严格规制。传统理论上，名誉权侵权一般适用谁主张、谁举证的举证责任分配规则，主张因报道失实而致使名誉权侵害的权利方应证明报道失实、权利受损，媒体可提出具备合理可信赖为事实的消息来源等作为抗辩。我们认为，权利方在证明媒体报道内容失实，未必完全证明具体真实的情况究竟如何，只要其提出相应的证据，足以引起对媒体报道基本内容真实性的怀疑，即可认为履行了举证责任。

实践中，举证责任的转移应当符合程序法对当事人举证义务的要求和法官对利益平衡的考量。如果要求权利方证明报道失实，在客观上无法实现或者会产生严重不公平的情况，或涉及私人领域可能损害被报道对象的隐私权，从强化报道人真实性审核义务、保护被报道对象权利的角度，可以将举证责任转移给媒体承担，由报道的媒体证明其具备合理可信赖为事实的消息来源。但在权利方具备举证能力的情况下，特别是在主要报道内容属实，仅部分内容无法证明真实可信时，应合理分配举证责任，不予直接认定内容失实，在主要报道内容的价值与权利主体举证责任之间进行平衡，更加公平合理地进行裁量。①

---

① 参见最高人民法院民法典贯彻实施工作领导小组主编:《中华人民共和国民法典人格权编理解与适用》，人民法院出版社 2020 年版，第 305—306 页。

## 六、信用评价

信用，是指对一个民事主体履行义务能力，特别是经济能力的一种社会评价，根据《民法典》第一千零二十四条的规定，信用是名誉的重要组成部分。[①] 信用评估制度就是提高信用环境的一种重要制度，也是《民法典》第一千零二十九条所称的信用评价制度。该条规定：“民事主体可以依法查询自己的信用评价；发现信用评价不当的，有权提出异议并请求采取更正、删除等必要措施。信用评价人应当及时核查，经核查属实的，应当及时采取必要措施。”采取适用名誉权的规定进行间接保护，即用保护名誉权的方法保护信用权。信用权，是指自然人、法人、非法人组织就其所具有的经济能力在社会上获得的相应信赖与评价所享有的保有和维护的具体人格权。事实上，信用权是一个独立的具体人格权。本编虽然没有直接规定信用权，但是通过本条的变通规定，实际上规定了信用权。

信用权的客体是信用。信用是民事主体包括自然人、法人、非法人组织对其所具有的经济能力在社会上获得的信赖与评价。信用的主观因素是民事主体的经济能力。信用的客观因素是社会的信赖和评价，信用的客观表现是一种评价，这种评价是社会的评价，而不是自己的评价。信用是民事主体主观能力与客观评价的结合。一方面，关于经济信赖的社会客观评价不会凭空产生；另一方面，民事主体的主观经济能力是该种客观评价的基础和根据。只有这两种因素即主观因素和客观因素的紧密结合，才产生信用。

信用权与名誉权有很多相似之处，如权利性质、权利主体、权利客体的客观属性等，都是一致的。但信用权也有其自己的特点。信用权的客体即对主体的社会评价具有单一性。信用是信用权的客体，信用的基本内容是关于经济能力的社会评价，仅此而已。而名誉权的客体则是关于主体的人格的综合评价，范围较广，内容复杂。信用权还包含对主体的信赖因素。信用权不仅包括对主体的经济能力的社会评价，而且包括对主体的信赖因素，而名誉权则只包括对主体的一般社会评价。侵害信用权的民事责任构成，须具备违

---

① 黄薇主编：《中华人民共和国民法典解读·人格权编》，中国法制出版社2020年版，第170页。

法行为、损害事实、因果关系和过错四个要件。

一般而言，学理上认为信用损害的阻却违法事由，包括以下几种：(1) 行为人对其所传播的事实不知且不应知其为非真实的。行为人传播的事实虽非真实事实，但由于行为人的消息来源足以使一般人不会怀疑该消息的真实性，行为人即为不应知其为非真实。对此不应知其为非真实而不知，而对该不真实的事实予以传播的，为阻却违法事由，理由是行为人主观上无过错。对此，应当区分行为人的身份特征。一般主体不负有对消息来源具有真实性事实的特别审查义务，新闻单位发布此类消息，应负事实的审查核实义务，未经审查核实而见诸新闻媒体，不得以其不知且不应知其为非真实事实而抗辩，造成信用损害后果的，是过失的不作为行为，应与新闻发布单位共同承担侵害信用权的责任。(2) 有利益关系或负有义务而为通知的。行为人为维护自己的正当权益，或者为履行自己的义务，向第三人通知其有损他人信用的事实的，构成阻却违法事由，否定侵害信用权责任的构成，不承担侵权责任。(3) 依照职责反映权利主体负面信用情况的。这是依法执行职务行为，为正当的阻却违法事由，不构成侵权责任。构成这种阻却违法事由，一是要确有此职责，二是通过正当的渠道反映。(4) 通过正当渠道向有关部门反映情况的。向有关部门反映某主体的信用情况，只要反映者是经正当渠道、正当程序进行反映，尽管其反映的情况不够真实，也不构成侵害信用权，如消费者投诉。

## 七、对案例 33、案例 34、案例 35 的简要评析

1. 对案例 33 的简要评析

在本案中，根据《民法典》第一千零二十四条第一款“民事主体享有名誉权。任何组织或者个人不得以侮辱、诽谤等方式侵害他人的名誉权”的规定，作为法人的某物业公司依法享有名誉权，其名誉权应当受到法律的保护。问题的关键是被告吴某在业主微信群里所说的“……太黑心了”“不管怎样你们签的字违规，我们不认可”“凭什么跟你道歉”等言语是否构成对某物业公司以侮辱、诽谤等方式侵害其名誉权。显然，作为业主的吴某对小区的维修基金如何使用有权行使监督权，言语虽不文明，但达不到侮辱、诽谤的程度，因此不构成侵害某物业公司的名誉权。在现实生活中，相关人员的监督权与名誉权有

一定的关联，应把握好“度”，不能越界，否则会使相对人的权利受到损害。

本案明确业主为维护自身权益对监督事项所作负面评价未超出必要限度的，不构成对某物业公司的名誉侵权，依法合理划分了法人、非法人组织人格权的享有与公民行为自由的边界。[①]

2. 对案例 34 的简要评析

在本案中，公安机关在向新闻媒体提供侦破案件的相关资料、供新闻媒体用于新闻报道时，应尽谨慎注意义务以保护他人合法权益。未尽此义务导致他人名誉权受到侵犯的，应承担相应的民事责任。公安机关侦查行为的合法性、配合新闻媒体进行法治宣传的正当性以及新闻媒体自身在新闻报道中的过失，均不构成免除公安机关上述民事责任的法定事由。

在本案中，法院审理后认为电视台、公安分局没有尽到各自的义务，构成对六名原告名誉权的侵犯，但其行为未侵犯其肖像权，并作出相应判决。根据《刑事诉讼法》第三条的规定，对刑事案件的侦查、拘留、执行逮捕、预审，由公安机关负责。为了更好地打击犯罪，公安机关在行使侦查权时，可以根据工作需要依法采取一些特殊的侦查手段。本案中，公安分局为侦破相关刑事案件，安排李某峰等六人配合进行的混合指认，即是一种法定的、特殊的侦查手段。公安分局在特定的、不公开的场所内，为了侦查案件的需要进行混合指认，并进行录像、存档，是依法行使侦查权的行为，本身并不具有违法性。但是，公安机关在侦查活动终结后、向新闻媒体提供侦查活动中形成的资料时，应当尽到谨慎的注意义务，避免因此导致对他人合法权利的侵犯。如果因未尽谨慎注意义务，侵犯了自然人、法人或非法人组织的合法权益，也应当承担相应的法律责任。公安机关向新闻媒体提供新闻资料，不是依法行使侦查权的行为，不能因行使侦查权本身的正当性，免除其在向新闻媒体提供资料时未尽谨慎注意义务而应承担的法律责任。公安分局将混合指认录像资料交给电视台，发生在混合指认这一侦查手段终结之后，且电视台是新闻媒体，其收集侦查资料只是为了用于新闻报道，因此，公安分局侦查行为的合法性，不构成其在向新闻媒体提供侦破案件相关材料时未尽谨

---

① 最高人民法院 2022 年 4 月 11 日发布的《民法典颁布后人格权司法保护典型民事案例》。

慎注意义务的法定免责事由。公安分局将混合指认录像资料交给电视台时，未尽特别提醒义务，导致李某峰等六人的脸部画面未经任何技术处理，即通过新闻传播到不特定的受众处，且该新闻节目亦未就此作出特别说明。观看新闻的普通群众，并不一定知晓混合指认这一特定侦查手段的具体内容，因此有人公开指责李某峰等六人还没成年即犯下恶劣罪行，并冠以“强奸犯”的称谓，导致六原告社会评价的降低，发生名誉权受损的后果。故公安分局配合新闻媒体进行法治宣传的正当性不构成免除其在本案中所应承担民事责任的法定事由。

本案损害后果的发生，与电视台的过失也存在一定的联系。被动提供新闻材料，但发表时得到提供者同意或者默许，致使他人名誉受到损害的，应当认定提供者的行为构成侵害名誉权。电视台是面对大众的新闻传媒机构，公安分局在接受电视台“第一时间”栏目采访时，将上述混合指认录像资料交给电视台而未作任何特别说明，是对电视台播出该资料的一种默示行为。电视台自身在新闻报道中的过失，不构成免除公安分局民事责任的法定事由。对于自然人名誉权受到侵害的，可以责令侵权人恢复名誉、消除影响、赔礼道歉、赔偿损失。但赔偿损失的幅度应当与侵权所造成不良影响的范围相当。电视台、公安分局均是由于过失造成侵权，主观上也不存在故意侮辱、诽谤他人为自己牟利的目的，因此，法院将精神抚慰金的数额酌定为每人6000元是适当的。

3. 对案例35的简要评析

根据《民法典》第一千零二十九条的规定，民事主体可以依法查询自己的信用评价；发现信用评价不当的，有权提出异议并请求采取更正、删除等必要措施。信用评价人应当及时核查，经核查属实的，应当及时采取必要措施。在本案中，周某某发现自己已经被列入不良征信记录，要求银行予以消除，但银行却“置若罔闻”，造成原告信用评价降低，影响了周某某的经营活动，给其造成了负面评价，构成了对周某某名誉权的侵害。因此说，法院判令银行更正信息，消除影响是完全正确的。

近年来，金融机构怠于核查、更正债务人信用记录引发的名誉权纠纷案件渐增。本案依法适用民法典关于“信用评价”的相关规定，明确金融机构具有如实记录、准确反映、及时更新用户信用记录的义务，对督促金融机构积极作为，加强日常征信管理，优化信用环境，引导公民增强个人信用意识，合法维护信用权益，具有积极意义。[①]

## 第三节　荣誉权

### 一、问题的提出

荣誉是民事主体通过自己的辛勤劳动、努力工作和英勇奋斗而获得的，既是国家和社会对其工作和表现的认可，也是对其人格尊严的尊重，具有较强的人格属性。[②]原《民法通则》第一百零二条规定，公民、法人享有荣誉权，禁止非法剥夺公民、法人的荣誉称号。《民法典》第一千零三十一条第一款规定："民事主体享有荣誉权。任何组织或者个人不得非法剥夺他人的荣誉称号，不得诋毁、贬损他人的荣誉。"第二款规定："获得的荣誉称号应当记载而没有记载的，民事主体可以请求记载；获得的荣誉称号记载错误的，民事主体可以请求更正。"因此说，立法的完善，更有利于保护民事主体的荣誉权。

在研究荣誉权之前，先看一则案例：

#### 案例 36：在网络平台上侮辱抗美援朝英雄烈士是否构成侵害英雄烈士名誉、荣誉权[③]

2021 年，罗某观看《长津湖》电影和纪录片后，为博取关注，使用新浪微博账号（粉丝数 220 余万）发帖，侮辱在抗美援朝长津湖战役中牺牲的中国人民志愿军"冰雕连"英烈。上述帖文因用户举报被平台处理，此前阅读

---

① 最高人民法院 2022 年 4 月 11 日发布的《民法典颁布后人格权司法保护典型民事案例》。

② 黄薇主编:《中华人民共和国民法典解读·人格权编》，中国法制出版社 2020 年版，第 176 页。

③ 最高人民法院于 2023 年 1 月 12 日发布的《人民法院贯彻实施民法典典型案例（第二批）》。

量2万余次。罗某次日删除该帖文，但相关内容已经在网络上广泛传播，引发公众强烈愤慨。罗某曾系知名媒体人，曾使用上述账号先后发表侮辱、嘲讽英雄烈士等帖文9篇，其账号被平台处置30次。某检察院提起刑事附带民事公益诉讼，认为应当以侵害英雄烈士名誉、荣誉罪追究罗某刑事责任，建议判处有期徒刑七个月，同时请求判令罗某承担相应民事责任。

生效裁判认为，被告人罗某在互联网上使用侮辱性语言抹黑中国人民志愿军"冰雕连"英烈，否定社会主义核心价值观和伟大的抗美援朝精神，破坏社会公共秩序，情节严重，其行为构成侵害英雄烈士名誉、荣誉罪。罗某系自首，可以依法从轻处罚，自愿认罪认罚，可以依法从宽处理。附带民事公益诉讼被告罗某作为网络"大V"，多次在网上公开发表言论侮辱、贬损英雄烈士，严重侵害社会公共利益，应当承担民事责任。罗某自愿赔偿8万元用于抗美援朝烈士精神事迹纪念、宣传等公益事业，予以认可。作出刑事附带民事判决，被告人罗某犯侵害英雄烈士名誉、荣誉罪，判处有期徒刑七个月；附带民事公益诉讼被告罗某在相关网站及报纸上公开赔礼道歉。

上述案例，既侵害了名誉权，又侵害了荣誉权。试问：如何理解荣誉和荣誉权？荣誉权的具体内容有哪些？侵害荣誉权的具体形态有哪些？

## 二、荣誉和荣誉权的法律意义

荣誉是国家和社会对在社会生产生活中做出突出贡献或者有突出表现的民事主体所给予的积极的正式评价。荣誉是民事主体通过自己的辛勤劳动、努力工作和英勇奋斗而获得的，国家和社会对其工作和表现的认可，也是对其人格尊严的尊重，具有较强的人格属性。[①] 荣誉权是指民事主体依法保有其荣誉称号不受非法剥夺的权利。《民法典》第一千零三十一条第一款规定，民事主体享有荣誉权。任何组织或者个人不得非法剥夺他人的荣誉称号，不得诋毁、贬损他人的荣誉。

荣誉的法律特征表现为：一是授予荣誉的组织是特定的。荣誉授予权为

① 黄薇主编：《中华人民共和国民法典解读·人格权编》，中国法制出版社2020年版，第176页。

特定组织享有。该组织包括机关、事业单位、企业法人、社会团体等法人和其他非法人团体。对具体荣誉的授予也是由具体的特定组织进行。如某体育比赛的冠军只能由该体育比赛的组织者授予，而不能由其他组织授予。二是授予荣誉的内容是专门的。荣誉的内容只能是表彰该民事主体在特定社会领域做出的突出表现或贡献。如对茅盾文学奖得主的奖励内容只能是与该奖项相关的内容，而不能是娱乐界的金鹰奖或其他领域的奖项内容。三是荣誉是社会组织给予的积极评价。荣誉获得的前提，必须是民事主体在社会生活或生产中做出突出贡献或有突出表现，具有应受褒奖性。

荣誉与名誉确实具有相同之处，都属于一种社会评价。但是，两者还具有明显的不同之处：一是荣誉是国家和社会给予民事主体的一种正式评价，其授予、剥夺或者撤销一般都需要依照严格的程序进行，特别是剥夺民事主体的荣誉必须依照严格程序进行，否则就是侵犯民事主体的荣誉权；而名誉这种社会评价是由社会公众随意进行的，没有严格程序要求，也没有专门的格式要求。二是荣誉是政府、单位或者社会组织给予的评价，而非一般的社会评价；而名誉来源于社会公众，是社会公众的一般评价。三是荣誉是国家和社会给予民事主体的积极、褒奖性的评价，非消极评价；而名誉是社会对民事主体的综合评价，既包括积极的褒奖，也包括消极的批评，还包括中性的评价。四是名誉是民事主体在社会经济活动中自然产生的，而荣誉不可能自然产生。[①]

### 三、荣誉权的具体内容

荣誉权的内容包括荣誉保持权、精神利益支配权、物质利益获得权、物质利益支配权、荣誉获得权等权利。分述如下：

1. 荣誉保持权，是指民事主体对获得的荣誉保持归己享有的权利。保持权的客体是荣誉本身，荣誉本身包括各种荣誉称号，各种奖励、表彰以及荣誉职衔，如名誉博士、名誉校长等。这些名誉职衔，其实并不表明被授予者的学识、能力等达到了博士水平或某种职务的要求，而是在于机关、组织授

---

① 黄薇主编：《中华人民共和国民法典解读·人格权编》，中国法制出版社2020年版，第177页。

予主体的一种荣誉，使其享有名誉职衔的精神利益或一定的物质利益。

2. 精神利益支配权，是指荣誉权人对其获得荣誉中的精神利益的自主支配权。荣誉权的精神利益指荣誉权人因获得荣誉而享有的尊敬、敬仰、崇拜及荣耀满足等精神待遇和精神感受。对精神利益的支配包括对该种利益的占有、控制、利用，但不得将荣誉的精神利益予以处分，如转让他人享有或转让他人利用。

3. 物质利益获得权，是指权利人对附随于荣誉的物质利益所享有的法定取得权。此权意味着权利人在获得荣誉的情况下，有权依照领奖的章程或授予机关、组织的奖励办法，对应该获得的物质利益主张权利。

4. 物质利益支配权，是指荣誉权人对于已经获得的物质利益享有支配权。这种支配权有两种形式：一是完整支配权，二是有限支配权。完整支配权指对荣誉的一般物质利益的支配权，其性质属于财产所有权。有限支配权指对因荣誉所生的物质利益不享有所有权的全部权能，只享有受时间限制的占有权。

## 四、侵害荣誉权的侵权形态认定

结合司法实践，涉及荣誉权纠纷的侵权形态大致可分为下列类型：

1. 侵害荣誉权取得的行为。这一类型的案件与原告是否应当取得实体荣誉有关，主要是指侵害原告请求获得某种荣誉的行为，例如妨碍、破坏应当获得荣誉称号的主体获得荣誉称号的行为。因为取得荣誉称号往往需要经过酝酿、评选、审批等程序，无论在哪个环节，若有人谎报情况、散播谣言，都会使权利人获得荣誉的可能性降低，甚至会使权利人永远失去获得荣誉的机会，此种行为无疑是侵害自然人、法人、非法人组织荣誉权的行为。

2. 非法剥夺他人荣誉的行为。这一侵权行为的主体主要限于国家机关和社会组织，多数是颁奖机关或与其有一定联系的机关、组织等。这些机关、组织非经法定程序或无法定事由即宣布剥夺权利人荣誉称号，构成侵害民事主体荣誉权。

3. 严重诋毁、贬损他人所获得荣誉以及严重侵害荣誉精神利益的行为等。由于荣誉相关利益的性质较为复杂，这一类型的案件在实践中存在多种样态，包括受到诋毁和贬损所导致的精神利益侵害，以及荣誉证书和奖杯被侵占或毁损所导致的荣誉标志物侵害等。其中，精神利益侵害的典型案例如葛某某诉洪某某名誉权、荣誉权纠纷案[①]等。另外，当众撕毁他人荣誉证书、摘取他人牌匾、公开发表言论诋毁他人荣誉等行为，都是严重侵害他人荣誉权的行为，应当依法承担侵权责任。荣誉权的客体可以包括荣誉所含的精神利益，而荣誉也必然会带来某种精神利益。该精神利益包括客观精神利益和主观精神利益，前者表现为因荣誉而受到的尊敬、崇拜，后者表现为因荣誉而产生的内心满足等精神感受。

4. 侵害荣誉称号记载与更正权。《民法典》第一千零三十一条第二款规定："获得的荣誉称号应当记载而没有记载的，民事主体可以请求记载；获得的荣誉称号记载错误的，民事主体可以请求更正。"根据本条款的内容，从字面意思上就很好理解，如果民事主体的荣誉称号应当被记载在册而没有被记载的，民事主体有权要求相关机关或组织对其获得的荣誉称号进行记载；如果民事主体发现自己的荣誉称号被记载的信息出现错误的，民事主体也有权要求相关机关或组织进行更正。

## 五、对案例 36 的简要评析

英雄烈士事迹和精神是中华民族的共同历史记忆和社会主义核心价值观的重要体现，英雄烈士的名誉、荣誉等受法律保护。人民法院审理侵害英雄烈士名誉、荣誉等案件，不仅要依法保护相关个人权益，还应发挥司法彰显公共价值功能，维护社会公共利益。

《民法典》第一百八十五条规定，侵害英雄烈士等的姓名、肖像、名誉、荣誉，损害社会公共利益的，应当承担民事责任。该条是关于英烈人格利益保护的规定。当然，英烈也是死者，符合《民法典》第九百九十四条（死者人格利益保护）规定情形的，其近亲属有权依照《民法典》第九百九十四条请求行为人承担责任。而《民法典》第一百八十五条的规定，

① 最高人民法院指导案例99号：葛某某诉洪某某名誉权、荣誉权纠纷案的裁判要点中明确指出，任何组织和个人以细节考据、观点争鸣等名义对英雄烈士的事迹和精神进行污蔑和贬损，属于歪曲、丑化、亵渎、否定英雄烈士事迹和精神的行为，应当依法承担法律责任。

则突出英烈人格利益背后的公共利益，其规定具有鲜明的时代特色和社会背景，规范目的意在为英雄烈士等的人格利益提供特别保护。《民法典》第一千零三十一条第一款规定，民事主体享有荣誉权。任何组织或者个人不得非法剥夺他人的荣誉称号，不得诋毁、贬损他人的荣誉。任何组织或者个人诋毁、贬损英雄烈士的名誉、荣誉等，英雄烈士的近亲属可以提起民事诉讼，检察机关可以提起公益诉讼，法律给予不同的救济渠道保护英雄烈士的名誉、荣誉等。

英雄烈士既包括个人，也包括群体，既包括有名英雄烈士，也包括无名英雄烈士。中国人民志愿军的英雄事迹是中华民族共同的历史记忆和宝贵的精神财富，伟大的抗美援朝精神跨越时空、历久弥新，是社会主义核心价值观的重要体现，全体中华儿女要永续传承、世代发扬，绝不容许亵渎、诋毁。电影《长津湖》旨在缅怀中国人民志愿军“冰雕连”英烈，罗某却在观看电影后，在网络平台发帖公然歪曲历史，侮辱、抹黑英烈，伤害公众情感，严重破坏社会公共秩序。本案旨在通过司法手段严惩侵害抗美援朝英雄烈士群体名誉、荣誉行为，维护社会公共利益，护航传承和弘扬爱国主义精神，推动培育和践行社会主义核心价值观。①

---

① 最高人民法院2023年1月12日发布的《人民法院贯彻实施民法典典型案例（第二批）》。最高人民法院指导案例99号的裁判要点是：对侵害英雄烈士名誉、荣誉等行为，英雄烈士的近亲属依法向人民法院提起诉讼的，人民法院应予受理。英雄烈士事迹和精神是中华民族的共同历史记忆和社会主义核心价值观的重要体现，英雄烈士的名誉、荣誉等受法律保护。人民法院审理侵害英雄烈士名誉、荣誉等案件，不仅要依法保护相关个人权益，还应发挥司法彰显公共价值功能，维护社会公共利益。任何组织和个人以细节考据、观点争鸣等名义对英雄烈士的事迹和精神进行污蔑和贬损，属于歪曲、丑化、亵渎、否定英雄烈士事迹和精神的行为，应当依法承担法律责任。

# 第六章

# 隐私权和个人信息保护

## 本章概要

隐私是自然人的私人生活安宁和不愿为他人知晓的私密空间、私密活动、私密信息。自然人享有隐私权。任何组织或者个人不得以刺探、侵扰、泄露、公开等方式侵害他人的隐私权。个人信息是以电子或者其他方式记录的能够单独或者与其他信息结合识别特定自然人的各种信息，包括自然人的姓名、出生日期、身份证件号码、生物识别信息、住址、电话号码、电子邮箱、健康信息、行踪信息等。自然人的个人信息受法律保护。

本章共计8个条文，涉及隐私权的内容、隐私的定义、禁止侵害隐私的典型行为等。

同时，对个人信息进行了定义，规定处理个人信息应当遵循合法、正当、必要原则，不得过度处理，并符合下列条件：征得该自然人或者其监护人同意，但是法律、行政法规另有规定的除外；公开处理信息的规则；明示处理信息的目的、方式和范围；不违反法律、行政法规的规定和双方的约定。处理个人信息免责情形包括：在该自然人或者其监护人同意的范围内合理实施的行为；合理处理该自然人自行公开的或者其他已经合法公开的信息；为维护公共利益或者该自然人合法权益，合理实施的其他行为。信息主体享有查阅复制权和更正删除权。信息处理者负有不得泄露或者篡改其收集、存储的个人信息的义务，负有采取技术措施和其他必要措施，确保其收集、存储的个人信息安全，防止信息泄露、篡改、丢失的义务。

# 第一节　隐私权

## 一、问题的提出

隐私的观念从人类产生之日起便存在，它根源于人天生的羞耻本能，从用树叶、兽皮蔽体到穿衣服遮身，再到将卧室设置在房中最隐秘的位置，这种因羞耻本能而产生的行为说明对隐私保护的渴望是人本能和社会交往的需要。但隐私权真正成为一种民事权利则是随着近代传媒业的发展才产生，并受到高度重视。[①] 在信息社会中，我们每个人都在“裸奔”，更加凸显了加强隐私权保护的重要性。

在研究隐私权之前，先看两则案例：

### 案例 37：近邻“我行我素”安装可视门铃，是否侵害邻里生活安宁[②]

原、被告系同一小区前后楼栋的邻居，两家最近距离不足 20 米。在小区已有安防监控设施的基础上，被告为随时监测住宅周边，在其入户门上安装一款采用人脸识别技术、可自动拍摄视频并存储的可视门铃，位置正对原告等前栋楼多家住户的卧室和阳台。原告认为，被告可通过手机 APP 操控可视门铃、长期监控原告住宅，侵犯其隐私，生活不得安宁。被告认为，可视门铃感应距离仅 3 米，拍摄到的原告家模糊不清，不构成隐私，其从未有窥探原告的意图，对方应予以理解，不同意将可视门铃拆除或移位。后原告诉至法院，请求判令被告拆除可视门铃、赔礼道歉并赔偿财产损失及精神损

---

① 黄薇主编：《中华人民共和国民法典解读 · 人格权编》，中国法制出版社 2020 年版，第 179 页。

② 最高人民法院 2022 年 4 月 11 日发布的《民法典颁布后人格权司法保护典型民事案例》。

害抚慰金。

生效裁判认为，被告虽是在自有空间内安装可视门铃，但设备拍摄的范围超出其自有领域，摄入了原告的住宅。而住宅具有私密性，是个人生活安宁的起点和基础，对于维护人格尊严和人格自由至关重要。可视门铃能通过人脸识别、后台操控双重模式启动拍摄，并可长期录制视频并存储，加之原、被告长期近距离相处，都为辨认影像提供了可能，以此获取住宅内的私密信息和行为现实可行，原告的生活安宁确实将受到侵扰。因此，被告的安装行为已侵害了原告的隐私权。被告辩称其没有侵犯原告隐私的主观意图，原告对此应予容忍等意见，于法无据，法院不予采纳。因无充分证据证明原告因被告的行为造成实际精神及物质损害，故法院支持了原告要求被告拆除可视门铃的诉讼请求，而对其赔礼道歉及赔偿损失的请求未予支持。

## 案例 38：夫妻卧室看黄碟，民警闯入侵害隐私权

2002 年 8 月 18 日 23 时许，某派出所民警称接群众举报，新婚夫妻张某夫妇在一所诊所中播放黄碟。三名民警称从后面的窗子看到里面确实有人在放黄碟。即以看病为由敲门，住在前屋的张某父亲开门后，警察即直奔张某夫妻住屋，“一边掀被子，一边说，有人举报你们看黄碟，快将东西交出来”，并试图扣押收缴黄碟和 VCD 机、电视机，张某阻挡，双方发生争执，张某抡起一根木棍将警察的手打伤。警察随之将其制服，并将张某带回派出所留置，同时扣押收缴了黄碟、VCD 机和电视机。第二天，在家人向派出所交了 1000 元暂扣款后张某被放回。

10 月 21 日，即事发两个多月以后，某公安分局以涉嫌“妨碍公务”为由刑事拘留了张某。10 月 28 日，警方向检察机关提请逮捕张某；11 月 4 日，检察院以事实不清、证据不足为由退回补充侦查；11 月 5 日，张某被取保候审；11 月 6 日，张某在医院被诊断为：“多处软组织挫伤（头、颈、两肩、胸壁、双膝），并伴有精神障碍。”11 月 18 日，被释放回家的张某依法向某公安分局讨说法。12 月 5 日，张某被解除取保候审，某公安分局撤销此案。12 月 31 日下午，相关人员在法院与张某就此事进行调解。并达成协议：公安分局向当事人赔礼道歉，一次性补偿当事人 29137 元，对本案有关责任人按有关规定作出相应处理。

上述案例，均涉及隐私权问题。试问：如何理解隐私与隐私权？如何理解隐私权的法律意义？隐私、隐私权的具体内容有哪些？侵害隐私权的行为如何认定？隐私权与名誉权有何区别？侵害隐私权的民事责任如何承担？

## 二、隐私与隐私权[①]

学界通说认为，隐私是一种与公共利益、群体利益无关，当事人不愿他人知道或他人不便知道的个人信息，当事人不愿他人干涉或他人不便干涉的个人私事，以及当事人不愿他人侵入或他人不便侵入的个人领域。[②]《民法典》第一千零三十二条第二款规定，隐私是自然人的私人生活安宁和不愿为他人知晓的私密空间、私密活动、私密信息。隐私是与一个人精神利益和人格尊严联系在一起的，其涉及一个人的生活安宁和独处的利益，法人、非法人组织作为一个组织体，不可能产生这种需求，不需要通过隐私权制度来保护其秘密。对于法人、非法人组织的商业秘密可以通过反不正当竞争法等知识产权法律制度来加以保护。[③]

隐私之所以能够成为隐私，是主客观两方面的因素相互作用的结果。客观方面的因素是指隐私的内容从根本上属于特定个人单方面即可作为的事务、单方面即可操纵的信息或单方面即可控制的领域。至于这些隐私内容是否与公共利益有关，并不妨碍其成为隐私。主观方面的因素是指特定个人对这些隐私内容秘而不宣，不希望社会或他人知晓的心态和愿望。其实，凡是自然人不愿公开的个人事务、个人信息或个人领域，均属于隐私。[④]

依通说，隐私权，是指自然人享有的对其个人的，与公共利益、群体利

---

① 参见何志:《侵权责任判解研究与适用》，人民法院出版社 2009 年版，第 283—285 页。

② 梁慧星:《隐私的本质与隐私权的概念》，载《人民司法》2003 年第 4 期。

③ 黄薇主编:《中华人民共和国民法典解读·人格权编》，中国法制出版社 2020 年版，第 183 页。

④ 北京互联网法院成立一周年发布十大热点案件之九：丁某诉赵某某、北京某图书有限公司侵害隐私权纠纷案认为，书信和手稿可能同时承载物权、隐私权、著作权，家信往往涉及家庭生活和个人感情，很可能涉及个人隐私。未经授权在交易平台公开展示他人书信及具有自我思想表达内容的手稿，构成对他人隐私的侵害。交易平台明知侵权行为而未加以审核、制止的，与侵权人承担连带责任。

益无关的个人信息、私人活动和私有领域进行支配的具体人格权。[①]《民法典》第一千零三十二条第一款规定，自然人享有隐私权。任何组织或者个人不得以刺探、侵扰、泄露、公开等方式侵害他人的隐私权。

隐私权的概念最早是1890年美国学者布兰代斯和沃伦在《哈佛法律评论》上发表的《论隐私权》一文中提出来的，后来被美国的判例所采纳，并且逐渐被美国有关的法律确认，以后在世界范围内得到广泛的采用。隐私权已经是两大法系普遍都接受或者认可的重要的法律概念。隐私权作为一项重要的民事权利，在现代社会越来越重要，甚至已经成为一项宪法权利。许多学者认为，现代社会的特点就是对政府的行为越来越要求公开透明，而对个人的隐私越来越要求受到法律的保护。由此可以看出，隐私权的保护实际上已经构成现代社会的重要特征，而且随着社会的发展，隐私权也会越来越重要。[②]

我国《民法通则》没有明确规定隐私权，但《民法通则意见》第140条的规定首次提及了"隐私"，这一法律概念的提出，为我国隐私权保护法律制度的创设和发展提供了相应的基础。该条规定，以书面、口头等形式宣扬他人的隐私，损害他人名誉，造成一定影响的，应认定为侵害公民名誉权的行为，类推适用名誉权保护的法律规定。此后的司法解释将侵害隐私作为侵害名誉权来对待，如《名誉权解答》《精神损害赔偿解释》中，则进一步将隐私权保护规定为隐私利益的保护，对隐私权的司法保护有了新的进展。直到2005年修正《妇女权益保障法》规定妇女享有隐私权，第一次明确规定了隐私权是一种权利。《侵权责任法》第二条第一次在民事基本法中采用了隐私权的概念，明确将隐私权和名誉权相脱离，这不仅从民事基本法的角度承认了隐私权是一项基本民事权利，而且将隐私权纳入侵权法的保护范围。这一规定不仅弥补了《民法通则》的不足，也进一步完善了我国的人格权体系。2017年开始实施的《民法总则》第一百一十条也明确了隐私权是自然人享有的民事权利。《民法典》将人格权单独设为一编，并将隐私权和个人信

---

① 梁慧星：《隐私的本质与隐私权的概念》，载《人民司法》2003年第4期。

② 王利明：《隐私权的新发展》，载中国民商法律网，https://www.civillaw.com.cn，2008年7月6日访问。

息单独作为一章进行规定，一方面明确了隐私权是一项具体人格权，另一方面也回应了隐私权应当规定在人格权编的呼声。

隐私与隐私权是不同的。隐私是一种客观事实或实际状态，不必然受到法律的保护。而隐私权是一种法律上的权利，权利主体在法律规定的范围内均可自由作为，在其受非法侵害时得受法律保护。从隐私的角度来看，隐私的本质是自然权利，故只有在主体不违背法律的强行性规定和重要的公共道德情况下，隐私才受法律保护。而受法律保护的隐私必定是隐私权的客体。

## 三、隐私权的法律意义

1. 隐私权主体的特定性。隐私权的主体只能是依法享有民事权利资格的特定自然人，既不能是抽象的自然人总体或群体，也不能是由少数自然人组成的合伙组织。法人和非法人组织的商业秘密和经营秘密不属于人格权的范畴。

2. 隐私权客体的相关性内容具有秘密性和真实性。隐私权的客体是隐私及其相关利益，它包括了个人信息、私人活动和私人领域。个人信息系指特定个人不愿公开的情报、资料、数据等，是抽象的、无形的隐私。私人活动，是相对于公共事务、群体事务、单位事务而言的，是以具体的、有形的形式表现于外界的隐私，且以特定个人为活动的主体，如朋友往来、夫妻生活、婚外性行为等[①]。私人领域是指个人的隐秘范围，如身体的隐蔽部位、日记内容、通信秘密等。隐私的客体是隐私中的“私”的具体表现。隐私权的内容即客观方面是指特定个人对其事务、信息或领域秘而不宣、不愿他人探知或干涉的事实或行为。隐私的内容是隐私主体的主观意志作用于客体及客观世界，即主客观因素相统一的过程和结果，也就是隐私中“隐”的表现。

3. 隐私权保护的有限性。在现代社会，隐私权的内容逐渐扩张，隐私的范围越来越广泛，但并不是说隐私权是一种绝对的权利。当隐私权与公共利益发生冲突时，应当受到公共利益的限制。任何人的隐私都必须被限制在合

---

① 北京市朝阳区人民法院（2008）朝民初字第29276号民事判决书指出，网站在网络上不当披露他人婚姻不忠行为、姓名、工作单位、家庭住址等个人信息的行为，构成对个人隐私权的侵犯。

法的、合乎社会公共道德的范围内。涉及公共利益的个人信息和资料，不属于隐私权保护的范围。其实，隐私内容与公共利益相联系是隐私和隐私权运作的正常表现。只有这样，才可能发生隐私权受公共利益限制之客观事实和法律事实。

4. 隐私权具有处分性，是一种支配权。隐私权是绝对权，权利主体依法可自主支配，无须其他任何人的配合与协助，即可独自完成。权利主体亦可公开自己的部分或全部隐私，可准许他人知悉或利用自己的隐私。

## 四、隐私的具体内容

根据《民法典》第一千零三十二条第二款的规定，隐私的具体内容包括：

1. 私人生活安宁

私人生活安宁，是指自然人的生活安定和宁静的权利，自然人有权排斥他人对其正常生活的骚扰。人既具有自然性，又具有社会性，人在社会中生活，既需要与他人交往，同时也需要独处，保持私生活的安宁。所以，隐私权也常常被认为是独处的权利，即个人为了自由发展其人格所必需的安宁与平静的权利。例如，非法跟踪、窥探、在他人的信箱中塞满各种垃圾邮件、电话骚扰等，都构成对私人生活安宁的侵害。《民法典》上的侵犯私人生活安宁的行为主要是指第一千零三十三条第（一）项所规定的“以电话、短信、即时通讯工具、电子邮件、传单等方式侵扰他人的私人生活安宁”。

就我国目前的社会生活情况看，除以传统方式对他人的特定空间（诸如持续多日不断敲门骚扰他人、上门发送书面推销函件、静坐他人门前讨债或发泄不满等）进行骚扰的行为时有发生外，通过电子邮件、短信、电话等媒介侵入和骚扰他人的心理空间、虚拟空间的现象更是屡见不鲜，且有愈演愈烈之势，已成为现实生活和司法实践中最为常见的侵害私人生活安宁的情形。现行法律对私人生活安宁并没有明确规定，在司法实务中对此则有相应实践。比如在“网络暴力第一案”中，原告个人家庭住址等信息被被告在网上披露后，很多网民据此前来围堵，给原告生活安宁造成很大侵扰。法院裁判认为，应当对私人的生活安宁予以保护。在罗某诉某保险公司隐私权纠纷案中，法院裁判认为，被告某保险公司非法收集、利用原告个人信息，多次致电原告推销车辆保险，侵扰了原告的正常生活，又拒不说明如何获取了原告个人信息，给原告造成精神损害，构成对原告隐私权的侵害。[①]

2. 私密空间

私密空间隐私是指凡是私人支配的空间场所，无论是有形的，还是虚拟的，都属于个人隐私的范畴。在传统的法律中，住宅是个人的“城堡”，是个人所享有的隐私的重要组成部分。在现代社会，私人住宅无论是个人自有的房屋，还是通过租用、借用等方式占有的房屋，都属于个人支配的财产范围，对该财产的空间支配，形成个人的隐私，侵入他人的财产，就侵害了他人支配的空间，从而侵害了他人的隐私。

但住宅并不能作为私生活和公共领域的绝对界限。私人领域还可能及于住宅之外的公共空间。空间隐私除个人合法占有的房屋之外，还包括个人合法支配的空间，例如，更衣室、电话厅以及个人临时栖身的房间、宿舍、酒店房间、工人临时居住的工棚等。随着技术的进步，还扩及电子空间等虚拟空间。如侵入他人计算机系统，即使不盗取信息，也构成对隐私权的侵害。[②]现代空间隐私的发展表明，空间隐私逐步突破私人住宅而扩及公共空间。这种私人空间还可能及于住宅之外的公共空间。这种私人空间包括临时被使用的公用空间，如公共卫生间等，这些空间同样属于私人空间的范畴。虽然在通常情况下，工作场所和公共场所不属于绝对的私人空间，但不排除这些场所具有相对的私人空间的性质。在这些私人空间中，个人的私人生活安宁也应当受到法律保护，任何人不得非法偷窥、偷录、偷拍他人的私人活动，否则构成对他人私人生活安宁的侵害。

3. 私密活动

私密活动是一切个人的、与公共利益无关的活动，其性质也被称为“自治型隐私权”。私人活动包括日常生活、社会交往、夫妻的两性生活等。除经权利人同意外，任何组织和个人不得拍摄、窥视、窃听、公开他人的私密

---

① 最高人民法院民法典贯彻实施工作领导小组主编：《中华人民共和国民法典人格权编理解与适用》，人民法院出版社 2020 年版，第 339—340 页。

② 王利明：《人格权法研究》，中国人民大学出版社 2004 年版，第 600 页。

活动。婚外恋和婚外性生活，从道德上应当受到谴责，也可能受到党纪政纪的处分，但除了法律另有规定或者当事人同意外，也属于私密活动，不得向社会公布。

4. 私密信息

私密信息包含的范围非常广泛，任何私人不愿意公开的信息都可构成私人的秘密信息。只要这种隐匿不违反法律和社会公共道德，都构成受法律保护的隐私。一方面，凡是个人不愿为他人知道的信息，无论该信息的公开对权利人造成的影响是积极的还是消极的，无论该信息是否具有商业价值，只要该信息不属于公共领域，并且本人不愿意公开，就可能受到隐私权的保护。另一方面，个人不愿公开的信息并非法律所要求必须公开的，个人隐匿这些信息并不违法，也不违反社会公共道德。私密信息具体可包含如下类型：个人的生理信息、身体隐私、财产隐私、家庭隐私、通信秘密、谈话隐私、个人经历隐私、其他有关个人生活的隐私。

## 五、隐私权的具体内容

1. 隐私享有权

即权利人有权保护自己的隐私不受他人的非法披露和公开，禁止任何个人和组织非法披露他人隐私。隐私享有权具体包括自然人有权保有自己的个人资料等信息。保有个人的信息未经同意不受他人非法披露，自然人正当的个人生活不受他人的非法调查、公布，并且在纯粹私人生活领域，个人的隐私事项只要不涉及国家的公共利益、社会安全，不违反法律的强制性规定，个人便拥有自主决定权。

2. 隐私维护权

即权利人对自己的隐私所享有的维护其不受侵犯的权利。隐私维护权通常只有在隐私权受到外来侵害时才发挥作用。在隐私权受侵害之后，权利人可以基于隐私维护权而提出相应的请求，具体体现在两个方面：（1）在隐私权受到侵害的情况下，权利人有权直接向侵权人请求停止侵害、排除妨碍等，要求其不得非法收集、使用权利人的个人隐私事项；（2）在权利受到侵害时，权利人有权请求司法机关予以保护。针对本条列明的各类侵害隐私权的行为，权利人就可以依法请求行为人承担相应的侵权责任。

3. 隐私支配权

隐私权是绝对权，权利主体依法可自主支配，无须其他任何人的配合与协助，即可独自完成。权利主体亦可公开自己的部分或全部隐私，可准许他人知悉或利用自己的隐私。每一个人对自己的私人生活秘密，享有支配的权利，并享有维护其隐私不受非法披露的权利。

隐私支配权表现在：（1）对应当受保护的私密信息，权利人有权自己决定披露的范围。如他在披露给某个人之后，获得信息的人不得进一步流转该信息，只能在权利人披露的范围内重复和使用该信息。（2）权利人有权决定披露的对象。即便是在隐私遭受侵害之后，也应当禁止其他人进一步披露信息，因为一方面尽管其他人已经知道了该信息，但该信息在一定的范围内仍然具有隐私性；另一方面已经发生了侵权行为，其他人不得再重复此种侵权行为，不得以他人已经遭受损害作为再次行使侵权的合法理由。（3）权利人有权决定披露的方式，如采用口头、书面还是其他网络媒体等披露。如权利人将自己过去的经历写成博客公布在互联网上，或者写成小说出版，只要不违反法律和公共利益且不侵犯他人隐私权，则应当允许。至于权利人在公布其隐私时是否获取利益，也要考虑是否违法和违反公共道德。许多私人信息具有财产价值，尤其是名人的隐私，往往具有较高的财产价值。在我国，法律也没有禁止个人隐私的转让。具有财产价值的隐私，与身体的隐私等是不同的，如裸体照等基于公共道德是不能转让的。但是一般的生活信息是可以转让的。当然，自曝隐私还必须符合公共道德，不能违背公序良俗。例如不得在博客上张贴自己淫秽的、不道德的私密信息。

## 六、侵犯隐私权的行为认定

《民法典》第一千零三十三条规定：“除法律另有规定或者权利人明确同意外，任何组织或者个人不得实施下列行为：（一）以电话、短信、即时通讯工具、电子邮件、传单等方式侵扰他人的私人生活安宁；（二）进入、拍摄、窥视他人的住宅、宾馆房间等私密空间；（三）拍摄、窥视、窃听、公开他人的私密活动；（四）拍摄、窥视他人身体的私密部位；（五）处理他人的私密信息；（六）以其他方式侵害他人的隐私权。”在现实生活和司法实践中，侵害隐私权的主要行为包括：

1. 侵入。未经允许非法侵入他人私人空间，破坏他人居住安宁。侵入的空间不但包括所有人的不动产，而且还包括占有人租赁、借用的房屋、旅店，甚至还扩及私人的信箱、电子邮箱、电脑硬盘空间。这种侵入不仅包括物质的接触和实体的进入，而且无形的目光、信息、电波、噪声的侵入构成广义的侵入，如重复性电话接入、手机短信发送、垃圾邮件传输、借助望远镜远眺他人住宅等。如保险公司非法收集、利用他人个人信息，多次致电推销车辆保险，侵扰他人正常生活并造成精神损害，侵犯他人的隐私权，被侵权人诉请保险公司赔偿损失及精神损害抚慰金，应予以支持。①

2. 骚扰。骚扰是以侵入之外的方式侵害他人私生活安宁，如跟踪、尾随他人，在他人住宅之外盯梢等。再如现代越来越严重的性骚扰问题，性骚扰在生理、心理和感情上会对受害者的私人安宁等隐私利益造成严重伤害。

3. 窥视、拍摄。非法窥视他人私生活，或者擅自拍摄、录制他人私生活情景。如上海某中学安装摄像头拍摄了一对早恋的学生在教室里拥抱、亲吻的镜头，在学校电视台播放。

4. 窃听、截取。窃听和录音是对他人话语交流的侵犯；截取信息是针对电报、传真、信件、邮包、电子邮件等，在传送过程中截获、扣留、拆看。禁止对他人信息通讯过程进行窃听和截取，规制的是该不当取得信息的行为，而非注重知悉该信息的结果，即便没有实际知晓被窃听和截取的信息，也构成对隐私权的侵犯。

5. 刺探、调查。非法刺探、调查他人私人经历、行踪、通信、财产状况、家庭生活等。

6. 搜查、检测。非法搜查他人身体、财物或住所；非法强迫他人按指纹、验血，进行酒精检测、基因检测、健康检测等。

7. 公开、传播。未经允许非法向第三人披露他人的婚恋史、疾病史、受害经历等私人信息，或传播扩散其知悉群体的范围，均构成侵犯隐私权，无论是以口头方式或者书面方式，还是通过手机短信、互联网络等现代通讯技术以及其他足以使第三人知悉的方式均可。

---

① 陈建华：《侵害公民个人信息的赔偿责任》，载《人民司法 · 案例》2016 年第 29 期。

8. 不当的个人资料收集。收集、储存、使用涉及自然人隐私的身份、地址、信用等个人资料，须征得其本人的同意，若本人死亡或丧失民事行为能力，则必须得到其近亲属同意。收集个人资料必须以合法及公平的方法实施，并保证所收集资料的真实性，在收集时应当采取合理的措施告知当事人：其是否有义务提供资料；收集该资料的目的；该资料可能移转和披露的范围；其查阅、修改资料的权利。并且，未经资料主体的同意，资料使用也不得超出当初收集目的所规定的范围，否则，即为不当的个人资料收集行为，属于对他人隐私权的侵犯。

9. 违反保密义务。医生、律师、会计师、评估师等专家向社会公众提供特定的专业服务应负有勤勉谨慎、恪尽职责的高度注意义务和为相对人保密的忠实义务，其基于职业关系获悉他人隐私的，负有保密义务，不得非法利用和公开他人的隐私。①

10. 歪曲报道。权利人可能被指称某一虚假事实与其本人有关，即使该事实不构成对其名誉和私人秘密等人格利益的侵犯，但这种不真实的报道可能使他人处于遭受公众误解的境地，侵害其私生活的安宁和自由。

11. 干涉自主决定。以欺诈、强迫等手段，违背权利人的意志，非法干涉他人避孕、堕胎、分娩、性别改变、性取向等私生活自由，也构成侵犯他人的隐私权。

## 七、隐私权与名誉权的区别

1. 权利主体不同。隐私权的主体只能为自然人，通说认为，法人不是隐私权的主体；名誉权的主体广泛，自然人、其他组织和法人均可享有。

2. 保护客体不同。名誉权保护的是个人的社会评价，名誉依赖于社会公众的认知与评价，名誉权是个人不受歪曲和贬损的权利；隐私是个人与公共领域无关的私生活领域，隐私权是个人不受干扰和公开的权利。

3. 侵害方式不同。侵害名誉权行为以散布虚假事实为特征，其侵害方式

---

① 《埃塞俄比亚民法典》第 24 条规定：“（1）任何人如果揭露因其职业获知的事实会导致其背叛或有可能背叛第三人正是因其职业赋予他的信任时，他不得被强迫揭露有关事实。（2）已吐露或披露此等事实者可以得到他们不会被其赋予信任者泄露的保证。”

主要为诽谤和侮辱行为；而侵犯隐私权所公开的恰恰是真实、客观的信息，并非捏造虚构得出，其侵害方式主要为未经权利人同意擅自公开权利人隐私，或者骚扰、干涉他人私生活。

4. 责任形式不同。侵害名誉权行为一般有五种责任形式：停止侵害、恢复名誉、消除影响、赔礼道歉、赔偿损失。在大众传播活动中，恢复名誉、消除影响主要是采取发布声明予以更正的形式。而隐私是一旦宣扬公布就无法收回的，所以致害人不可能采取恢复名誉、消除影响的方式来承担责任，主要应该强调停止侵害、赔礼道歉和赔偿损失的责任形式。

5. 免责事由不同。除了共同的公共利益、公众人物之外，侵害名誉权的主要免责事由是据实报道和公正评论；而侵害隐私权则据实报道和公正评论都不能免责，因为隐私披露即构成侵权，内容真实与否在所不问，其主要免责事由是知情权、正当的公众兴趣等。

6. 专属性强弱不同。名誉权，不得自由处分或抛弃；隐私权，在一定限度内可以处分，自愿公开，或允许他人披露。

7. 侵害动机不同。侵害名誉权的方式主要为诽谤和侮辱，行为人往往主观上存在故意，其动机有加害他人的意思；侵害隐私权往往可能怀有良好的动机，未必具有恶意。

8. 侵害后果不同。侵害名誉权将导致客观上的社会评价降低。侵害隐私权造成的后果未必会毁损当事人的名誉，损害的主要是当事人的感情和心理。

## 八、侵害隐私权的民事责任

### （一）侵害隐私权的构成要件

1. 加害人的主观过错。侵害隐私权中的加害人主观过错主要是指故意，但有时过失也可以构成侵害隐私权的责任。如某大学的一男生偷拍女大学生在寝室换衣服的照片，并在网上发布，就是故意侵害女大学生的隐私权。再如创作的小说中因利用素材不当而暴露他人隐私，则为过失侵害他人隐私权。

2. 侵害隐私权的违法行为。加害人以作为方式违反社会公共利益、社会公德侵害他人隐私的行为是侵害隐私权的违法行为。如非法披露私人信息、非法侵害他人的生活安宁、非法干涉他人的私人生活。

3. 侵害隐私权的损害事实。既包括受害人精神上的痛苦和心理上的不良反应，又包括财产损失。

4. 侵害隐私权的因果关系。在确定侵犯隐私权的因果关系时，要根据不同的侵犯隐私权的类型分别判断因果关系。一般认为，在因果关系上应当采取相当因果关系理论，根据社会一般人的经验和常识判断行为和结果之间是否具有因果关系。

### （二）侵害隐私权的民事责任

构成侵害隐私权，加害人应当承担侵权责任。侵害隐私权的民事责任主要是：停止侵害、赔礼道歉、赔偿损失。其中，前两种承担责任方式，在一般侵害隐私权行为中均可适用。赔偿损失包括精神损害赔偿和财产利益的损害赔偿。对于一般侵害隐私权的精神损害赔偿，可参照侵害名誉权精神损害赔偿的计算办法进行；对于非法利用隐私的精神损害赔偿，可参照肖像权中非法利用肖像的精神损害赔偿的计算办法进行。对于财产利益的损失，应按全部赔偿原则进行全部赔偿。

## 九、对案例 37、案例 38 的简要评析

1. 对案例 37 的简要评析

根据《民法典》第一千零三十二条的规定，自然人享有隐私权。任何组织或者个人不得以刺探、侵扰、泄露、公开等方式侵害他人的隐私权。隐私是自然人的私人生活安宁和不愿为他人知晓的私密空间、私密活动、私密信息。第一千零三十三条第（一）项、第（二）项规定，除法律另有规定或者权利人明确同意外，任何组织或者个人不得以电话、短信、即时通讯工具、电子邮件、传单等方式侵扰他人的私人生活安宁；不得进入、拍摄、窥视他人的住宅、宾馆房间等私密空间。在本案中，原、被告系同一小区前后楼栋的邻居，相距不到 20 米，被告安装可视门铃，能够窥视原告的住宅，影响了原告的生活安宁，构成了对原告隐私权的侵害，应当承担相应的民事责任。

本案就人工智能装置的使用与隐私权的享有发生冲突时的权利保护序位进行探索，强调了隐私权的优先保护，彰显了人文立场，对于正当、规范使

用智能家居产品，避免侵害人格权益具有一定的借鉴和指导意义。[①]

2. 对案例 38 的简要评析

本案是曾引发广泛讨论的“延安黄碟案”，经陕西《华商报》首次披露后，全国数家媒体陆续进行了详尽的报道。人们就夫妻在家看黄碟是否违法的问题，展开了激烈的争论。一种观点认为，淫秽光碟本身就是国家明确规定的非法物品，不应流入社会特别是家庭中。所以，以任何形式贩卖、传播和观看淫秽物品都是违法行为，即使是夫妻两人在自己家中观看也不例外，公安部门有权查处和没收该光碟并视情节轻重对当事人做出批评教育或相应的治安处罚。另一种观点认为，中国现行的法律中没有任何一条规定公民在自己住宅中看黄色影碟违法。就当时已有的明文规定而言，《治安管理处罚条例》（现已为《治安管理处罚法》）第三十二条第一款第（二）项[②]中规定禁止“制作、复制、出售、出租或者传播淫书、淫画、淫秽录像或者其他淫秽物品”，《刑法》第三百六十三条、第三百六十四条中规定禁止“以牟利为目的，制作、复制、出版、贩卖、传播淫秽物品”“为他人提供书号，出版淫秽书刊”“传播淫秽的书刊、影片、音像、图片或者其他淫秽物品”，而《全国人民代表大会常务委员会关于惩治走私、制作、贩卖、传播淫秽物品的犯罪分子的决定》中也对这类犯罪行为进行了明确界定，但都没有关于在家中观看黄色影碟属于违法的条文。在私法领域，法律没有明文禁止的，就是允许的，即在家看不看黄碟都是个人的合法权利。公安机关在实施公权“查黄”的过程中明显地侵犯了张某的“私权”。

“延安黄碟案”在启迪了公众维护私权意识的同时，折射出各家媒体在报道中少有的默契。在本案中，张某夫妇的生活安宁权遭到了破坏，因此，本案的实质是警方人员侵害了公民的隐私权。

---

① 最高人民法院 2022 年 4 月 11 日发布的《民法典颁布后人格权司法保护典型民事案例》。

② 《治安管理处罚法》第六十八条规定：“制作、运输、复制、出售、出租淫秽的书刊、图片、影片、音像制品等淫秽物品或者利用计算机信息网络、电话以及其他通讯工具传播淫秽信息的，处十日以上十五日以下拘留，可以并处三千元以下罚款；情节较轻的，处五日以下拘留或者五百元以下罚款。”

# 第二节 个人信息保护

## 一、问题的提出

个人信息是以电子或者其他方式记录的能够单独或者与其他信息结合识别特定自然人的各种信息，包括自然人的姓名、出生日期、身份证件号码、生物识别信息、住址、电话号码、电子邮箱、健康信息、行踪信息等。自然人的个人信息受法律保护。

在研究个人信息保护之前，先看两则案例：

### 案例 39：大规模非法买卖个人信息，谁来维权①

2019 年 2 月起，被告孙某以 34000 元的价格，将自己从网络购买、互换得到的 4 万余条含姓名、电话号码、电子邮箱等的个人信息，通过微信、QQ 等方式贩卖给案外人刘某。案外人刘某在获取相关信息后用于虚假的外汇业务推广。公益诉讼起诉人认为，被告孙某未经他人许可，在互联网上公然非法买卖、提供个人信息，造成 4 万余条个人信息被非法买卖、使用，严重侵害社会众多不特定主体的个人信息权益，致使社会公共利益受到侵害，据此提起民事公益诉讼。

生效裁判认为，《民法典》第一百一十一条规定，任何组织或者个人需要获取他人个人信息的，应当依法取得并确保信息安全，不得非法收集、使用、加工、传输他人个人信息，不得非法买卖、提供或者公开他人个人信息。被告孙某在未取得众多不特定自然人同意的情况下，非法获取不特定主体个人信息，又非法出售牟利，侵害了承载在不特定社会主体个人信息之上的公共信息安全利益。遂判决孙某按照侵权行为所获利益支付公共利益损害赔偿

① 最高人民法院 2022 年 4 月 11 日发布的《民法典颁布后人格权司法保护典型民事案例》。

款 34000 元，并向社会公众赔礼道歉。

## 案例 40：向无辜他人电话催收借款，侵害的是隐私权还是个人信息保护权益[①]

自 2021 年 3 月起，拍某贷公司向丁某涉案手机号每天发送要求王某归还借款的短信，并反复给原告拨打骚扰电话。丁某与案外人王某相识，王某向拍某贷公司借款，逾期不还。丁某用其他手机拨打短信上记载的拍某贷公司联系电话，告知客服该笔借款与原告无关，要求不要再找原告后，拍某贷公司依然没有停止其妨害行为。原告起诉主张：1. 判令被告立即停止给原告发送短信、打骚扰电话等妨碍行为，并承诺今后不再给原告发送短信和打骚扰电话，将原告的信息从其数据库中删除；2. 判令被告支付原告精神损失费人民币 1 元；3. 判令被告在国家级报刊或媒体上向原告公开道歉。

生效裁判认为，自然人的个人信息受法律保护。本案争议焦点在于：被告是否向原告涉案手机号发送了原告举证的短信；如被告确实向原告发送了短信，被告应如何承担责任。首先，原告举证的短信记载为“拍某贷”，而“王某”确系拍某贷公司客户，且其借款已逾期，该短信记载内容属实。虽被告陈述其未向原告发送过短信，也未指示其他人向原告发送短信，但被告作为相关数据保存方，其他人难以获知其催讨情况，被告也未证明受其委托进行催讨的相关公司没有发送过涉案短信。根据在先的生效判决确认，被告在其客户借款逾期后，有向借款人及其亲友发消息、打电话的催讨行为。此外，从逻辑角度出发，若非被告公司相关人员也无法精准获知王某的借款情况及其亲友名单、联系方式，并为被告进行催讨，故被告或其委托公司向原告发送短信具有高度可能性。

---

① 上海市浦东新区人民法院（2021）沪 0115 民初 62822 号民事判决书。该案的裁判要旨是：1. 权益人应当对信息处理者侵权行为与损害事实进行初步举证。2. 由于权益人和信息处理者在信息掌控能力上存在差距，故对于因果关系的证明，权益人只要达到合理盖然性即一般可能性的标准即可。3.《个人信息保护法》确定了侵权人承担过错推定责任，若信息处理者不能证明自己在侵权行为中无过错，则应承担损害赔偿责任，但未达到严重侵害人身权益的情况则不承担精神损害赔偿责任。

另，原告认为被告向其进行电话骚扰，但未提供充足的证据予以证明。因原告确认自提起本案诉讼后，未再收到类似短信及电话，故原告诉请要求判令被告立即停止给原告发送短信、打骚扰电话等妨害行为的诉讼请求，实际已无可履行内容，但原告要求被告将其信息从数据库中删除的诉讼请求，应予准许。其次，侵害自然人人身权益造成严重精神损害的，被侵权人有权请求精神损害赔偿。根据原告自述，催讨短信持续自2021年3月至7月，后再无发过。根据短信内容，明确记载对象为“王某”，且无侮辱、威胁等字眼。短信作为一种较为隐私的通讯方式，一般情况下不会为周围人所知晓，进而对原告产生误解，原告自述也仅系“可能会影响原告的生意”。综合催讨短信内容及持续时间，难以证明对原告人身权益造成了严重的精神损害，故对原告要求被告支付精神损失费的诉讼请求，不予支持。当然，被告在一段时间内频繁地向原告发送短信的行为，确有可能会给原告造成一定困扰，且原告也非实际借款人，被告与王某之间的借贷关系与原告无关，被告应通过恰当的方式催讨债务。考虑到案涉短信的影响范围及危害程度，并未扩散至全国范围内，酌情支持判令被告向原告书面道歉。

上述案例，涉及个人信息保护问题。试问：如何理解个人信息保护的法律意义？如何理解隐私与个人信息之间的关系？处理个人信息应当遵循哪些原则？处理个人信息的免责事由有哪些？信息主体如何行使查阅复制和更正删除权？如何理解信息处理者对个人信息安全保护的义务？

## 二、个人信息保护的法律意义

个人信息利用可节约社会发展成本，固然能为经济社会带来巨大的利益，但如果对其不作任何限制，利用技术手段滥用个人信息侵犯个人利益的情形必然增多。立法机构认为，个人信息权益是自然人在现代信息中的重要权益，明确对个人信息的保护对于尊重自然人的人格尊严，使得自然人免受非法滋扰，维护社会的正常秩序意义重大。基于此，在我国现有规定的基础上，借鉴国际上的立法经验，《民法典》总则编第一百一十一条对个人信息保护作了原则性规定。人格权编第六章在总则编规定的基础上确立了个人信息保护的基本原则和规则。[①]

立法上对于“个人信息”的概念界定经历了一个变化的过程。《网络安全法》第七十六条第（五）项规定：“个人信息，是指以电子或者其他方式记录的能够单独或者与其他信息结合识别自然人个人身份的各种信息，包括但不限于自然人的姓名、出生日期、身份证件号码、个人生物识别信息、住址、电话号码等。”《最高人民法院、最高人民检察院关于办理侵犯公民个人信息刑事案件适用法律若干问题的解释》第一条中则规定：公民个人信息，是指以电子或者其他方式记录的能够单独或者与其他信息结合识别特定自然人身份或者反映特定自然人活动情况的各种信息，包括姓名、身份证件号码、通信通讯联系方式、住址、账号密码、财产状况、行踪轨迹等。这一规定中最重要的是明确将行踪轨迹列入个人信息的范围。《民法典》第一千零三十四条第一款延续《民法总则》第一百一十一条宣示了个人信息受到法律保护这一基本理念，并且限定保护主体为自然人。第二款采用抽象定义和列举的方式明确个人信息的概念。个人信息是以电子或者其他方式记录的能够单独或者与其他信息结合识别特定自然人的各种信息，包括自然人的姓名、出生日期、身份证件号码、生物识别信息、住址、电话号码、电子邮箱、健康信息、行踪信息等。

根据《民法典》第一千零三十四条的规定，构成个人信息要满足三个要件：一是具有识别性，这是核心要件。所谓识别就是通过该信息可以直接或者间接地将某一自然人“认出来”。识别包括直接识别（通过该信息可以直接确认某一自然人的身份）和间接识别（通过该信息虽不能直接确定某人的身份，但可以借助其他信息确定某人的身份），任何可以直接或者间接识别特定自然人的信息都是个人信息。二是要有一定的载体，这是个人信息的形式要件。个人信息必须以电子或者其他方式记录下来，没有以一定载体记录的信息不是个人信息。三是个人信息的主体只能是自然人，法人或者非法人组织不是个人信息的主体。[②]

---

① 黄薇主编：《中华人民共和国民法典解读·人格权编》，中国法制出版社 2020 年版，第 194 页。

② 参见黄薇主编：《中华人民共和国民法典解读·人格权编》，中国法制出版社 2020 年版，第 196 页。

《民法典》第一千零三十四条第一款明确规定了“自然人的个人信息受法律保护”。其实，个人信息的法律保护经历了从以公法保护为主到日益重视私法保护的发展历程。2005 年第十届全国人民代表大会常务委员会第十四次会议通过的《刑法修正案（五）》中增设的窃取、收买、非法提供信用卡信息罪（第一百七十七条之一第二款）是我国法律上第一个关于侵害公民个人信息犯罪的法律规定。2009 年第十一届全国人民代表大会常务委员会第七次会议通过的《刑法修正案（七）》在《刑法》中新增第二百五十三条之一，首次将窃取或以其他方式非法获取公民个人信息、出售或非法提供公民个人信息的行为情节严重的规定为犯罪行为，从而纳入刑事打击的范围。针对近年来侵犯公民个人信息犯罪仍处于高发态势，而且与电信网络诈骗、敲诈勒索、绑架等犯罪呈合流态势，为加大对公民个人信息的保护力度，最高人民法院会同最高人民检察院，于 2017 年 5 月发布《最高人民法院、最高人民检察院关于办理侵犯公民个人信息刑事案件适用法律若干问题的解释》。该司法解释根据法律规定和立法精神，对侵犯公民个人信息犯罪的定罪量刑标准和有关法律适用问题作出了全面、系统的规定。与加大刑事打击力度同步，2012 年《全国人民代表大会常务委员会关于加强网络信息保护的决定》对网络服务提供者和其他企业事业单位、国家机关及其工作人员在收集、使用、保管公民个人电子信息中应当遵循的原则、承担的义务及法律责任作出了具体的规定。在此基础上，2017 年 6 月 1 日起施行的《网络安全法》于第四章“网络信息安全”中对个人信息的收集、存储、保管和使用进行了更全面的规范。对于侵害个人信息的责任承担问题，虽然该法主要还是规定了网络运营者违反各种保护个人信息的法定义务的行政法律责任（如罚款、暂停相关业务、停业整顿、关闭网站、吊销相关业务许可证或者吊销营业执照等），但其也从私法的角度对个人信息保护作出了一些规定，其第七十四条第一款规定：“违反本法规定，给他人造成损害的，依法承担民事责任。”2017 年 10 月 1 日起施行的《民法总则》第一百一十一条规定：“自然人的个人信息受法律保护。任何组织和个人需要获取他人个人信息的，应当依法取得并确保信息安全，不得非法收集、使用、加工、传输他人个人信息，不得非法买卖、提供或者公开他人个人信息。”此外，该法第一百二十七条还规定：“法律对数据、网络虚拟财产的保护有规定的，依照其规定。”《民法典》人格权编第六章“隐私权和个人信息保护”全面确立了个人信息保护法律制度。

立法没有将个人信息表述为“个人信息权”，而是采用了“个人信息保护”表述，主要基于：个人信息保护的权利与其他人格权在考虑因素上有所不同，个人信息的保护要适当平衡信息主体的利益与数据共享利用之间的关系。用“个人信息保护”的表述既强调了对信息主体利益的保护，也可以避免不必要的误解，不会妨碍数据的共享、利用以及大数据产业在我国的发展。[①]

## 三、隐私与个人信息的关系

隐私权的保护能否涵盖对个人信息的保护？对此，立法机构认为，隐私与个人信息确实有着密切联系，例如隐私中的私密信息就属于个人信息，侵犯个人信息和侵犯隐私权的最主要方式都是非法泄露或者公开，也正是因为隐私与个人信息的联系较为紧密，人格权编将两者放在同一章加以规定。但是，两者的区别也非常明显，尤其是考虑到民法典作为民事基本法律，既需要保护个人信息中体现的人格利益，又要促进信息作为信息社会一种重要资源的合理流通。因此，民法典并未采取传统民法以姓名权、肖像权以及隐私权为框架保护个人信息的方式，而是明确将个人信息保护的权利在隐私权等具体人格权外单独加以规定。[②] 基于此，《民法典》第一千零三十四条第三款规定，个人信息中的私密信息，适用有关隐私权的规定；没有规定的，适用有关个人信息保护的规定。

个人信息与隐私最大的交叉点就在于有些个人信息属于私密信息，构成了隐私权的保护客体。从相似之处来看，第一，二者的权利主体都限于自然人。第二，二者均体现了个人对其私人生活的自主决定，都能够彰显人格尊严与人格自由。第三，二者在客体上存在交叉。一方面，许多个人信息都是人们不愿让他人知晓的私密信息，例如未公开的家庭住址、银行账户等，这

① 黄薇主编：《中华人民共和国民法典解读·人格权编》，中国法制出版社2020年版，第200页。

② 黄薇主编：《中华人民共和国民法典解读·人格权编》，中国法制出版社2020年版，第196页。

些信息被记录在特定主体之上，可以与姓名等组合直接或者间接指向特定主体，因此同时满足个人信息和隐私两种性质。另一方面，部分隐私权保护的客体，例如隐秘的通讯、谈话等活动也可以通过技术处理方式得以记录为个人信息。对于交叉的部分而言，无论是隐私权还是个人信息都可以提供一定程度的保护。

从不同之处来看，第一，二者的客体不同。隐私主要是一种私密性的信息或私人活动，如个人身体状况、家庭状况、婚姻状况等，凡是个人不愿意公开且不涉及公共利益的部分都可以成为个人隐私，但单个的私密信息或私人活动却不一定直接指向自然人的主体身份，并不一定满足个人信息所要求的主体可识别性。个人信息既包括私密信息，也包括非私密信息，例如已经公开的裁判文书等。这些信息的使用同样存在一定的界限，但并不属于隐私权的规制范畴。隐私信息只属于个人信息的一部分，隐私权人虽然有权决定隐私信息是否公开以及公开范围，但无法涉及所有的个人信息。隐私一旦被披露就不再是隐私，只能通过个人信息或其他途径保护。第二，从权利内容来看，个人信息权益主要是指对个人信息的支配与自主决定。对于可以公开的个人信息，个人也仍然拥有一定的控制权。但隐私权的重心在于防范个人秘密不被非法披露，而不在于保护这类信息的控制与利用。隐私权是一种消极的、防御性的权利，只有该权利遭受侵害，个人才可积极主动地行使权利并要求排除妨碍或损害赔偿。隐私权重心在于防止个人私密信息不被泄露，以及隐藏个人隐私。第三，从保护方式来看，对个人信息的保护更侧重于预防，而对隐私的保护则更注重事后救济。①

## 四、处理个人信息应当遵循的原则

处理个人信息，直接关系到自然人的人格尊严。《民法典》第一千零三十四条第一款明确规定“自然人的个人信息受法律保护”。第一千零三十五条规定：“处理个人信息的，应当遵循合法、正当、必要原则，不得过度处理，并符合下列条件：（一）征得该自然人或者其监护人同意，但是法律、

① 最高人民法院民法典贯彻实施工作领导小组主编：《中华人民共和国民法典人格权编理解与适用》，人民法院出版社 2020 年版，第 366—367 页。

行政法规另有规定的除外；（二）公开处理信息的规则；（三）明示处理信息的目的、方式和范围；（四）不违反法律、行政法规的规定和双方的约定。个人信息的处理包括个人信息的收集、存储、使用、加工、传输、提供、公开等。”据此，处理个人信息应当遵循下列原则：

1. 合法原则。即信息处理者处理个人信息必须有合法的依据，且处理的方法应当符合法律规定。合法的依据主要在于：一是法律法规的明确规定。除本章的相关规定，还有《个人信息保护法》《网络安全法》《消费者权益保护法》《电子商务法》等多部法律都对处理个人信息作了相关规定。二是信息主体的同意。处理个人信息需取得信息主体的同意是个人信息保护的核心原则。除法律、行政法规另有规定外，处理个人信息原则上应当征得该自然人或者其监护人同意。因此说，自然人或者监护人的知情同意作为合法处理个人信息的主要合法性前提，充分体现了信息主体在个人信息处理中的主导地位，可以有效保障信息主体对自身个人信息的控制。

2. 正当原则。即处理个人信息除了要遵循合法原则外，信息处理的目的和手段还要正当，应当尊重公序良俗和遵守诚实信用，并且要尽量满足公开透明的要求，以便当事人能够充分了解情况，自主行使自己的权利。因此说，进行信息收集和处理要做到目的和手段正当。（1）目的正当，一方面要求信息收集者不能超越法律规定或者商业机构事先确定的目的收集其他信息。如房产登记机构可以收集与财产登记相关的个人信息，而不能收集与登记无关的其他个人信息。另一方面不能将收集的信息做超出目的的利用。例如，房产登记机构收集产权人的财产信息只能用于公示的目的，而不能将此登记信息用于商业目的，如出售。（2）手段正当则是要求信息处理者处理相关信息要符合诚信原则要求，同时要尽量满足透明的要求，以便当事人能够充分了解相关信息的收集、使用目的，行使相关权利。

3. 必要原则。即处理个人信息的目的应当特定，处理应当受限制。在从事某一特定活动时可以收集、处理，也可以不收集、处理个人信息时，要尽量不收集、处理。在必须使用并征得权利人许可时，要尽量少地进行收集、处理。这应是必要原则在个人信息收集方面的体现。必要原则也被称为最小化原则或最少够用原则。

4. 公开透明原则。即信息处理者在处理个人信息时应当公开处理信息的规则，并明示处理信息的目的、方式和范围，确保信息主体享有知情权。公开透明并非指个人信息内容公开，而是指处理个人信息的过程和规则应当公开。公开透明原则极为重要，是确保信息主体知情权同意的前提。只有让信息主体充分知悉和了解处理个人信息的规则、目的、方式和范围，了解个人信息被处理的后果和可能的影响，才可以保护信息主体的意思判断是自主、真实和合理的。[①]

### 五、处理个人信息的免责事由

任何权利的行使都是有其界限的，自然人对个人信息所享有的权益也不例外。为此，《民法典》第一千零三十六条规定："处理个人信息，有下列情形之一的，行为人不承担民事责任：（一）在该自然人或者其监护人同意的范围内合理实施的行为；（二）合理处理该自然人自行公开的或者其他已经合法公开的信息，但是该自然人明确拒绝或者处理该信息侵害其重大利益的除外；（三）为维护公共利益或者该自然人合法权益，合理实施的其他行为。"据此，行为人处理个人信息不承担民事责任的情形包括：

1. 在该自然人或者其监护人同意的范围内合理实施的行为。权利人的同意是信息利用的基本依据，若权利人属于无民事行为能力人或限制民事行为能力人，在得到其监护人同意的情况下也可以处理权利人的个人信息。若信息处理者能够证明在权利人授权同意的范围内使用个人信息，则不应当承担侵权责任。需要注意的是，对未成年人而言，未成年人信息通常属于敏感信息，一旦泄露、非法提供或滥用可能危害人身和财产安全，极易导致未成年人的个人名誉、身心健康受到损害或歧视性待遇。而根据《民法典》第二十六条第一款的规定，"父母对未成年子女负有抚养、教育和保护的义务"，监护人负有保护未成年人信息的义务，在同意授权时需要谨慎考量与保护未成年人权益。

2. 合理处理该自然人自行公开的或者其他已经合法公开的信息，但是该自然人明确拒绝或者处理该信息侵害其重大利益的除外。已经合法公开的信

---

① 参见黄薇主编：《中华人民共和国民法典解读·人格权编》，中国法制出版社 2020 年版，第 204 页。

息通常为权利人自行向社会公众公开，已经经过权利人对个人信息利益的权衡，或是由于涉及公共利益而为特定机构或组织公开，例如通过合法的新闻报道、政府信息公开、刑事侦查、司法判决等渠道产生的个人信息。再比如依据网络报道、企事业单位依法公示等方式获得的个人信息，再次传播或公开原则上不能认为侵害个人权益。概言之，自然人自愿公开的个人信息，通常应视为权利人放弃了对该信息的保护，一般也无保护的必要。但若非个人自愿公开的信息，则就存在非法公开和合法公开的区别，依据本条规定，只有在合法公开的情况下，才能成为免责事由。

3. 为维护公共利益或者该自然人合法权益，合理实施的其他行为。此处的公共利益主要包括国家公权力机关为了制定国家经济、社会政策的需要而处理有关公民的个人信息，或是为了国家安全、公共安全、公共卫生等处理相关个人信息，以及与刑事侦查、起诉、审判和判决执行相关等事务而需要处理的个人信息。为了该自然人的合法权益在未经授权情况下处理个人信息，则通常是基于维护个人信息主体或其他个人的生命、财产等合法权益，此合法权益原则上应以重大为要，且个人信息主体由于疾病或其他原因无法作出同意或者授权的情形。

## 六、信息主体查阅复制和更正删除权

自然人的个人信息受法律保护。《民法典》规定，自然人对自己的个人信息享有一系列权能，包括知情同意权、查阅复制权、更正删除权、受保密权等内容。《民法典》第一千零三十七条规定“自然人可以依法向信息处理者查阅或者复制其个人信息；发现信息有错误的，有权提出异议并请求及时采取更正等必要措施。自然人发现信息处理者违反法律、行政法规的规定或者双方的约定处理其个人信息的，有权请求信息处理者及时删除”。据此，自然人对个人信息享有查阅复制权和更正删除权。

信息主体查阅复制权，是指信息主体有权查询其个人信息被处理的情况，并有对处理的个人信息进行复制的权利。自然人查阅个人信息既是公开透明原则的要求，也是知情同意权的要求。自然人复制个人信息关键在于自然人对自己相关信息的控制与利用。从这个意义上讲，赋予信息主体相应的复制其个人信息的权利可以使其获取和移植自身数据，这不仅能够为其行使相关权利提供便利，也为保护个人信息提供重要保障。至于复制的形式，若个人信息采用电子方式记录，个人信息处理者应当采用通常使用的机器可读的形式，方便权利人便捷地访问和使用自身的个人信息。当然，个人信息处理者在提供复制个人信息服务时，要注意验证权利人身份，避免发生个人信息的不当泄露。①

信息主体更正权，是指信息主体有权请求信息处理主体对不正确、不全面的个人信息进行改正与补充的权利。信息主体更正权包括：个人信息错误更正权、个人信息补充权、个人信息更新权，确保个人信息的准确性、完整性和及时更新，信息处理者才能确保提供服务的质量，才能有效维护信息主体的合法权益。②

信息主体删除权，是指信息主体在法定或约定的事由出现时，有权请求信息处理者删除其个人信息的权利。信息主体在下列情形中可以请求删除个人信息：处理个人信息行为不合法；信息处理者处理个人信息的目的已经不存在，其没有必要再保存个人信息；信息主体与信息处理者约定的处理个人信息的期限已经届满，根据约定，信息主体有权要求删除。

## 七、信息处理者对个人信息安全保护的义务

《民法典》第一千零三十八条规定："信息处理者不得泄露或者篡改其收集、存储的个人信息；未经自然人同意，不得向他人非法提供其个人信息，但是经过加工无法识别特定个人且不能复原的除外。信息处理者应当采取技术措施和其他必要措施，确保其收集、存储的个人信息安全，防止信息泄露、篡改、丢失；发生或者可能发生个人信息泄露、篡改、丢失的，应当及时采取补救措施，按照规定告知自然人并向有关主管部门报告。"据此，信息处理者对个人信息安全保护负有下列义务：③

---

① 最高人民法院民法典贯彻实施工作领导小组主编：《中华人民共和国民法典人格权编理解与适用》，人民法院出版社 2020 年版，第 391 页。

② 参见黄薇主编：《中华人民共和国民法典解读 · 人格权编》，中国法制出版社 2020 年版，第 208 页。

③ 参见最高人民法院民法典贯彻实施工作领导小组主编：《中华人民共和国民法典人格权编理解与适用》，人民法院出版社 2020 年版，第 395—397 页。

1. 信息处理者不得泄露、篡改个人信息的义务。《全国人民代表大会常务委员会关于加强网络信息保护的决定》第三条规定:“网络服务提供者和其他企业事业单位及其工作人员对在业务活动中收集的公民个人电子信息必须严格保密,不得泄露、篡改、毁损,不得出售或者非法向他人提供。”《网络安全法》第四十二条第一款规定:“网络运营者不得泄露、篡改、毁损其收集的个人信息;未经被收集者同意,不得向他人提供个人信息。但是,经过处理无法识别特定个人且不能复原的除外。”《民法典》第一千零三十八条即是在上述规定基础上对信息处理者的信息保护义务作的规定。该条第一款前半句中的“泄露、篡改”等行为,广义上也属于对个人信息进行处理或者使用的形式。但从法律规定来看,上述行为由于没有经过个人同意,因此没有合法性基础。该条款后半句明确了禁止未经权利人同意而非法提供个人信息的行为。“提供”既包括向不特定主体的公开,也包括向特定人提供数据。

2. 匿名化处理的义务。信息控制者在收集个人信息后,应当对个人信息进行匿名化处理。第一千零三十八条第一款最后规定“经过加工无法识别特定个人且不能复原的除外”,是由于这类信息已经丧失个人信息所要求的直接或者间接可识别性的特征,故而不再属于个人信息,其流动不再受到权利人同意的限制。其中最核心的内容就是匿名化处理的要求。根据我国《网络安全法》第四十二条第一款的规定以及本条第一款的规定,匿名化处理应该达到经过加工无法识别特定个人且不能复原的程度。

3. 信息处理者采取保护个人信息安全措施的义务。第一千零三十八条第二款规定了信息处理者应当保障信息安全的义务。该条款延续了《全国人民代表大会常务委员会关于加强网络信息保护的决定》第四条和《网络安全法》第四十二条第二款的规定,要求信息处理者应当采取技术措施和其他必要措施,确保其收集、存储的个人信息安全,防止信息泄露、毁损、丢失。对确保信息安全义务的违反行为,与上述违反知情同意原则的行为有所不同,前者侧重于信息处理者有意在未经信息主体同意的情况下实施的信息收集与处理行为。本款则是第三人利用计算机病毒或者其他手段攻击信息控制者的计算机信息系统,由于信息处理者采取的确保网络信息安全的技术手段不符合相关标准,而造成的信息泄露、毁损或者丢失的现象。对于信息处理者所应当履行的确保信息安全的义务究竟应当达到何种程度,目前一些部门规章、规范性文件和国家标准对个人信息安全的技术标准进行了较为详细的规定，关于信息处理者履行采取技术措施和其他必要措施，确保其收集、存储的个人信息安全的义务的认定问题，必须考虑个人信息的类型，尤其应分清是敏感信息还是非敏感信息的问题，比如 14 岁以下未成年人的个人信息、个人生理健康信息，如罹患某种疾病、个人生物识别信息，如指纹、人脸、个人行踪信息、个人违法犯罪记录等。对于个人敏感信息，信息处理者应当尽到更高的注意义务。此外，信息处理者采取的预防个人信息泄露、丢失的技术可能性及是否采取了相应的合理措施的情况、信息处理者自身情况也可以作为认定其履行相应义务的重要因素。

## 八、对案例 39、案例 40 的简要评析

1. 对案例 39 的简要评析

《民法典》第一千零三十四条第一款、第二款规定，自然人的个人信息受法律保护。个人信息是以电子或者其他方式记录的能够单独或者与其他信息结合识别特定自然人的各种信息，包括自然人的姓名、出生日期、身份证件号码、生物识别信息、住址、电话号码、电子邮箱、健康信息、行踪信息等。该法第一百一十一条规定，任何组织或者个人需要获取他人个人信息的，应当依法取得并确保信息安全，不得非法收集、使用、加工、传输他人个人信息，不得非法买卖、提供或者公开他人个人信息。本案中，孙某在未取得相关主体同意的情况下，非法获取含有自然人姓名、电话号码、电子邮箱的个人信息，并以牟利为目的将获取的 4 万余条个人信息进行非法出售。孙某的行为属于非法收集、买卖个人信息的大规模侵权行为，侵害了承载在不特定社会主体个人信息之上的公共信息安全这一公共利益，构成对公共信息安全领域的社会公共利益侵害。

本案是民法典实施后首例个人信息保护民事公益诉讼案件。本案准确把握民法典维护个人信息权益的立法精神，聚焦维护不特定社会主体的个人信息安全，明确大规模侵害个人信息行为构成对公共信息安全领域社会公共利益的侵害，彰显司法保障个人信息权益、社会公共利益的决心和力度。①

① 最高人民法院 2022 年 4 月 11 日发布的《民法典颁布后人格权司法保护典型民事案例》。

2. 对案例 40 的简要评析

《民法典》第一千零三十四条第一款、第二款规定，自然人的个人信息受法律保护。个人信息是以电子或者其他方式记录的能够单独或者与其他信息结合识别特定自然人的各种信息，包括自然人的姓名、出生日期、身份证件号码、生物识别信息、住址、电话号码、电子邮箱、健康信息、行踪信息等。在本案中，拍某贷公司因王某借款未还，经常向原告丁某的手机号发送催收短信，是对丁某个人信息保护的侵害，应当承担侵权责任。法院结合案件的具体情况，判令拍某贷公司向原告书面道歉，并无不当。同时，从前面分析隐私权与个人信息保护的区别来看，本案定为个人信息保护更为妥当。

在本案中，根据原告的诉请和被告的抗辩，涉及侵害个人信息保护的举证责任问题。既无特殊规定，个人信息侵权行为和损害事实的举证证明就应当适用一般侵权的举证责任，由受害人承担证明责任。作为个人信息的权益人以及民事诉讼中的原告，若需要侵权人承担责任以及启动诉讼程序，都应当证明存在侵害行为以及损害事实，向法庭提供证据证明侵权人存在侵害个人信息权益的行为和自身遭受的损失。若不能提供证据证明，则由其承担不利法律后果。

个人信息侵权责任适用过错推定原则。2021 年 11 月 1 日实施的《个人信息保护法》第六十九条第一款规定，“处理个人信息侵害个人信息权益造成损害，个人信息处理者不能证明自己没有过错的，应当承担损害赔偿等侵权责任”，由此可以明确，对于过错要件的认定，我国立法主张的是过错推定责任。若信息权益人已经举证证明违法行为、损害结果以及二者之间的因果关系，此时，信息权益人不再需要承担侵权人具有过错的举证责任；若侵权行为人不能证明其没有过错，就需要承担个人信息侵权的损害赔偿责任。

附录

# 中华人民共和国民法典（节录）

（2020 年 5 月 28 日第十三届全国人民代表大会第三次会议通过　2020 年 5 月 28 日中华人民共和国主席令第 45 号公布　自 2021 年 1 月 1 日起施行）

## 第一编　总　则

### 第一章　基本规定

**第一条　【立法目的和依据】**[*]为了保护民事主体的合法权益，调整民事关系，维护社会和经济秩序，适应中国特色社会主义发展要求，弘扬社会主义核心价值观，根据宪法，制定本法。

**第二条　【调整范围】**民法调整平等主体的自然人、法人和非法人组织之间的人身关系和财产关系。

**第三条　【民事权利及其他合法权益受法律保护】**民事主体的人身权利、财产权利以及其他合法权益受法律保护，任何组织或者个人不得侵犯。

**第四条　【平等原则】**民事主体在民事活动中的法律地位一律平等。

**第五条　【自愿原则】**民事主体从事民事活动，应当遵循自愿原则，按照自己的意思设立、变更、终止民事法律关系。

**第六条　【公平原则】**民事主体从事民事活动，应当遵循公平原则，合理确定各方的权利和义务。

**第七条　【诚信原则】**民事主体从事民事活动，应当遵循诚信原则，秉持诚实，恪守承诺。

---

*　条文主旨为编者所加，下同。

**第八条 【守法与公序良俗原则】**民事主体从事民事活动，不得违反法律，不得违背公序良俗。

**第九条 【绿色原则】**民事主体从事民事活动，应当有利于节约资源、保护生态环境。

**第十条 【处理民事纠纷的依据】**处理民事纠纷，应当依照法律；法律没有规定的，可以适用习惯，但是不得违背公序良俗。

**第十一条 【特别法优先】**其他法律对民事关系有特别规定的，依照其规定。

**第十二条 【民法的效力范围】**中华人民共和国领域内的民事活动，适用中华人民共和国法律。法律另有规定的，依照其规定。

## 第二章 自然人

### 第一节 民事权利能力和民事行为能力

**第十三条 【自然人民事权利能力的起止时间】**自然人从出生时起到死亡时止，具有民事权利能力，依法享有民事权利，承担民事义务。

**第十四条 【民事权利能力平等】**自然人的民事权利能力一律平等。

**第十五条 【出生和死亡时间的认定】**自然人的出生时间和死亡时间，以出生证明、死亡证明记载的时间为准；没有出生证明、死亡证明的，以户籍登记或者其他有效身份登记记载的时间为准。有其他证据足以推翻以上记载时间的，以该证据证明的时间为准。

**第十六条 【胎儿利益保护】**涉及遗产继承、接受赠与等胎儿利益保护的，胎儿视为具有民事权利能力。但是，胎儿娩出时为死体的，其民事权利能力自始不存在。

**第十七条 【成年时间】**十八周岁以上的自然人为成年人。不满十八周岁的自然人为未成年人。

**第十八条 【完全民事行为能力人】**成年人为完全民事行为能力人，可以独立实施民事法律行为。

十六周岁以上的未成年人，以自己的劳动收入为主要生活来源的，视为完全民事行为能力人。

**第十九条 【限制民事行为能力的未成年人】**八周岁以上的未成年人为

限制民事行为能力人，实施民事法律行为由其法定代理人代理或者经其法定代理人同意、追认；但是，可以独立实施纯获利益的民事法律行为或者与其年龄、智力相适应的民事法律行为。

**第二十条　【无民事行为能力的未成年人】**不满八周岁的未成年人为无民事行为能力人，由其法定代理人代理实施民事法律行为。

**第二十一条　【无民事行为能力的成年人】**不能辨认自己行为的成年人为无民事行为能力人，由其法定代理人代理实施民事法律行为。

八周岁以上的未成年人不能辨认自己行为的，适用前款规定。

**第二十二条　【限制民事行为能力的成年人】**不能完全辨认自己行为的成年人为限制民事行为能力人，实施民事法律行为由其法定代理人代理或者经其法定代理人同意、追认；但是，可以独立实施纯获利益的民事法律行为或者与其智力、精神健康状况相适应的民事法律行为。

**第二十三条　【非完全民事行为能力人的法定代理人】**无民事行为能力人、限制民事行为能力人的监护人是其法定代理人。

**第二十四条　【民事行为能力的认定及恢复】**不能辨认或者不能完全辨认自己行为的成年人，其利害关系人或者有关组织，可以向人民法院申请认定该成年人为无民事行为能力人或者限制民事行为能力人。

被人民法院认定为无民事行为能力人或者限制民事行为能力人的，经本人、利害关系人或者有关组织申请，人民法院可以根据其智力、精神健康恢复的状况，认定该成年人恢复为限制民事行为能力人或者完全民事行为能力人。

本条规定的有关组织包括：居民委员会、村民委员会、学校、医疗机构、妇女联合会、残疾人联合会、依法设立的老年人组织、民政部门等。

**第二十五条　【自然人的住所】**自然人以户籍登记或者其他有效身份登记记载的居所为住所；经常居所与住所不一致的，经常居所视为住所。

### 第二节　监护

**第二十六条　【父母子女之间的法律义务】**父母对未成年子女负有抚养、教育和保护的义务。

成年子女对父母负有赡养、扶助和保护的义务。

**第二十七条　【未成年人的监护人】**父母是未成年子女的监护人。

未成年人的父母已经死亡或者没有监护能力的，由下列有监护能力的人按顺序担任监护人：

（一）祖父母、外祖父母；

（二）兄、姐；

（三）其他愿意担任监护人的个人或者组织，但是须经未成年人住所地的居民委员会、村民委员会或者民政部门同意。

**第二十八条 【非完全民事行为能力成年人的监护人】**无民事行为能力或者限制民事行为能力的成年人，由下列有监护能力的人按顺序担任监护人：

（一）配偶；

（二）父母、子女；

（三）其他近亲属；

（四）其他愿意担任监护人的个人或者组织，但是须经被监护人住所地的居民委员会、村民委员会或者民政部门同意。

**第二十九条 【遗嘱指定监护】**被监护人的父母担任监护人的，可以通过遗嘱指定监护人。

**第三十条 【协议确定监护人】**依法具有监护资格的人之间可以协议确定监护人。协议确定监护人应当尊重被监护人的真实意愿。

**第三十一条 【监护争议解决程序】**对监护人的确定有争议的，由被监护人住所地的居民委员会、村民委员会或者民政部门指定监护人，有关当事人对指定不服的，可以向人民法院申请指定监护人；有关当事人也可以直接向人民法院申请指定监护人。

居民委员会、村民委员会、民政部门或者人民法院应当尊重被监护人的真实意愿，按照最有利于被监护人的原则在依法具有监护资格的人中指定监护人。

依据本条第一款规定指定监护人前，被监护人的人身权利、财产权利以及其他合法权益处于无人保护状态的，由被监护人住所地的居民委员会、村民委员会、法律规定的有关组织或者民政部门担任临时监护人。

监护人被指定后，不得擅自变更；擅自变更的，不免除被指定的监护人的责任。

**第三十二条 【公职监护人】**没有依法具有监护资格的人的，监护人由民政部门担任，也可以由具备履行监护职责条件的被监护人住所地的居民委员会、村民委员会担任。

**第三十三条 【意定监护】**具有完全民事行为能力的成年人，可以与其近亲属、其他愿意担任监护人的个人或者组织事先协商，以书面形式确定自己的监护人，在自己丧失或者部分丧失民事行为能力时，由该监护人履行监护职责。

**第三十四条 【监护职责及临时生活照料】**监护人的职责是代理被监护人实施民事法律行为，保护被监护人的人身权利、财产权利以及其他合法权益等。

监护人依法履行监护职责产生的权利，受法律保护。

监护人不履行监护职责或者侵害被监护人合法权益的，应当承担法律责任。

因发生突发事件等紧急情况，监护人暂时无法履行监护职责，被监护人的生活处于无人照料状态的，被监护人住所地的居民委员会、村民委员会或者民政部门应当为被监护人安排必要的临时生活照料措施。

**第三十五条 【履行监护职责应遵循的原则】**监护人应当按照最有利于被监护人的原则履行监护职责。监护人除为维护被监护人利益外，不得处分被监护人的财产。

未成年人的监护人履行监护职责，在作出与被监护人利益有关的决定时，应当根据被监护人的年龄和智力状况，尊重被监护人的真实意愿。

成年人的监护人履行监护职责，应当最大程度地尊重被监护人的真实意愿，保障并协助被监护人实施与其智力、精神健康状况相适应的民事法律行为。对被监护人有能力独立处理的事务，监护人不得干涉。

**第三十六条 【监护人资格的撤销】**监护人有下列情形之一的，人民法院根据有关个人或者组织的申请，撤销其监护人资格，安排必要的临时监护措施，并按照最有利于被监护人的原则依法指定监护人：

（一）实施严重损害被监护人身心健康的行为；

（二）怠于履行监护职责，或者无法履行监护职责且拒绝将监护职责部分或者全部委托给他人，导致被监护人处于危困状态；

（三）实施严重侵害被监护人合法权益的其他行为。

本条规定的有关个人、组织包括：其他依法具有监护资格的人，居民委员会、村民委员会、学校、医疗机构、妇女联合会、残疾人联合会、未成年人保护组织、依法设立的老年人组织、民政部门等。

前款规定的个人和民政部门以外的组织未及时向人民法院申请撤销监护人资格的，民政部门应当向人民法院申请。

**第三十七条 【监护人资格撤销后的义务】**依法负担被监护人抚养费、赡养费、扶养费的父母、子女、配偶等，被人民法院撤销监护人资格后，应当继续履行负担的义务。

**第三十八条 【监护人资格的恢复】**被监护人的父母或者子女被人民法院撤销监护人资格后，除对被监护人实施故意犯罪的外，确有悔改表现的，经其申请，人民法院可以在尊重被监护人真实意愿的前提下，视情况恢复其监护人资格，人民法院指定的监护人与被监护人的监护关系同时终止。

**第三十九条 【监护关系的终止】**有下列情形之一的，监护关系终止：

（一）被监护人取得或者恢复完全民事行为能力；

（二）监护人丧失监护能力；

（三）被监护人或者监护人死亡；

（四）人民法院认定监护关系终止的其他情形。

监护关系终止后，被监护人仍然需要监护的，应当依法另行确定监护人。

## 第三节 宣告失踪和宣告死亡

**第四十条 【宣告失踪】**自然人下落不明满二年的，利害关系人可以向人民法院申请宣告该自然人为失踪人。

**第四十一条 【下落不明的起算时间】**自然人下落不明的时间自其失去音讯之日起计算。战争期间下落不明的，下落不明的时间自战争结束之日或者有关机关确定的下落不明之日起计算。

**第四十二条 【财产代管人】**失踪人的财产由其配偶、成年子女、父母或者其他愿意担任财产代管人的人代管。

代管有争议，没有前款规定的人，或者前款规定的人无代管能力的，由人民法院指定的人代管。

**第四十三条 【财产代管人的职责】**财产代管人应当妥善管理失踪人的财产，维护其财产权益。

失踪人所欠税款、债务和应付的其他费用，由财产代管人从失踪人的财产中支付。

财产代管人因故意或者重大过失造成失踪人财产损失的，应当承担赔偿责任。

**第四十四条　【财产代管人的变更】**财产代管人不履行代管职责、侵害失踪人财产权益或者丧失代管能力的，失踪人的利害关系人可以向人民法院申请变更财产代管人。

财产代管人有正当理由的，可以向人民法院申请变更财产代管人。

人民法院变更财产代管人的，变更后的财产代管人有权请求原财产代管人及时移交有关财产并报告财产代管情况。

**第四十五条　【失踪宣告的撤销】**失踪人重新出现，经本人或者利害关系人申请，人民法院应当撤销失踪宣告。

失踪人重新出现，有权请求财产代管人及时移交有关财产并报告财产代管情况。

**第四十六条　【宣告死亡】**自然人有下列情形之一的，利害关系人可以向人民法院申请宣告该自然人死亡：

（一）下落不明满四年；

（二）因意外事件，下落不明满二年。

因意外事件下落不明，经有关机关证明该自然人不可能生存的，申请宣告死亡不受二年时间的限制。

**第四十七条　【宣告失踪与宣告死亡申请的竞合】**对同一自然人，有的利害关系人申请宣告死亡，有的利害关系人申请宣告失踪，符合本法规定的宣告死亡条件的，人民法院应当宣告死亡。

**第四十八条　【死亡日期的确定】**被宣告死亡的人，人民法院宣告死亡的判决作出之日视为其死亡的日期；因意外事件下落不明宣告死亡的，意外事件发生之日视为其死亡的日期。

**第四十九条　【被宣告死亡人实际生存时的行为效力】**自然人被宣告死亡但是并未死亡的，不影响该自然人在被宣告死亡期间实施的民事法律行为的效力。

**第五十条　【死亡宣告的撤销】**被宣告死亡的人重新出现，经本人或者利害关系人申请，人民法院应当撤销死亡宣告。

**第五十一条 【宣告死亡及其撤销后婚姻关系的效力】**被宣告死亡的人的婚姻关系，自死亡宣告之日起消除。死亡宣告被撤销的，婚姻关系自撤销死亡宣告之日起自行恢复。但是，其配偶再婚或者向婚姻登记机关书面声明不愿意恢复的除外。

**第五十二条 【死亡宣告撤销后子女被收养的效力】**被宣告死亡的人在被宣告死亡期间，其子女被他人依法收养的，在死亡宣告被撤销后，不得以未经本人同意为由主张收养行为无效。

**第五十三条 【死亡宣告撤销后的财产返还与赔偿责任】**被撤销死亡宣告的人有权请求依照本法第六编取得其财产的民事主体返还财产；无法返还的，应当给予适当补偿。

利害关系人隐瞒真实情况，致使他人被宣告死亡而取得其财产的，除应当返还财产外，还应当对由此造成的损失承担赔偿责任。

### 第四节 个体工商户和农村承包经营户

**第五十四条 【个体工商户】**自然人从事工商业经营，经依法登记，为个体工商户。个体工商户可以起字号。

**第五十五条 【农村承包经营户】**农村集体经济组织的成员，依法取得农村土地承包经营权，从事家庭承包经营的，为农村承包经营户。

**第五十六条 【“两户”的债务承担】**个体工商户的债务，个人经营的，以个人财产承担；家庭经营的，以家庭财产承担；无法区分的，以家庭财产承担。

农村承包经营户的债务，以从事农村土地承包经营的农户财产承担；事实上由农户部分成员经营的，以该部分成员的财产承担。

## 第三章 法人

### 第一节 一般规定

**第五十七条 【法人的定义】**法人是具有民事权利能力和民事行为能力，依法独立享有民事权利和承担民事义务的组织。

**第五十八条 【法人的成立】**法人应当依法成立。

法人应当有自己的名称、组织机构、住所、财产或者经费。法人成立的具体条件和程序，依照法律、行政法规的规定。

设立法人，法律、行政法规规定须经有关机关批准的，依照其规定。

**第五十九条 【法人的民事权利能力和民事行为能力】**法人的民事权利能力和民事行为能力，从法人成立时产生，到法人终止时消灭。

**第六十条 【法人的民事责任承担】**法人以其全部财产独立承担民事责任。

**第六十一条 【法定代表人】**依照法律或者法人章程的规定，代表法人从事民事活动的负责人，为法人的法定代表人。

法定代表人以法人名义从事的民事活动，其法律后果由法人承受。

法人章程或者法人权力机构对法定代表人代表权的限制，不得对抗善意相对人。

**第六十二条 【法定代表人职务行为的法律责任】**法定代表人因执行职务造成他人损害的，由法人承担民事责任。

法人承担民事责任后，依照法律或者法人章程的规定，可以向有过错的法定代表人追偿。

**第六十三条 【法人的住所】**法人以其主要办事机构所在地为住所。依法需要办理法人登记的，应当将主要办事机构所在地登记为住所。

**第六十四条 【法人的变更登记】**法人存续期间登记事项发生变化的，应当依法向登记机关申请变更登记。

**第六十五条 【法人登记的对抗效力】**法人的实际情况与登记的事项不一致的，不得对抗善意相对人。

**第六十六条 【法人登记公示制度】**登记机关应当依法及时公示法人登记的有关信息。

**第六十七条 【法人合并、分立后的权利义务承担】**法人合并的，其权利和义务由合并后的法人享有和承担。

法人分立的，其权利和义务由分立后的法人享有连带债权，承担连带债务，但是债权人和债务人另有约定的除外。

**第六十八条 【法人的终止】**有下列原因之一并依法完成清算、注销登记的，法人终止：

（一）法人解散；

（二）法人被宣告破产；

（三）法律规定的其他原因。

法人终止，法律、行政法规规定须经有关机关批准的，依照其规定。

**第六十九条 【法人的解散】**有下列情形之一的，法人解散：

（一）法人章程规定的存续期间届满或者法人章程规定的其他解散事由出现；

（二）法人的权力机构决议解散；

（三）因法人合并或者分立需要解散；

（四）法人依法被吊销营业执照、登记证书，被责令关闭或者被撤销；

（五）法律规定的其他情形。

**第七十条 【法人解散后的清算】**法人解散的，除合并或者分立的情形外，清算义务人应当及时组成清算组进行清算。

法人的董事、理事等执行机构或者决策机构的成员为清算义务人。法律、行政法规另有规定的，依照其规定。

清算义务人未及时履行清算义务，造成损害的，应当承担民事责任；主管机关或者利害关系人可以申请人民法院指定有关人员组成清算组进行清算。

**第七十一条 【法人清算的法律适用】**法人的清算程序和清算组职权，依照有关法律的规定；没有规定的，参照适用公司法律的有关规定。

**第七十二条 【清算的法律效果】**清算期间法人存续，但是不得从事与清算无关的活动。

法人清算后的剩余财产，按照法人章程的规定或者法人权力机构的决议处理。法律另有规定的，依照其规定。

清算结束并完成法人注销登记时，法人终止；依法不需要办理法人登记的，清算结束时，法人终止。

**第七十三条 【法人因破产而终止】**法人被宣告破产的，依法进行破产清算并完成法人注销登记时，法人终止。

**第七十四条 【法人的分支机构】**法人可以依法设立分支机构。法律、行政法规规定分支机构应当登记的，依照其规定。

分支机构以自己的名义从事民事活动，产生的民事责任由法人承担；也可以先以该分支机构管理的财产承担，不足以承担的，由法人承担。

**第七十五条 【法人设立行为的法律后果】**设立人为设立法人从事的民事活动，其法律后果由法人承受；法人未成立的，其法律后果由设立人承受，设立人为二人以上的，享有连带债权，承担连带债务。

设立人为设立法人以自己的名义从事民事活动产生的民事责任，第三人有权选择请求法人或者设立人承担。

## 第二节　营利法人

**第七十六条　【营利法人的定义和类型】**以取得利润并分配给股东等出资人为目的成立的法人，为营利法人。

营利法人包括有限责任公司、股份有限公司和其他企业法人等。

**第七十七条　【营利法人的成立】**营利法人经依法登记成立。

**第七十八条　【营利法人的营业执照】**依法设立的营利法人，由登记机关发给营利法人营业执照。营业执照签发日期为营利法人的成立日期。

**第七十九条　【营利法人的章程】**设立营利法人应当依法制定法人章程。

**第八十条　【营利法人的权力机构】**营利法人应当设权力机构。

权力机构行使修改法人章程，选举或者更换执行机构、监督机构成员，以及法人章程规定的其他职权。

**第八十一条　【营利法人的执行机构】**营利法人应当设执行机构。

执行机构行使召集权力机构会议，决定法人的经营计划和投资方案，决定法人内部管理机构的设置，以及法人章程规定的其他职权。

执行机构为董事会或者执行董事的，董事长、执行董事或者经理按照法人章程的规定担任法定代表人；未设董事会或者执行董事的，法人章程规定的主要负责人为其执行机构和法定代表人。

**第八十二条　【营利法人的监督机构】**营利法人设监事会或者监事等监督机构的，监督机构依法行使检查法人财务，监督执行机构成员、高级管理人员执行法人职务的行为，以及法人章程规定的其他职权。

**第八十三条　【出资人滥用权利的责任承担】**营利法人的出资人不得滥用出资人权利损害法人或者其他出资人的利益；滥用出资人权利造成法人或者其他出资人损失的，应当依法承担民事责任。

营利法人的出资人不得滥用法人独立地位和出资人有限责任损害法人债权人的利益；滥用法人独立地位和出资人有限责任，逃避债务，严重损害法人债权人的利益的，应当对法人债务承担连带责任。

**第八十四条　【利用关联关系造成损失的赔偿责任】**营利法人的控股出

资人、实际控制人、董事、监事、高级管理人员不得利用其关联关系损害法人的利益；利用关联关系造成法人损失的，应当承担赔偿责任。

**第八十五条 【营利法人出资人对瑕疵决议的撤销权】**营利法人的权力机构、执行机构作出决议的会议召集程序、表决方式违反法律、行政法规、法人章程，或者决议内容违反法人章程的，营利法人的出资人可以请求人民法院撤销该决议。但是，营利法人依据该决议与善意相对人形成的民事法律关系不受影响。

**第八十六条 【营利法人的社会责任】**营利法人从事经营活动，应当遵守商业道德，维护交易安全，接受政府和社会的监督，承担社会责任。

### 第三节 非营利法人

**第八十七条 【非营利法人的定义和范围】**为公益目的或者其他非营利目的成立，不向出资人、设立人或者会员分配所取得利润的法人，为非营利法人。

非营利法人包括事业单位、社会团体、基金会、社会服务机构等。

**第八十八条 【事业单位法人资格的取得】**具备法人条件，为适应经济社会发展需要，提供公益服务设立的事业单位，经依法登记成立，取得事业单位法人资格；依法不需要办理法人登记的，从成立之日起，具有事业单位法人资格。

**第八十九条 【事业单位法人的组织机构】**事业单位法人设理事会的，除法律另有规定外，理事会为其决策机构。事业单位法人的法定代表人依照法律、行政法规或者法人章程的规定产生。

**第九十条 【社会团体法人资格的取得】**具备法人条件，基于会员共同意愿，为公益目的或者会员共同利益等非营利目的设立的社会团体，经依法登记成立，取得社会团体法人资格；依法不需要办理法人登记的，从成立之日起，具有社会团体法人资格。

**第九十一条 【社会团体法人章程和组织机构】**设立社会团体法人应当依法制定法人章程。

社会团体法人应当设会员大会或者会员代表大会等权力机构。

社会团体法人应当设理事会等执行机构。理事长或者会长等负责人按照法人章程的规定担任法定代表人。

**第九十二条　【捐助法人】**具备法人条件，为公益目的以捐助财产设立的基金会、社会服务机构等，经依法登记成立，取得捐助法人资格。

依法设立的宗教活动场所，具备法人条件的，可以申请法人登记，取得捐助法人资格。法律、行政法规对宗教活动场所有规定的，依照其规定。

**第九十三条　【捐助法人章程和组织机构】**设立捐助法人应当依法制定法人章程。

捐助法人应当设理事会、民主管理组织等决策机构，并设执行机构。理事长等负责人按照法人章程的规定担任法定代表人。

捐助法人应当设监事会等监督机构。

**第九十四条　【捐助人的权利】**捐助人有权向捐助法人查询捐助财产的使用、管理情况，并提出意见和建议，捐助法人应当及时、如实答复。

捐助法人的决策机构、执行机构或者法定代表人作出决定的程序违反法律、行政法规、法人章程，或者决定内容违反法人章程的，捐助人等利害关系人或者主管机关可以请求人民法院撤销该决定。但是，捐助法人依据该决定与善意相对人形成的民事法律关系不受影响。

**第九十五条　【公益性非营利法人剩余财产的处理】**为公益目的成立的非营利法人终止时，不得向出资人、设立人或者会员分配剩余财产。剩余财产应当按照法人章程的规定或者权力机构的决议用于公益目的；无法按照法人章程的规定或者权力机构的决议处理的，由主管机关主持转给宗旨相同或者相近的法人，并向社会公告。

### 第四节　特别法人

**第九十六条　【特别法人的类型】**本节规定的机关法人、农村集体经济组织法人、城镇农村的合作经济组织法人、基层群众性自治组织法人，为特别法人。

**第九十七条　【机关法人】**有独立经费的机关和承担行政职能的法定机构从成立之日起，具有机关法人资格，可以从事为履行职能所需要的民事活动。

**第九十八条　【机关法人的终止】**机关法人被撤销的，法人终止，其民事权利和义务由继任的机关法人享有和承担；没有继任的机关法人的，由作出撤销决定的机关法人享有和承担。

**第九十九条　【农村集体经济组织法人】**农村集体经济组织依法取得法

人资格。

法律、行政法规对农村集体经济组织有规定的，依照其规定。

**第一百条 【合作经济组织法人】**城镇农村的合作经济组织依法取得法人资格。

法律、行政法规对城镇农村的合作经济组织有规定的，依照其规定。

**第一百零一条 【基层群众性自治组织法人】**居民委员会、村民委员会具有基层群众性自治组织法人资格，可以从事为履行职能所需要的民事活动。

未设立村集体经济组织的，村民委员会可以依法代行村集体经济组织的职能。

## 第四章　非法人组织

**第一百零二条 【非法人组织的定义】**非法人组织是不具有法人资格，但是能够依法以自己的名义从事民事活动的组织。

非法人组织包括个人独资企业、合伙企业、不具有法人资格的专业服务机构等。

**第一百零三条 【非法人组织的设立程序】**非法人组织应当依照法律的规定登记。

设立非法人组织，法律、行政法规规定须经有关机关批准的，依照其规定。

**第一百零四条 【非法人组织的债务承担】**非法人组织的财产不足以清偿债务的，其出资人或者设立人承担无限责任。法律另有规定的，依照其规定。

**第一百零五条 【非法人组织的代表人】**非法人组织可以确定一人或者数人代表该组织从事民事活动。

**第一百零六条 【非法人组织的解散】**有下列情形之一的，非法人组织解散：

（一）章程规定的存续期间届满或者章程规定的其他解散事由出现；

（二）出资人或者设立人决定解散；

（三）法律规定的其他情形。

**第一百零七条 【非法人组织的清算】**非法人组织解散的，应当依法进行清算。

**第一百零八条 【非法人组织的参照适用规定】**非法人组织除适用本章

规定外，参照适用本编第三章第一节的有关规定。

## 第五章　民事权利

**第一百零九条　【一般人格权】**自然人的人身自由、人格尊严受法律保护。

**第一百一十条　【民事主体的人格权】**自然人享有生命权、身体权、健康权、姓名权、肖像权、名誉权、荣誉权、隐私权、婚姻自主权等权利。

法人、非法人组织享有名称权、名誉权和荣誉权。

**第一百一十一条　【个人信息受法律保护】**自然人的个人信息受法律保护。任何组织或者个人需要获取他人个人信息的，应当依法取得并确保信息安全，不得非法收集、使用、加工、传输他人个人信息，不得非法买卖、提供或者公开他人个人信息。

**第一百一十二条　【婚姻家庭关系等产生的人身权利】**自然人因婚姻家庭关系等产生的人身权利受法律保护。

**第一百一十三条　【财产权受法律平等保护】**民事主体的财产权利受法律平等保护。

**第一百一十四条　【物权的定义及类型】**民事主体依法享有物权。

物权是权利人依法对特定的物享有直接支配和排他的权利，包括所有权、用益物权和担保物权。

**第一百一十五条　【物权的客体】**物包括不动产和动产。法律规定权利作为物权客体的，依照其规定。

**第一百一十六条　【物权法定原则】**物权的种类和内容，由法律规定。

**第一百一十七条　【征收与征用】**为了公共利益的需要，依照法律规定的权限和程序征收、征用不动产或者动产的，应当给予公平、合理的补偿。

**第一百一十八条　【债权的定义】**民事主体依法享有债权。

债权是因合同、侵权行为、无因管理、不当得利以及法律的其他规定，权利人请求特定义务人为或者不为一定行为的权利。

**第一百一十九条　【合同之债】**依法成立的合同，对当事人具有法律约束力。

**第一百二十条　【侵权之债】**民事权益受到侵害的，被侵权人有权请求侵权人承担侵权责任。

**第一百二十一条 【无因管理之债】**没有法定的或者约定的义务，为避免他人利益受损失而进行管理的人，有权请求受益人偿还由此支出的必要费用。

**第一百二十二条 【不当得利之债】**因他人没有法律根据，取得不当利益，受损失的人有权请求其返还不当利益。

**第一百二十三条 【知识产权及其客体】**民事主体依法享有知识产权。

知识产权是权利人依法就下列客体享有的专有的权利：

（一）作品；

（二）发明、实用新型、外观设计；

（三）商标；

（四）地理标志；

（五）商业秘密；

（六）集成电路布图设计；

（七）植物新品种；

（八）法律规定的其他客体。

**第一百二十四条 【继承权及其客体】**自然人依法享有继承权。

自然人合法的私有财产，可以依法继承。

**第一百二十五条 【投资性权利】**民事主体依法享有股权和其他投资性权利。

**第一百二十六条 【其他民事权益】**民事主体享有法律规定的其他民事权利和利益。

**第一百二十七条 【对数据和网络虚拟财产的保护】**法律对数据、网络虚拟财产的保护有规定的，依照其规定。

**第一百二十八条 【对弱势群体的特别保护】**法律对未成年人、老年人、残疾人、妇女、消费者等的民事权利保护有特别规定的，依照其规定。

**第一百二十九条 【民事权利的取得方式】**民事权利可以依据民事法律行为、事实行为、法律规定的事件或者法律规定的其他方式取得。

**第一百三十条 【权利行使的自愿原则】**民事主体按照自己的意愿依法行使民事权利，不受干涉。

**第一百三十一条 【权利人的义务履行】**民事主体行使权利时，应当履行法律规定的和当事人约定的义务。

**第一百三十二条　【禁止权利滥用】**民事主体不得滥用民事权利损害国家利益、社会公共利益或者他人合法权益。

## 第六章　民事法律行为

### 第一节　一般规定

**第一百三十三条　【民事法律行为的定义】**民事法律行为是民事主体通过意思表示设立、变更、终止民事法律关系的行为。

**第一百三十四条　【民事法律行为的成立】**民事法律行为可以基于双方或者多方的意思表示一致成立，也可以基于单方的意思表示成立。

法人、非法人组织依照法律或者章程规定的议事方式和表决程序作出决议的，该决议行为成立。

**第一百三十五条　【民事法律行为的形式】**民事法律行为可以采用书面形式、口头形式或者其他形式；法律、行政法规规定或者当事人约定采用特定形式的，应当采用特定形式。

**第一百三十六条　【民事法律行为的生效】**民事法律行为自成立时生效，但是法律另有规定或者当事人另有约定的除外。

行为人非依法律规定或者未经对方同意，不得擅自变更或者解除民事法律行为。

### 第二节　意思表示

**第一百三十七条　【有相对人的意思表示的生效时间】**以对话方式作出的意思表示，相对人知道其内容时生效。

以非对话方式作出的意思表示，到达相对人时生效。以非对话方式作出的采用数据电文形式的意思表示，相对人指定特定系统接收数据电文的，该数据电文进入该特定系统时生效；未指定特定系统的，相对人知道或者应当知道该数据电文进入其系统时生效。当事人对采用数据电文形式的意思表示的生效时间另有约定的，按照其约定。

**第一百三十八条　【无相对人的意思表示的生效时间】**无相对人的意思表示，表示完成时生效。法律另有规定的，依照其规定。

**第一百三十九条　【公告的意思表示的生效时间】**以公告方式作出的意思表示，公告发布时生效。

**第一百四十条 【意思表示的方式】**行为人可以明示或者默示作出意思表示。

沉默只有在有法律规定、当事人约定或者符合当事人之间的交易习惯时，才可以视为意思表示。

**第一百四十一条 【意思表示的撤回】**行为人可以撤回意思表示。撤回意思表示的通知应当在意思表示到达相对人前或者与意思表示同时到达相对人。

**第一百四十二条 【意思表示的解释】**有相对人的意思表示的解释，应当按照所使用的词句，结合相关条款、行为的性质和目的、习惯以及诚信原则，确定意思表示的含义。

无相对人的意思表示的解释，不能完全拘泥于所使用的词句，而应当结合相关条款、行为的性质和目的、习惯以及诚信原则，确定行为人的真实意思。

## 第三节 民事法律行为的效力

**第一百四十三条 【民事法律行为的有效条件】**具备下列条件的民事法律行为有效：

（一）行为人具有相应的民事行为能力；

（二）意思表示真实；

（三）不违反法律、行政法规的强制性规定，不违背公序良俗。

**第一百四十四条 【无民事行为能力人实施的民事法律行为】**无民事行为能力人实施的民事法律行为无效。

**第一百四十五条 【限制民事行为能力人实施的民事法律行为】**限制民事行为能力人实施的纯获利益的民事法律行为或者与其年龄、智力、精神健康状况相适应的民事法律行为有效；实施的其他民事法律行为经法定代理人同意或者追认后有效。

相对人可以催告法定代理人自收到通知之日起三十日内予以追认。法定代理人未作表示的，视为拒绝追认。民事法律行为被追认前，善意相对人有撤销的权利。撤销应当以通知的方式作出。

**第一百四十六条 【虚假表示与隐藏行为效力】**行为人与相对人以虚假的意思表示实施的民事法律行为无效。

以虚假的意思表示隐藏的民事法律行为的效力，依照有关法律规定处理。

**第一百四十七条 【重大误解】**基于重大误解实施的民事法律行为，行为人有权请求人民法院或者仲裁机构予以撤销。

**第一百四十八条　【欺诈】**一方以欺诈手段，使对方在违背真实意思的情况下实施的民事法律行为，受欺诈方有权请求人民法院或者仲裁机构予以撤销。

**第一百四十九条　【第三人欺诈】**第三人实施欺诈行为，使一方在违背真实意思的情况下实施的民事法律行为，对方知道或者应当知道该欺诈行为的，受欺诈方有权请求人民法院或者仲裁机构予以撤销。

**第一百五十条　【胁迫】**一方或者第三人以胁迫手段，使对方在违背真实意思的情况下实施的民事法律行为，受胁迫方有权请求人民法院或者仲裁机构予以撤销。

**第一百五十一条　【乘人之危导致的显失公平】**一方利用对方处于危困状态、缺乏判断能力等情形，致使民事法律行为成立时显失公平的，受损害方有权请求人民法院或者仲裁机构予以撤销。

**第一百五十二条　【撤销权的消灭期间】**有下列情形之一的，撤销权消灭：

（一）当事人自知道或者应当知道撤销事由之日起一年内、重大误解的当事人自知道或者应当知道撤销事由之日起九十日内没有行使撤销权；

（二）当事人受胁迫，自胁迫行为终止之日起一年内没有行使撤销权；

（三）当事人知道撤销事由后明确表示或者以自己的行为表明放弃撤销权。

当事人自民事法律行为发生之日起五年内没有行使撤销权的，撤销权消灭。

**第一百五十三条　【违反强制性规定及违背公序良俗的民事法律行为的效力】**违反法律、行政法规的强制性规定的民事法律行为无效。但是，该强制性规定不导致该民事法律行为无效的除外。

违背公序良俗的民事法律行为无效。

**第一百五十四条　【恶意串通】**行为人与相对人恶意串通，损害他人合法权益的民事法律行为无效。

**第一百五十五条　【无效或者被撤销民事法律行为自始无效】**无效的或者被撤销的民事法律行为自始没有法律约束力。

**第一百五十六条　【民事法律行为部分无效】**民事法律行为部分无效，不影响其他部分效力的，其他部分仍然有效。

**第一百五十七条 【民事法律行为无效、被撤销、不生效力的法律后果】** 民事法律行为无效、被撤销或者确定不发生效力后，行为人因该行为取得的财产，应当予以返还；不能返还或者没有必要返还的，应当折价补偿。有过错的一方应当赔偿对方由此所受到的损失；各方都有过错的，应当各自承担相应的责任。法律另有规定的，依照其规定。

### 第四节 民事法律行为的附条件和附期限

**第一百五十八条 【附条件的民事法律行为】** 民事法律行为可以附条件，但是根据其性质不得附条件的除外。附生效条件的民事法律行为，自条件成就时生效。附解除条件的民事法律行为，自条件成就时失效。

**第一百五十九条 【条件成就或不成就的拟制】** 附条件的民事法律行为，当事人为自己的利益不正当地阻止条件成就的，视为条件已经成就；不正当地促成条件成就的，视为条件不成就。

**第一百六十条 【附期限的民事法律行为】** 民事法律行为可以附期限，但是根据其性质不得附期限的除外。附生效期限的民事法律行为，自期限届至时生效。附终止期限的民事法律行为，自期限届满时失效。

## 第七章 代理

### 第一节 一般规定

**第一百六十一条 【代理的适用范围】** 民事主体可以通过代理人实施民事法律行为。

依照法律规定、当事人约定或者民事法律行为的性质，应当由本人亲自实施的民事法律行为，不得代理。

**第一百六十二条 【代理的效力】** 代理人在代理权限内，以被代理人名义实施的民事法律行为，对被代理人发生效力。

**第一百六十三条 【代理的类型】** 代理包括委托代理和法定代理。

委托代理人按照被代理人的委托行使代理权。法定代理人依照法律的规定行使代理权。

**第一百六十四条 【不当代理的民事责任】** 代理人不履行或者不完全履行职责，造成被代理人损害的，应当承担民事责任。

代理人和相对人恶意串通，损害被代理人合法权益的，代理人和相对人应当承担连带责任。

## 第二节　委托代理

**第一百六十五条　【授权委托书】**委托代理授权采用书面形式的，授权委托书应当载明代理人的姓名或者名称、代理事项、权限和期限，并由被代理人签名或者盖章。

**第一百六十六条　【共同代理】**数人为同一代理事项的代理人的，应当共同行使代理权，但是当事人另有约定的除外。

**第一百六十七条　【违法代理的责任承担】**代理人知道或者应当知道代理事项违法仍然实施代理行为，或者被代理人知道或者应当知道代理人的代理行为违法未作反对表示的，被代理人和代理人应当承担连带责任。

**第一百六十八条　【禁止自己代理和双方代理】**代理人不得以被代理人的名义与自己实施民事法律行为，但是被代理人同意或者追认的除外。

代理人不得以被代理人的名义与自己同时代理的其他人实施民事法律行为，但是被代理的双方同意或者追认的除外。

**第一百六十九条　【复代理】**代理人需要转委托第三人代理的，应当取得被代理人的同意或者追认。

转委托代理经被代理人同意或者追认的，被代理人可以就代理事务直接指示转委托的第三人，代理人仅就第三人的选任以及对第三人的指示承担责任。

转委托代理未经被代理人同意或者追认的，代理人应当对转委托的第三人的行为承担责任；但是，在紧急情况下代理人为了维护被代理人的利益需要转委托第三人代理的除外。

**第一百七十条　【职务代理】**执行法人或者非法人组织工作任务的人员，就其职权范围内的事项，以法人或者非法人组织的名义实施的民事法律行为，对法人或者非法人组织发生效力。

法人或者非法人组织对执行其工作任务的人员职权范围的限制，不得对抗善意相对人。

**第一百七十一条　【无权代理】**行为人没有代理权、超越代理权或者代理权终止后，仍然实施代理行为，未经被代理人追认的，对被代理人不发生效力。

相对人可以催告被代理人自收到通知之日起三十日内予以追认。被代理人未作表示的，视为拒绝追认。行为人实施的行为被追认前，善意相对人有撤销的权利。撤销应当以通知的方式作出。

行为人实施的行为未被追认的，善意相对人有权请求行为人履行债务或者就其受到的损害请求行为人赔偿。但是，赔偿的范围不得超过被代理人追认时相对人所能获得的利益。

相对人知道或者应当知道行为人无权代理的，相对人和行为人按照各自的过错承担责任。

**第一百七十二条 【表见代理】**行为人没有代理权、超越代理权或者代理权终止后，仍然实施代理行为，相对人有理由相信行为人有代理权的，代理行为有效。

## 第三节 代理终止

**第一百七十三条 【委托代理的终止】**有下列情形之一的，委托代理终止：

（一）代理期限届满或者代理事务完成；

（二）被代理人取消委托或者代理人辞去委托；

（三）代理人丧失民事行为能力；

（四）代理人或者被代理人死亡；

（五）作为代理人或者被代理人的法人、非法人组织终止。

**第一百七十四条 【委托代理终止的例外】**被代理人死亡后，有下列情形之一的，委托代理人实施的代理行为有效：

（一）代理人不知道且不应当知道被代理人死亡；

（二）被代理人的继承人予以承认；

（三）授权中明确代理权在代理事务完成时终止；

（四）被代理人死亡前已经实施，为了被代理人的继承人的利益继续代理。

作为被代理人的法人、非法人组织终止的，参照适用前款规定。

**第一百七十五条 【法定代理的终止】**有下列情形之一的，法定代理终止：

（一）被代理人取得或者恢复完全民事行为能力；

（二）代理人丧失民事行为能力；

（三）代理人或者被代理人死亡；

（四）法律规定的其他情形。

## 第八章　民事责任

**第一百七十六条　【民事责任】**民事主体依照法律规定或者按照当事人约定，履行民事义务，承担民事责任。

**第一百七十七条　【按份责任】**二人以上依法承担按份责任，能够确定责任大小的，各自承担相应的责任；难以确定责任大小的，平均承担责任。

**第一百七十八条　【连带责任】**二人以上依法承担连带责任的，权利人有权请求部分或者全部连带责任人承担责任。

连带责任人的责任份额根据各自责任大小确定；难以确定责任大小的，平均承担责任。实际承担责任超过自己责任份额的连带责任人，有权向其他连带责任人追偿。

连带责任，由法律规定或者当事人约定。

**第一百七十九条　【民事责任的承担方式】**承担民事责任的方式主要有：

（一）停止侵害；

（二）排除妨碍；

（三）消除危险；

（四）返还财产；

（五）恢复原状；

（六）修理、重作、更换；

（七）继续履行；

（八）赔偿损失；

（九）支付违约金；

（十）消除影响、恢复名誉；

（十一）赔礼道歉。

法律规定惩罚性赔偿的，依照其规定。

本条规定的承担民事责任的方式，可以单独适用，也可以合并适用。

**第一百八十条　【不可抗力】**因不可抗力不能履行民事义务的，不承担民事责任。法律另有规定的，依照其规定。

不可抗力是不能预见、不能避免且不能克服的客观情况。

**第一百八十一条　【正当防卫】**因正当防卫造成损害的，不承担民事责任。

正当防卫超过必要的限度，造成不应有的损害的，正当防卫人应当承担适当的民事责任。

**第一百八十二条 【紧急避险】**因紧急避险造成损害的，由引起险情发生的人承担民事责任。

危险由自然原因引起的，紧急避险人不承担民事责任，可以给予适当补偿。

紧急避险采取措施不当或者超过必要的限度，造成不应有的损害的，紧急避险人应当承担适当的民事责任。

**第一百八十三条 【因保护他人民事权益而受损的责任承担】**因保护他人民事权益使自己受到损害的，由侵权人承担民事责任，受益人可以给予适当补偿。没有侵权人、侵权人逃逸或者无力承担民事责任，受害人请求补偿的，受益人应当给予适当补偿。

**第一百八十四条 【紧急救助的责任豁免】**因自愿实施紧急救助行为造成受助人损害的，救助人不承担民事责任。

**第一百八十五条 【英雄烈士人格利益的保护】**侵害英雄烈士等的姓名、肖像、名誉、荣誉，损害社会公共利益的，应当承担民事责任。

**第一百八十六条 【违约责任与侵权责任的竞合】**因当事人一方的违约行为，损害对方人身权益、财产权益的，受损害方有权选择请求其承担违约责任或者侵权责任。

**第一百八十七条 【民事责任优先】**民事主体因同一行为应当承担民事责任、行政责任和刑事责任的，承担行政责任或者刑事责任不影响承担民事责任；民事主体的财产不足以支付的，优先用于承担民事责任。

## 第九章　诉讼时效

**第一百八十八条 【普通诉讼时效】**向人民法院请求保护民事权利的诉讼时效期间为三年。法律另有规定的，依照其规定。

诉讼时效期间自权利人知道或者应当知道权利受到损害以及义务人之日起计算。法律另有规定的，依照其规定。但是，自权利受到损害之日起超过二十年的，人民法院不予保护，有特殊情况的，人民法院可以根据权利人的申请决定延长。

**第一百八十九条　【分期履行债务诉讼时效的起算】**当事人约定同一债务分期履行的，诉讼时效期间自最后一期履行期限届满之日起计算。

**第一百九十条　【对法定代理人请求权诉讼时效的起算】**无民事行为能力人或者限制民事行为能力人对其法定代理人的请求权的诉讼时效期间，自该法定代理终止之日起计算。

**第一百九十一条　【未成年人遭受性侵害的损害赔偿诉讼时效的起算】**未成年人遭受性侵害的损害赔偿请求权的诉讼时效期间，自受害人年满十八周岁之日起计算。

**第一百九十二条　【诉讼时效届满的法律效果】**诉讼时效期间届满的，义务人可以提出不履行义务的抗辩。

诉讼时效期间届满后，义务人同意履行的，不得以诉讼时效期间届满为由抗辩；义务人已经自愿履行的，不得请求返还。

**第一百九十三条　【诉讼时效援用】**人民法院不得主动适用诉讼时效的规定。

**第一百九十四条　【诉讼时效的中止】**在诉讼时效期间的最后六个月内，因下列障碍，不能行使请求权的，诉讼时效中止：

（一）不可抗力；

（二）无民事行为能力人或者限制民事行为能力人没有法定代理人，或者法定代理人死亡、丧失民事行为能力、丧失代理权；

（三）继承开始后未确定继承人或者遗产管理人；

（四）权利人被义务人或者其他人控制；

（五）其他导致权利人不能行使请求权的障碍。

自中止时效的原因消除之日起满六个月，诉讼时效期间届满。

**第一百九十五条　【诉讼时效的中断】**有下列情形之一的，诉讼时效中断，从中断、有关程序终结时起，诉讼时效期间重新计算：

（一）权利人向义务人提出履行请求；

（二）义务人同意履行义务；

（三）权利人提起诉讼或者申请仲裁；

（四）与提起诉讼或者申请仲裁具有同等效力的其他情形。

**第一百九十六条　【不适用诉讼时效的情形】**下列请求权不适用诉讼时

效的规定：

（一）请求停止侵害、排除妨碍、消除危险；

（二）不动产物权和登记的动产物权的权利人请求返还财产；

（三）请求支付抚养费、赡养费或者扶养费；

（四）依法不适用诉讼时效的其他请求权。

**第一百九十七条 【诉讼时效法定】**诉讼时效的期间、计算方法以及中止、中断的事由由法律规定，当事人约定无效。

当事人对诉讼时效利益的预先放弃无效。

**第一百九十八条 【仲裁时效】**法律对仲裁时效有规定的，依照其规定；没有规定的，适用诉讼时效的规定。

**第一百九十九条 【除斥期间】**法律规定或者当事人约定的撤销权、解除权等权利的存续期间，除法律另有规定外，自权利人知道或者应当知道权利产生之日起计算，不适用有关诉讼时效中止、中断和延长的规定。存续期间届满，撤销权、解除权等权利消灭。

## 第十章 期间计算

**第二百条 【期间的计算单位】**民法所称的期间按照公历年、月、日、小时计算。

**第二百零一条 【期间的起算】**按照年、月、日计算期间的，开始的当日不计入，自下一日开始计算。

按照小时计算期间的，自法律规定或者当事人约定的时间开始计算。

**第二百零二条 【期间结束】**按照年、月计算期间的，到期月的对应日为期间的最后一日；没有对应日的，月末日为期间的最后一日。

**第二百零三条 【期间计算的特殊规定】**期间的最后一日是法定休假日的，以法定休假日结束的次日为期间的最后一日。

期间的最后一日的截止时间为二十四时；有业务时间的，停止业务活动的时间为截止时间。

**第二百零四条 【期间法定或约定】**期间的计算方法依照本法的规定，但是法律另有规定或者当事人另有约定的除外。

# 第四编　人格权

## 第一章　一般规定

**第九百八十九条　【人格权编的调整范围】**本编调整因人格权的享有和保护产生的民事关系。

**第九百九十条　【人格权类型】**人格权是民事主体享有的生命权、身体权、健康权、姓名权、名称权、肖像权、名誉权、荣誉权、隐私权等权利。

除前款规定的人格权外，自然人享有基于人身自由、人格尊严产生的其他人格权益。

**第九百九十一条　【人格权受法律保护】**民事主体的人格权受法律保护，任何组织或者个人不得侵害。

**第九百九十二条　【人格权不得放弃、转让、继承】**人格权不得放弃、转让或者继承。

**第九百九十三条　【人格利益的许可使用】**民事主体可以将自己的姓名、名称、肖像等许可他人使用，但是依照法律规定或者根据其性质不得许可的除外。

**第九百九十四条　【死者人格利益保护】**死者的姓名、肖像、名誉、荣誉、隐私、遗体等受到侵害的，其配偶、子女、父母有权依法请求行为人承担民事责任；死者没有配偶、子女且父母已经死亡的，其他近亲属有权依法请求行为人承担民事责任。

**第九百九十五条　【人格权保护的请求权】**人格权受到侵害的，受害人有权依照本法和其他法律的规定请求行为人承担民事责任。受害人的停止侵害、排除妨碍、消除危险、消除影响、恢复名誉、赔礼道歉请求权，不适用诉讼时效的规定。

**第九百九十六条　【人格权责任竞合下的精神损害赔偿】**因当事人一方的违约行为，损害对方人格权并造成严重精神损害，受损害方选择请求其承担违约责任的，不影响受损害方请求精神损害赔偿。

**第九百九十七条 【申请法院责令停止侵害】**民事主体有证据证明行为人正在实施或者即将实施侵害其人格权的违法行为，不及时制止将使其合法权益受到难以弥补的损害的，有权依法向人民法院申请采取责令行为人停止有关行为的措施。

**第九百九十八条 【认定行为人承担责任时的考量因素】**认定行为人承担侵害除生命权、身体权和健康权外的人格权的民事责任，应当考虑行为人和受害人的职业、影响范围、过错程度，以及行为的目的、方式、后果等因素。

**第九百九十九条 【人格利益的合理使用】**为公共利益实施新闻报道、舆论监督等行为的，可以合理使用民事主体的姓名、名称、肖像、个人信息等；使用不合理侵害民事主体人格权的，应当依法承担民事责任。

**第一千条 【消除影响、恢复名誉、赔礼道歉责任方式】**行为人因侵害人格权承担消除影响、恢复名誉、赔礼道歉等民事责任的，应当与行为的具体方式和造成的影响范围相当。

行为人拒不承担前款规定的民事责任的，人民法院可以采取在报刊、网络等媒体上发布公告或者公布生效裁判文书等方式执行，产生的费用由行为人负担。

**第一千零一条 【自然人身份权利保护参照】**对自然人因婚姻家庭关系等产生的身份权利的保护，适用本法第一编、第五编和其他法律的相关规定；没有规定的，可以根据其性质参照适用本编人格权保护的有关规定。

## 第二章 生命权、身体权和健康权

**第一千零二条 【生命权】**自然人享有生命权。自然人的生命安全和生命尊严受法律保护。任何组织或者个人不得侵害他人的生命权。

**第一千零三条 【身体权】**自然人享有身体权。自然人的身体完整和行动自由受法律保护。任何组织或者个人不得侵害他人的身体权。

**第一千零四条 【健康权】**自然人享有健康权。自然人的身心健康受法律保护。任何组织或者个人不得侵害他人的健康权。

**第一千零五条 【法定救助义务】**自然人的生命权、身体权、健康权受到侵害或者处于其他危难情形的，负有法定救助义务的组织或者个人应当及时施救。

**第一千零六条　【人体捐献】**完全民事行为能力人有权依法自主决定无偿捐献其人体细胞、人体组织、人体器官、遗体。任何组织或者个人不得强迫、欺骗、利诱其捐献。

完全民事行为能力人依据前款规定同意捐献的，应当采用书面形式，也可以订立遗嘱。

自然人生前未表示不同意捐献的，该自然人死亡后，其配偶、成年子女、父母可以共同决定捐献，决定捐献应当采用书面形式。

**第一千零七条　【禁止买卖人体细胞、组织、器官和遗体】**禁止以任何形式买卖人体细胞、人体组织、人体器官、遗体。

违反前款规定的买卖行为无效。

**第一千零八条　【人体临床试验】**为研制新药、医疗器械或者发展新的预防和治疗方法，需要进行临床试验的，应当依法经相关主管部门批准并经伦理委员会审查同意，向受试者或者受试者的监护人告知试验目的、用途和可能产生的风险等详细情况，并经其书面同意。

进行临床试验的，不得向受试者收取试验费用。

**第一千零九条　【从事人体基因、胚胎等医学和科研活动的法定限制】**从事与人体基因、人体胚胎等有关的医学和科研活动，应当遵守法律、行政法规和国家有关规定，不得危害人体健康，不得违背伦理道德，不得损害公共利益。

**第一千零一十条　【性骚扰】**违背他人意愿，以言语、文字、图像、肢体行为等方式对他人实施性骚扰的，受害人有权依法请求行为人承担民事责任。

机关、企业、学校等单位应当采取合理的预防、受理投诉、调查处置等措施，防止和制止利用职权、从属关系等实施性骚扰。

**第一千零一十一条　【非法剥夺、限制他人行动自由和非法搜查他人身体】**以非法拘禁等方式剥夺、限制他人的行动自由，或者非法搜查他人身体的，受害人有权依法请求行为人承担民事责任。

## 第三章　姓名权和名称权

**第一千零一十二条　【姓名权】**自然人享有姓名权，有权依法决定、使用、变更或者许可他人使用自己的姓名，但是不得违背公序良俗。

**第一千零一十三条　【名称权】**法人、非法人组织享有名称权，有权依法决定、使用、变更、转让或者许可他人使用自己的名称。

**第一千零一十四条 【禁止侵害他人的姓名或名称】**任何组织或者个人不得以干涉、盗用、假冒等方式侵害他人的姓名权或者名称权。

**第一千零一十五条 【自然人姓氏的选取】**自然人应当随父姓或者母姓，但是有下列情形之一的，可以在父姓和母姓之外选取姓氏：

（一）选取其他直系长辈血亲的姓氏；

（二）因由法定扶养人以外的人扶养而选取扶养人姓氏；

（三）有不违背公序良俗的其他正当理由。

少数民族自然人的姓氏可以遵从本民族的文化传统和风俗习惯。

**第一千零一十六条 【决定、变更姓名、名称及转让名称的规定】**自然人决定、变更姓名，或者法人、非法人组织决定、变更、转让名称的，应当依法向有关机关办理登记手续，但是法律另有规定的除外。

民事主体变更姓名、名称的，变更前实施的民事法律行为对其具有法律约束力。

**第一千零一十七条 【姓名与名称的扩展保护】**具有一定社会知名度，被他人使用足以造成公众混淆的笔名、艺名、网名、译名、字号、姓名和名称的简称等，参照适用姓名权和名称权保护的有关规定。

## 第四章 肖像权

**第一千零一十八条 【肖像权及肖像】**自然人享有肖像权，有权依法制作、使用、公开或者许可他人使用自己的肖像。

肖像是通过影像、雕塑、绘画等方式在一定载体上所反映的特定自然人可以被识别的外部形象。

**第一千零一十九条 【肖像权的保护】**任何组织或者个人不得以丑化、污损，或者利用信息技术手段伪造等方式侵害他人的肖像权。未经肖像权人同意，不得制作、使用、公开肖像权人的肖像，但是法律另有规定的除外。

未经肖像权人同意，肖像作品权利人不得以发表、复制、发行、出租、展览等方式使用或者公开肖像权人的肖像。

**第一千零二十条 【肖像权的合理使用】**合理实施下列行为的，可以不经肖像权人同意：

（一）为个人学习、艺术欣赏、课堂教学或者科学研究，在必要范围内使用肖像权人已经公开的肖像；

（二）为实施新闻报道，不可避免地制作、使用、公开肖像权人的肖像；

（三）为依法履行职责，国家机关在必要范围内制作、使用、公开肖像权人的肖像；

（四）为展示特定公共环境，不可避免地制作、使用、公开肖像权人的肖像；

（五）为维护公共利益或者肖像权人合法权益，制作、使用、公开肖像权人的肖像的其他行为。

**第一千零二十一条　【肖像许可使用合同的解释】**当事人对肖像许可使用合同中关于肖像使用条款的理解有争议的，应当作出有利于肖像权人的解释。

**第一千零二十二条　【肖像许可使用合同期限】**当事人对肖像许可使用期限没有约定或者约定不明确的，任何一方当事人可以随时解除肖像许可使用合同，但是应当在合理期限之前通知对方。

当事人对肖像许可使用期限有明确约定，肖像权人有正当理由的，可以解除肖像许可使用合同，但是应当在合理期限之前通知对方。因解除合同造成对方损失的，除不可归责于肖像权人的事由外，应当赔偿损失。

**第一千零二十三条　【姓名、声音等的许可使用参照肖像许可使用】**对姓名等的许可使用，参照适用肖像许可使用的有关规定。

对自然人声音的保护，参照适用肖像权保护的有关规定。

## 第五章　名誉权和荣誉权

**第一千零二十四条　【名誉权及名誉】**民事主体享有名誉权。任何组织或者个人不得以侮辱、诽谤等方式侵害他人的名誉权。

名誉是对民事主体的品德、声望、才能、信用等的社会评价。

**第一千零二十五条　【新闻报道、舆论监督与保护名誉权关系问题】**行为人为公共利益实施新闻报道、舆论监督等行为，影响他人名誉的，不承担民事责任，但是有下列情形之一的除外：

（一）捏造、歪曲事实；

（二）对他人提供的严重失实内容未尽到合理核实义务；

（三）使用侮辱性言辞等贬损他人名誉。

**第一千零二十六条 【认定是否尽到合理核实义务的考虑因素】**认定行为人是否尽到前条第二项规定的合理核实义务，应当考虑下列因素：

（一）内容来源的可信度；

（二）对明显可能引发争议的内容是否进行了必要的调查；

（三）内容的时限性；

（四）内容与公序良俗的关联性；

（五）受害人名誉受贬损的可能性；

（六）核实能力和核实成本。

**第一千零二十七条 【文学、艺术作品侵害名誉权的认定与例外】**行为人发表的文学、艺术作品以真人真事或者特定人为描述对象，含有侮辱、诽谤内容，侵害他人名誉权的，受害人有权依法请求该行为人承担民事责任。

行为人发表的文学、艺术作品不以特定人为描述对象，仅其中的情节与该特定人的情况相似的，不承担民事责任。

**第一千零二十八条 【名誉权人更正权】**民事主体有证据证明报刊、网络等媒体报道的内容失实，侵害其名誉权的，有权请求该媒体及时采取更正或者删除等必要措施。

**第一千零二十九条 【信用评价】**民事主体可以依法查询自己的信用评价；发现信用评价不当的，有权提出异议并请求采取更正、删除等必要措施。信用评价人应当及时核查，经核查属实的，应当及时采取必要措施。

**第一千零三十条 【处理信用信息的法律适用】**民事主体与征信机构等信用信息处理者之间的关系，适用本编有关个人信息保护的规定和其他法律、行政法规的有关规定。

**第一千零三十一条 【荣誉权】**民事主体享有荣誉权。任何组织或者个人不得非法剥夺他人的荣誉称号，不得诋毁、贬损他人的荣誉。

获得的荣誉称号应当记载而没有记载的，民事主体可以请求记载；获得的荣誉称号记载错误的，民事主体可以请求更正。

## 第六章 隐私权和个人信息保护

**第一千零三十二条 【隐私权及隐私】**自然人享有隐私权。任何组织或者个人不得以刺探、侵扰、泄露、公开等方式侵害他人的隐私权。

隐私是自然人的私人生活安宁和不愿为他人知晓的私密空间、私密活动、私密信息。

**第一千零三十三条　【侵害隐私权的行为】**除法律另有规定或者权利人明确同意外，任何组织或者个人不得实施下列行为：

（一）以电话、短信、即时通讯工具、电子邮件、传单等方式侵扰他人的私人生活安宁；

（二）进入、拍摄、窥视他人的住宅、宾馆房间等私密空间；

（三）拍摄、窥视、窃听、公开他人的私密活动；

（四）拍摄、窥视他人身体的私密部位；

（五）处理他人的私密信息；

（六）以其他方式侵害他人的隐私权。

**第一千零三十四条　【个人信息保护】**自然人的个人信息受法律保护。

个人信息是以电子或者其他方式记录的能够单独或者与其他信息结合识别特定自然人的各种信息，包括自然人的姓名、出生日期、身份证件号码、生物识别信息、住址、电话号码、电子邮箱、健康信息、行踪信息等。

个人信息中的私密信息，适用有关隐私权的规定；没有规定的，适用有关个人信息保护的规定。

**第一千零三十五条　【个人信息处理的原则】**处理个人信息的，应当遵循合法、正当、必要原则，不得过度处理，并符合下列条件：

（一）征得该自然人或者其监护人同意，但是法律、行政法规另有规定的除外；

（二）公开处理信息的规则；

（三）明示处理信息的目的、方式和范围；

（四）不违反法律、行政法规的规定和双方的约定。

个人信息的处理包括个人信息的收集、存储、使用、加工、传输、提供、公开等。

**第一千零三十六条　【处理个人信息的免责事由】**处理个人信息，有下列情形之一的，行为人不承担民事责任：

（一）在该自然人或者其监护人同意的范围内合理实施的行为；

（二）合理处理该自然人自行公开的或者其他已经合法公开的信息，但是该自然人明确拒绝或者处理该信息侵害其重大利益的除外；

（三）为维护公共利益或者该自然人合法权益，合理实施的其他行为。

**第一千零三十七条 【个人信息主体的权利】**自然人可以依法向信息处理者查阅或者复制其个人信息；发现信息有错误的，有权提出异议并请求及时采取更正等必要措施。

自然人发现信息处理者违反法律、行政法规的规定或者双方的约定处理其个人信息的，有权请求信息处理者及时删除。

**第一千零三十八条 【个人信息安全】**信息处理者不得泄露或者篡改其收集、存储的个人信息；未经自然人同意，不得向他人非法提供其个人信息，但是经过加工无法识别特定个人且不能复原的除外。

信息处理者应当采取技术措施和其他必要措施，确保其收集、存储的个人信息安全，防止信息泄露、篡改、丢失；发生或者可能发生个人信息泄露、篡改、丢失的，应当及时采取补救措施，按照规定告知自然人并向有关主管部门报告。

**第一千零三十九条 【国家机关及其工作人员对个人信息的保密义务】**国家机关、承担行政职能的法定机构及其工作人员对于履行职责过程中知悉的自然人的隐私和个人信息，应当予以保密，不得泄露或者向他人非法提供。

# 最高人民法院关于适用《中华人民共和国民法典》总则编若干问题的解释

（2021 年 12 月 30 日最高人民法院审判委员会第 1861 次会议通过　2022 年 2 月 24 日最高人民法院公告公布　自 2022 年 3 月 1 日起施行　法释〔2022〕6 号）

为正确审理民事案件，依法保护民事主体的合法权益，维护社会和经济秩序，根据《中华人民共和国民法典》《中华人民共和国民事诉讼法》等相关法律规定，结合审判实践，制定本解释。

## 一、一般规定

**第一条**　民法典第二编至第七编对民事关系有规定的，人民法院直接适用该规定；民法典第二编至第七编没有规定的，适用民法典第一编的规定，但是根据其性质不能适用的除外。

就同一民事关系，其他民事法律的规定属于对民法典相应规定的细化的，应当适用该民事法律的规定。民法典规定适用其他法律的，适用该法律的规定。

民法典及其他法律对民事关系没有具体规定的，可以遵循民法典关于基本原则的规定。

**第二条**　在一定地域、行业范围内长期为一般人从事民事活动时普遍遵守的民间习俗、惯常做法等，可以认定为民法典第十条规定的习惯。

当事人主张适用习惯的，应当就习惯及其具体内容提供相应证据；必要时，人民法院可以依职权查明。

适用习惯，不得违背社会主义核心价值观，不得违背公序良俗。

**第三条** 对于民法典第一百三十二条所称的滥用民事权利，人民法院可以根据权利行使的对象、目的、时间、方式、造成当事人之间利益失衡的程度等因素作出认定。

行为人以损害国家利益、社会公共利益、他人合法权益为主要目的行使民事权利的，人民法院应当认定构成滥用民事权利。

构成滥用民事权利的，人民法院应当认定该滥用行为不发生相应的法律效力。滥用民事权利造成损害的，依照民法典第七编等有关规定处理。

## 二、民事权利能力和民事行为能力

**第四条** 涉及遗产继承、接受赠与等胎儿利益保护，父母在胎儿娩出前作为法定代理人主张相应权利的，人民法院依法予以支持。

**第五条** 限制民事行为能力人实施的民事法律行为是否与其年龄、智力、精神健康状况相适应，人民法院可以从行为与本人生活相关联的程度，本人的智力、精神健康状况能否理解其行为并预见相应的后果，以及标的、数量、价款或者报酬等方面认定。

## 三、监护

**第六条** 人民法院认定自然人的监护能力，应当根据其年龄、身心健康状况、经济条件等因素确定；认定有关组织的监护能力，应当根据其资质、信用、财产状况等因素确定。

**第七条** 担任监护人的被监护人父母通过遗嘱指定监护人，遗嘱生效时被指定的人不同意担任监护人的，人民法院应当适用民法典第二十七条、第二十八条的规定确定监护人。

未成年人由父母担任监护人，父母中的一方通过遗嘱指定监护人，另一方在遗嘱生效时有监护能力，有关当事人对监护人的确定有争议的，人民法院应当适用民法典第二十七条第一款的规定确定监护人。

**第八条** 未成年人的父母与其他依法具有监护资格的人订立协议，约定免除具有监护能力的父母的监护职责的，人民法院不予支持。协议约定在未成年人的父母丧失监护能力时由该具有监护资格的人担任监护人的，人民法院依法予以支持。

依法具有监护资格的人之间依据民法典第三十条的规定，约定由民法典第二十七条第二款、第二十八条规定的不同顺序的人共同担任监护人，或者由顺序在后的人担任监护人的，人民法院依法予以支持。

**第九条**　人民法院依据民法典第三十一条第二款、第三十六条第一款的规定指定监护人时，应当尊重被监护人的真实意愿，按照最有利于被监护人的原则指定，具体参考以下因素：

（一）与被监护人生活、情感联系的密切程度；

（二）依法具有监护资格的人的监护顺序；

（三）是否有不利于履行监护职责的违法犯罪等情形；

（四）依法具有监护资格的人的监护能力、意愿、品行等。

人民法院依法指定的监护人一般应当是一人，由数人共同担任监护人更有利于保护被监护人利益的，也可以是数人。

**第十条**　有关当事人不服居民委员会、村民委员会或者民政部门的指定，在接到指定通知之日起三十日内向人民法院申请指定监护人的，人民法院经审理认为指定并无不当，依法裁定驳回申请；认为指定不当，依法判决撤销指定并另行指定监护人。

有关当事人在接到指定通知之日起三十日后提出申请的，人民法院应当按照变更监护关系处理。

**第十一条**　具有完全民事行为能力的成年人与他人依据民法典第三十三条的规定订立书面协议事先确定自己的监护人后，协议的任何一方在该成年人丧失或者部分丧失民事行为能力前请求解除协议的，人民法院依法予以支持。该成年人丧失或者部分丧失民事行为能力后，协议确定的监护人无正当理由请求解除协议的，人民法院不予支持。

该成年人丧失或者部分丧失民事行为能力后，协议确定的监护人有民法典第三十六条第一款规定的情形之一，该条第二款规定的有关个人、组织申请撤销其监护人资格的，人民法院依法予以支持。

**第十二条**　监护人、其他依法具有监护资格的人之间就监护人是否有民法典第三十九条第一款第二项、第四项规定的应当终止监护关系的情形发生争议，申请变更监护人的，人民法院应当依法受理。经审理认为理由成立的，人民法院依法予以支持。

被依法指定的监护人与其他具有监护资格的人之间协议变更监护人的，人民法院应当尊重被监护人的真实意愿，按照最有利于被监护人的原则作出裁判。

**第十三条** 监护人因患病、外出务工等原因在一定期限内不能完全履行监护职责，将全部或者部分监护职责委托给他人，当事人主张受托人因此成为监护人的，人民法院不予支持。

## 四、宣告失踪和宣告死亡

**第十四条** 人民法院审理宣告失踪案件时，下列人员应当认定为民法典第四十条规定的利害关系人：

（一）被申请人的近亲属；

（二）依据民法典第一千一百二十八条、第一千一百二十九条规定对被申请人有继承权的亲属；

（三）债权人、债务人、合伙人等与被申请人有民事权利义务关系的民事主体，但是不申请宣告失踪不影响其权利行使、义务履行的除外。

**第十五条** 失踪人的财产代管人向失踪人的债务人请求偿还债务的，人民法院应当将财产代管人列为原告。

债权人提起诉讼，请求失踪人的财产代管人支付失踪人所欠的债务和其他费用的，人民法院应当将财产代管人列为被告。经审理认为债权人的诉讼请求成立的，人民法院应当判决财产代管人从失踪人的财产中支付失踪人所欠的债务和其他费用。

**第十六条** 人民法院审理宣告死亡案件时，被申请人的配偶、父母、子女，以及依据民法典第一千一百二十九条规定对被申请人有继承权的亲属应当认定为民法典第四十六条规定的利害关系人。

符合下列情形之一的，被申请人的其他近亲属，以及依据民法典第一千一百二十八条规定对被申请人有继承权的亲属应当认定为民法典第四十六条规定的利害关系人：

（一）被申请人的配偶、父母、子女均已死亡或者下落不明的；

（二）不申请宣告死亡不能保护其相应合法权益的。

被申请人的债权人、债务人、合伙人等民事主体不能认定为民法典第四十六条规定的利害关系人，但是不申请宣告死亡不能保护其相应合法权益的除外。

**第十七条**　自然人在战争期间下落不明的，利害关系人申请宣告死亡的期间适用民法典第四十六条第一款第一项的规定，自战争结束之日或者有关机关确定的下落不明之日起计算。

## 五、民事法律行为

**第十八条**　当事人未采用书面形式或者口头形式，但是实施的行为本身表明已经作出相应意思表示，并符合民事法律行为成立条件的，人民法院可以认定为民法典第一百三十五条规定的采用其他形式实施的民事法律行为。

**第十九条**　行为人对行为的性质、对方当事人或者标的物的品种、质量、规格、价格、数量等产生错误认识，按照通常理解如果不发生该错误认识行为人就不会作出相应意思表示的，人民法院可以认定为民法典第一百四十七条规定的重大误解。

行为人能够证明自己实施民事法律行为时存在重大误解，并请求撤销该民事法律行为的，人民法院依法予以支持；但是，根据交易习惯等认定行为人无权请求撤销的除外。

**第二十条**　行为人以其意思表示存在第三人转达错误为由请求撤销民事法律行为的，适用本解释第十九条的规定。

**第二十一条**　故意告知虚假情况，或者负有告知义务的人故意隐瞒真实情况，致使当事人基于错误认识作出意思表示的，人民法院可以认定为民法典第一百四十八条、第一百四十九条规定的欺诈。

**第二十二条**　以给自然人及其近亲属等的人身权利、财产权利以及其他合法权益造成损害或者以给法人、非法人组织的名誉、荣誉、财产权益等造成损害为要挟，迫使其基于恐惧心理作出意思表示的，人民法院可以认定为民法典第一百五十条规定的胁迫。

**第二十三条**　民事法律行为不成立，当事人请求返还财产、折价补偿或者赔偿损失的，参照适用民法典第一百五十七条的规定。

**第二十四条**　民事法律行为所附条件不可能发生，当事人约定为生效条件的，人民法院应当认定民事法律行为不发生效力；当事人约定为解除条件的，应当认定未附条件，民事法律行为是否失效，依照民法典和相关法律、行政法规的规定认定。

## 六、代理

**第二十五条** 数个委托代理人共同行使代理权，其中一人或者数人未与其他委托代理人协商，擅自行使代理权的，依据民法典第一百七十一条、第一百七十二条等规定处理。

**第二十六条** 由于急病、通讯联络中断、疫情防控等特殊原因，委托代理人自己不能办理代理事项，又不能与被代理人及时取得联系，如不及时转委托第三人代理，会给被代理人的利益造成损失或者扩大损失的，人民法院应当认定为民法典第一百六十九条规定的紧急情况。

**第二十七条** 无权代理行为未被追认，相对人请求行为人履行债务或者赔偿损失的，由行为人就相对人知道或者应当知道行为人无权代理承担举证责任。行为人不能证明的，人民法院依法支持相对人的相应诉讼请求；行为人能够证明的，人民法院应当按照各自的过错认定行为人与相对人的责任。

**第二十八条** 同时符合下列条件的，人民法院可以认定为民法典第一百七十二条规定的相对人有理由相信行为人有代理权：

（一）存在代理权的外观；

（二）相对人不知道行为人行为时没有代理权，且无过失。

因是否构成表见代理发生争议的，相对人应当就无权代理符合前款第一项规定的条件承担举证责任；被代理人应当就相对人不符合前款第二项规定的条件承担举证责任。

**第二十九条** 法定代理人、被代理人依据民法典第一百四十五条、第一百七十一条的规定向相对人作出追认的意思表示的，人民法院应当依据民法典第一百三十七条的规定确认其追认意思表示的生效时间。

## 七、民事责任

**第三十条** 为了使国家利益、社会公共利益、本人或者他人的人身权利、财产权利以及其他合法权益免受正在进行的不法侵害，而针对实施侵害行为的人采取的制止不法侵害的行为，应当认定为民法典第一百八十一条规定的正当防卫。

**第三十一条**　对于正当防卫是否超过必要的限度，人民法院应当综合不法侵害的性质、手段、强度、危害程度和防卫的时机、手段、强度、损害后果等因素判断。

经审理，正当防卫没有超过必要限度的，人民法院应当认定正当防卫人不承担责任。正当防卫超过必要限度的，人民法院应当认定正当防卫人在造成不应有的损害范围内承担部分责任；实施侵害行为的人请求正当防卫人承担全部责任的，人民法院不予支持。

实施侵害行为的人不能证明防卫行为造成不应有的损害，仅以正当防卫人采取的反击方式和强度与不法侵害不相当为由主张防卫过当的，人民法院不予支持。

**第三十二条**　为了使国家利益、社会公共利益、本人或者他人的人身权利、财产权利以及其他合法权益免受正在发生的急迫危险，不得已而采取紧急措施的，应当认定为民法典第一百八十二条规定的紧急避险。

**第三十三条**　对于紧急避险是否采取措施不当或者超过必要的限度，人民法院应当综合危险的性质、急迫程度、避险行为所保护的权益以及造成的损害后果等因素判断。

经审理，紧急避险采取措施并无不当且没有超过必要限度的，人民法院应当认定紧急避险人不承担责任。紧急避险采取措施不当或者超过必要限度的，人民法院应当根据紧急避险人的过错程度、避险措施造成不应有的损害的原因力大小、紧急避险人是否为受益人等因素认定紧急避险人在造成的不应有的损害范围内承担相应的责任。

**第三十四条**　因保护他人民事权益使自己受到损害，受害人依据民法典第一百八十三条的规定请求受益人适当补偿的，人民法院可以根据受害人所受损失和已获赔偿的情况、受益人受益的多少及其经济条件等因素确定受益人承担的补偿数额。

## 八、诉讼时效

**第三十五条**　民法典第一百八十八条第一款规定的三年诉讼时效期间，

可以适用民法典有关诉讼时效中止、中断的规定，不适用延长的规定。该条第二款规定的二十年期间不适用中止、中断的规定。

**第三十六条** 无民事行为能力人或者限制民事行为能力人的权利受到损害的，诉讼时效期间自其法定代理人知道或者应当知道权利受到损害以及义务人之日起计算，但是法律另有规定的除外。

**第三十七条** 无民事行为能力人、限制民事行为能力人的权利受到原法定代理人损害，且在取得、恢复完全民事行为能力或者在原法定代理终止并确定新的法定代理人后，相应民事主体才知道或者应当知道权利受到损害的，有关请求权诉讼时效期间的计算适用民法典第一百八十八条第二款、本解释第三十六条的规定。

**第三十八条** 诉讼时效依据民法典第一百九十五条的规定中断后，在新的诉讼时效期间内，再次出现第一百九十五条规定的中断事由，可以认定为诉讼时效再次中断。

权利人向义务人的代理人、财产代管人或者遗产管理人等提出履行请求的，可以认定为民法典第一百九十五条规定的诉讼时效中断。

## 九、附则

**第三十九条** 本解释自 2022 年 3 月 1 日起施行。

民法典施行后的法律事实引起的民事案件，本解释施行后尚未终审的，适用本解释；本解释施行前已经终审，当事人申请再审或者按照审判监督程序决定再审的，不适用本解释。

# 最高人民法院关于审理人身损害赔偿案件适用法律若干问题的解释

（2003 年 12 月 4 日最高人民法院审判委员会第 1299 次会议通过　根据 2020 年 12 月 23 日最高人民法院审判委员会第 1823 次会议通过的《最高人民法院关于修改〈最高人民法院关于在民事审判工作中适用《中华人民共和国工会法》若干问题的解释〉等二十七件民事类司法解释的决定》第一次修正　根据 2022 年 2 月 15 日最高人民法院审判委员会第 1864 次会议通过的《最高人民法院关于修改〈最高人民法院关于审理人身损害赔偿案件适用法律若干问题的解释〉的决定》第二次修正　自 2022 年 5 月 1 日起施行）

为正确审理人身损害赔偿案件，依法保护当事人的合法权益，根据《中华人民共和国民法典》《中华人民共和国民事诉讼法》等有关法律规定，结合审判实践，制定本解释。

**第一条**　因生命、身体、健康遭受侵害，赔偿权利人起诉请求赔偿义务人赔偿物质损害和精神损害的，人民法院应予受理。

本条所称“赔偿权利人”，是指因侵权行为或者其他致害原因直接遭受人身损害的受害人以及死亡受害人的近亲属。

本条所称“赔偿义务人”，是指因自己或者他人的侵权行为以及其他致害原因依法应当承担民事责任的自然人、法人或者非法人组织。

**第二条**　赔偿权利人起诉部分共同侵权人的，人民法院应当追加其他共同侵权人作为共同被告。赔偿权利人在诉讼中放弃对部分共同侵权人的诉讼请求的，其他共同侵权人对被放弃诉讼请求的被告应当承担的赔偿份额不承担连带责任。责任范围难以确定的，推定各共同侵权人承担同等责任。

人民法院应当将放弃诉讼请求的法律后果告知赔偿权利人，并将放弃诉讼请求的情况在法律文书中叙明。

**第三条** 依法应当参加工伤保险统筹的用人单位的劳动者，因工伤事故遭受人身损害，劳动者或者其近亲属向人民法院起诉请求用人单位承担民事赔偿责任的，告知其按《工伤保险条例》的规定处理。

因用人单位以外的第三人侵权造成劳动者人身损害，赔偿权利人请求第三人承担民事赔偿责任的，人民法院应予支持。

**第四条** 无偿提供劳务的帮工人，在从事帮工活动中致人损害的，被帮工人应当承担赔偿责任。被帮工人承担赔偿责任后向有故意或者重大过失的帮工人追偿的，人民法院应予支持。被帮工人明确拒绝帮工的，不承担赔偿责任。

**第五条** 无偿提供劳务的帮工人因帮工活动遭受人身损害的，根据帮工人和被帮工人各自的过错承担相应的责任；被帮工人明确拒绝帮工的，被帮工人不承担赔偿责任，但可以在受益范围内予以适当补偿。

帮工人在帮工活动中因第三人的行为遭受人身损害的，有权请求第三人承担赔偿责任，也有权请求被帮工人予以适当补偿。被帮工人补偿后，可以向第三人追偿。

**第六条** 医疗费根据医疗机构出具的医药费、住院费等收款凭证，结合病历和诊断证明等相关证据确定。赔偿义务人对治疗的必要性和合理性有异议的，应当承担相应的举证责任。

医疗费的赔偿数额，按照一审法庭辩论终结前实际发生的数额确定。器官功能恢复训练所必要的康复费、适当的整容费以及其他后续治疗费，赔偿权利人可以待实际发生后另行起诉。但根据医疗证明或者鉴定结论确定必然发生的费用，可以与已经发生的医疗费一并予以赔偿。

**第七条** 误工费根据受害人的误工时间和收入状况确定。

误工时间根据受害人接受治疗的医疗机构出具的证明确定。受害人因伤致残持续误工的，误工时间可以计算至定残日前一天。

受害人有固定收入的，误工费按照实际减少的收入计算。受害人无固定收入的，按照其最近三年的平均收入计算；受害人不能举证证明其最近三年的平均收入状况的，可以参照受诉法院所在地相同或者相近行业上一年度职工的平均工资计算。

**第八条**　护理费根据护理人员的收入状况和护理人数、护理期限确定。

护理人员有收入的，参照误工费的规定计算；护理人员没有收入或者雇佣护工的，参照当地护工从事同等级别护理的劳务报酬标准计算。护理人员原则上为一人，但医疗机构或者鉴定机构有明确意见的，可以参照确定护理人员人数。

护理期限应计算至受害人恢复生活自理能力时止。受害人因残疾不能恢复生活自理能力的，可以根据其年龄、健康状况等因素确定合理的护理期限，但最长不超过二十年。

受害人定残后的护理，应当根据其护理依赖程度并结合配制残疾辅助器具的情况确定护理级别。

**第九条**　交通费根据受害人及其必要的陪护人员因就医或者转院治疗实际发生的费用计算。交通费应当以正式票据为凭；有关凭据应当与就医地点、时间、人数、次数相符合。

**第十条**　住院伙食补助费可以参照当地国家机关一般工作人员的出差伙食补助标准予以确定。

受害人确有必要到外地治疗，因客观原因不能住院，受害人本人及其陪护人员实际发生的住宿费和伙食费，其合理部分应予赔偿。

**第十一条**　营养费根据受害人伤残情况参照医疗机构的意见确定。

**第十二条**　残疾赔偿金根据受害人丧失劳动能力程度或者伤残等级，按照受诉法院所在地上一年度城镇居民人均可支配收入标准，自定残之日起按二十年计算。但六十周岁以上的，年龄每增加一岁减少一年；七十五周岁以上的，按五年计算。

受害人因伤致残但实际收入没有减少，或者伤残等级较轻但造成职业妨害严重影响其劳动就业的，可以对残疾赔偿金作相应调整。

**第十三条**　残疾辅助器具费按照普通适用器具的合理费用标准计算。伤情有特殊需要的，可以参照辅助器具配制机构的意见确定相应的合理费用标准。

辅助器具的更换周期和赔偿期限参照配制机构的意见确定。

**第十四条** 丧葬费按照受诉法院所在地上一年度职工月平均工资标准，以六个月总额计算。

**第十五条** 死亡赔偿金按照受诉法院所在地上一年度城镇居民人均可支配收入标准，按二十年计算。但六十周岁以上的，年龄每增加一岁减少一年；七十五周岁以上的，按五年计算。

**第十六条** 被扶养人生活费计入残疾赔偿金或者死亡赔偿金。

**第十七条** 被扶养人生活费根据扶养人丧失劳动能力程度，按照受诉法院所在地上一年度城镇居民人均消费支出标准计算。被扶养人为未成年人的，计算至十八周岁；被扶养人无劳动能力又无其他生活来源的，计算二十年。但六十周岁以上的，年龄每增加一岁减少一年；七十五周岁以上的，按五年计算。

被扶养人是指受害人依法应当承担扶养义务的未成年人或者丧失劳动能力又无其他生活来源的成年近亲属。被扶养人还有其他扶养人的，赔偿义务人只赔偿受害人依法应当负担的部分。被扶养人有数人的，年赔偿总额累计不超过上一年度城镇居民人均消费支出额。

**第十八条** 赔偿权利人举证证明其住所地或者经常居住地城镇居民人均可支配收入高于受诉法院所在地标准的，残疾赔偿金或者死亡赔偿金可以按照其住所地或者经常居住地的相关标准计算。

被扶养人生活费的相关计算标准，依照前款原则确定。

**第十九条** 超过确定的护理期限、辅助器具费给付年限或者残疾赔偿金给付年限，赔偿权利人向人民法院起诉请求继续给付护理费、辅助器具费或者残疾赔偿金的，人民法院应予受理。赔偿权利人确需继续护理、配制辅助器具，或者没有劳动能力和生活来源的，人民法院应当判令赔偿义务人继续给付相关费用五至十年。

**第二十条** 赔偿义务人请求以定期金方式给付残疾赔偿金、辅助器具费的，应当提供相应的担保。人民法院可以根据赔偿义务人的给付能力和提供担保的情况，确定以定期金方式给付相关费用。但是，一审法庭辩论终结前已经发生的费用、死亡赔偿金以及精神损害抚慰金，应当一次性给付。

**第二十一条** 人民法院应当在法律文书中明确定期金的给付时间、方式以及每期给付标准。执行期间有关统计数据发生变化的，给付金额应当适时进行相应调整。

定期金按照赔偿权利人的实际生存年限给付，不受本解释有关赔偿期限的限制。

**第二十二条**　本解释所称“城镇居民人均可支配收入”“城镇居民人均消费支出”“职工平均工资”，按照政府统计部门公布的各省、自治区、直辖市以及经济特区和计划单列市上一年度相关统计数据确定。

“上一年度”，是指一审法庭辩论终结时的上一统计年度。

**第二十三条**　精神损害抚慰金适用《最高人民法院关于确定民事侵权精神损害赔偿责任若干问题的解释》予以确定。

**第二十四条**　本解释自2022年5月1日起施行。施行后发生的侵权行为引起的人身损害赔偿案件适用本解释。

本院以前发布的司法解释与本解释不一致的，以本解释为准。

扫描下方二维码获取民法典全文及新旧条文对照